本书为 2018 年国家社会科学基金一般项目"印太战略视阈下日本海上通道安保政策及中国对策研究"（项目编号：18BGJ073）资助成果

印太战略视阈下
日本对外安全政策研究

王竞超 著

Research on Japan's International Security Policy
from the Perspective of Indo-Pacific Strategy

中国社会科学出版社

图书在版编目(CIP)数据

印太战略视阈下日本对外安全政策研究/王竞超著 . —北京：中国社会科学出版社，2023.9
ISBN 978-7-5227-1894-1

Ⅰ.①印… Ⅱ.①王… Ⅲ.①对外政策—研究—日本 Ⅳ.①D831.30

中国国家版本馆 CIP 数据核字（2023）第 151646 号

出 版 人	赵剑英
责任编辑	赵 丽 朱亚琪
责任校对	李 莉
责任印制	王 超

出　版	中国社会科学出版社
社　址	北京鼓楼西大街甲 158 号
邮　编	100720
网　址	http://www.csspw.cn
发 行 部	010-84083685
门 市 部	010-84029450
经　销	新华书店及其他书店
印　刷	北京明恒达印务有限公司
装　订	廊坊市广阳区广增装订厂
版　次	2023 年 9 月第 1 版
印　次	2023 年 9 月第 1 次印刷
开　本	710×1000　1/16
印　张	15.75
字　数	243 千字
定　价	79.00 元

凡购买中国社会科学出版社图书，如有质量问题请与本社营销中心联系调换
电话：010-84083683
版权所有　侵权必究

前　言

　　日本与印太各国（地区）有着悠久的交往历史。自明治维新以来，日本通过对外扩张、经济投资与安全合作方式，对印太地区地缘政治格局、经济发展模式、国际秩序形成等产生了深远影响。而近十几年以来，印太地区更是成为日本对外战略的主要着眼点之一。一方面，自2006年安倍晋三第一次组阁以来，日本印太构想萌芽，并逐步发展为印太战略，在当前日本对外战略谱系中占据着重要地位。安倍晋三上台后不久，即会同麻生太郎、谷内正太郎等政府要员，开始谋划价值观外交，提出"自由与繁荣之弧"构想，力主启动美日印澳四国安全合作等，尝试构建"海洋国家联盟"。安倍内阁的一系列举措标志着日本印太构想的发端，为其印太战略的最终形成打下了坚实的基础。然而，因安倍第一次内阁仅维持了一年便匆匆谢幕，日本印太构想不得不暂时搁浅。经过5年多的蛰伏，2012年年末安倍第二次执政，提出打造"亚洲民主安全菱形"，并启动了持续数年的"印太外交"，开始将自身印太构想逐步落实，加速构建日本印太战略。经过3年多的努力，2016年以后日本印太战略逐步成形。同时，日本印太战略也并非一成不变，其具有较强的灵活性。2017年下半年以后，因国内外局势，特别是中美日三边关系的变化，原本趋于稳定的日本印太战略进行战术调整，在表面上一度淡化遏华色彩。然而，2020年以后，伴随着中美战略博弈趋于常态化，国际环境日渐紧张，日本印太战略对华政策再度回归强硬。可以说，印太战略已成为日本外交的主要抓手之一，并对中日关系、亚太乃至印太地区局势的走向产生着重要影响。

　　另一方面，日本印太战略有着鲜明的安全属性，其将对外安全政策，特别是日本与印太国家（地区）双多边海洋安全合作作为重要支点。可发现，伴随印太战略主要框架的形成，日本对外安全政策的指引方针也发生了明显转变。同时，日本对外安全政策在实施过程中，也一定程度上反向影响了本国印太战略。这是一个历史与现实、理论与实践紧密结合的问题，虽然学界有所关注和探讨，但尚未全面展开，亟须系统研究。

基于以上背景，本书试图实现以下两个目标。第一，梳理日本印太战略的历史源流与形成过程，从学理上剖析其内涵、构成、生成机制与制约因素，并客观研判其发展方向。第二，期望以印太战略为视阈，阐述日本对外安全政策的现实特征、实施路径、内外动因与战略指向，以此进一步丰富学界相关成果。

需要指出的是，日本印太战略具有较强的动态性特征，因此在此视阈下日本的对外安全政策也具有较明显的波动性。尽管如此，在可预见的较长时期内，印太战略依然是日本对外战略谱系中的重心之一。因此，未来持续跟踪研究、剖析日本印太战略及其对外安全政策就显得尤为必要了。

最后，期望本书既是作者学术生涯的一个阶段性总结与回顾，也是开启未来数年研究工作的起点。因作者水平与认知所限，书中难免存在谬误与缺失，还望各位同仁多多批评指正。

目　　录

第一章　导论 ･･（1）
　第一节　国内外研究现状 ･････････････････････････････････････（2）
　第二节　研究思路与主要框架 ･････････････････････････････････（8）
　第三节　历史视角下的日本与印太：日本印太战略的
　　　　　源流探析 ･･･（11）
　本章小结 ･･･（25）

第二章　安倍第一次执政后日本印太战略的兴起与形成 ･･･････････（26）
　第一节　日本印太战略的形成与嬗变 ･･････････････････････････（26）
　第二节　日本印太战略的具体实施路径 ････････････････････････（36）
　第三节　日本印太战略形成的国际环境 ････････････････････････（64）
　第四节　日本推进印太战略的制约因素 ････････････････････････（67）
　本章小结 ･･･（71）

第三章　印太战略视阈下日澳海洋安全合作探析 ･･･････････････（73）
　第一节　日澳海洋安全合作的历史演进 ････････････････････････（74）
　第二节　日澳海洋安全合作发展的动因 ････････････････････････（82）
　第三节　日澳海洋安全合作的前景 ････････････････････････････（90）
　本章小结 ･･･（93）

第四章　印太战略视阈下美日印海洋安全合作探析 ･････････････（95）
　第一节　美日印海洋安全合作的若干进展 ･･････････････････････（97）
　第二节　美日印海洋安全合作的动因 ･････････････････････････（108）

第三节　美日印海洋安全合作的未来前景及其
　　　　对中国的影响 ………………………………………（114）
本章小结 ……………………………………………………（122）

第五章　印太战略视阈下日本面向中小国家（区域）的安全政策探析 ……………………………………（125）
第一节　印太战略视阈下日越海洋安全合作探析 …………（125）
第二节　印太视阈下的日本印尼海洋安全合作探析 ………（143）
第三节　印太战略视阈下日本南太平洋政策研究 …………（168）
本章小结 ……………………………………………………（183）

第六章　"陆海联动"：印太战略视阈下日本参与联合国非洲维和行动探析 …………………………………（185）
第一节　日本参与联合国非洲维和行动的历史与特征 ……（187）
第二节　日本参与联合国非洲维和行动的战略考量 ………（196）
第三节　日本参与联合国非洲维和行动的主要策略 ………（206）
第四节　日本参与联合国非洲维和行动的前景展望 ………（211）
本章小结 ……………………………………………………（217）

结　语 ………………………………………………………（218）

参考文献 ……………………………………………………（222）

第一章

导 论

  印太作为当下全球最为热络的地缘政治与地缘经济概念之一，已引起了国际社会的广泛关注。由印太概念衍生的印太战略（或构想）已成为美、日、印、澳及部分东盟国家对外政策的重要组成部分。以上各国中，日本对印太战略尤为热衷，被认为是全球印太战略的主要推手之一。一方面，印太战略是近十余年来日本外交的核心抓手。自安倍 2006 年第一次执政开始，日本即开始酝酿、构筑自身印太构想。2012 年末安倍第二次执政后，日本印太构想开始蜕变为印太战略，并在 2016 年后趋于成熟。此后，日本根据国际局势的变化，在 2017 年以后对印太战略进行了部分调适。而在 2020 年 9 月漫长的"安倍时代"谢幕后，菅义伟、岸田文雄内阁仍然沿袭了安倍路线，持续推进着印太战略。可以说，印太战略已成为观察近十余年日本对外政策的重要视角，而对印太战略的分析也将有利于中国把握、研判日本对外政策的总体走向。另一方面，就日本印太战略的构成与内核而言，尽管其存在多个侧面、若干组成部分，但对外安全政策，特别是对外海洋安全合作一直被日本视作印太战略最主要的支点之一。日本与美印澳等大国或中等强国[①]、东盟与南太平洋国家等印太中小国家开展海洋安全合作之余，也积极参与联合国非洲维和行动等印太陆上多边安全行动，通过"陆海联动"，基本将政治与军

[①] 需要说明的是，尽管澳大利亚与印尼、韩国等同被定义为中等强国，但基于澳大利亚为美日印澳四国机制的重要成员、在印太安全事务中的特殊作用，本书将澳大利亚作为特例加以研究，相关内容未纳入本书第五章"印太战略视阈下日本面向中小国家（区域）的安全政策探析"。

事触角延伸至印太主要地区，逐步构建起印太双多边安全合作网络。

本书着眼于日本印太战略内核、地区安全局势和主要大国关系发展等要素，既注重对历史演进的梳理，也注重对现实状态的归纳；既重视宏观层面的理论分析，也重视中微观层面的政策文本解读、经典案例剖析。本书希望全面阐明印太战略视阈下日本对外安全合作的历史演进、当前进展、实施路径、内外动因，并研判其未来战略指向。

第一节　国内外研究现状

目前国内外学界以印太战略为视角考察日本对外安全政策的相关研究已具有一定的规模，但总体而言仍尚未全面展开，亟须系统研究予以补充完善。总体而言，与本书相关的研究成果主要有以下若干方面。

一　印太概念相关研究

目前，国内外学者对于印太概念及其形成原因主要存在以下观点。首先，罗伯特·卡普兰、大卫·斯科特、拉贾·莫汉、洛里·梅德卡夫、迈克尔·韦斯利等学者认为，印太是一个正在兴起的亚洲海上战略体系，囊括太平洋和印度洋，其出现与中、印日益扩大的地缘利益息息相关。[①] 其次，也有部分学者，如迈克尔·奥斯林、赵青海等学者主张印太概念的形成源于以下几大因素：第一，反映了世界经济和政治重心向亚洲转移的事实，符合美国"亚太再平衡"战略的需要；第二，印度、印度洋在亚洲乃至全球的政治、经济、军事影响力显著扩大，重要性持续上升；第三，一定程度上反映了中印两国向对方所在地区拓展战略空间及双方

[①] 参见 Robert D. Kaplan, "Center Stage for the Twenty-first Century: Powers Play in the Indian Ocean", *Foreign Affairs*, Vol. 88, No. 2, March/April 2009; David Scott, "The Indo-Pacific—New Regional Formulations and New Maritime Frameworks for US-Indo Strategic Convergence", *Asia-Pacific Review*, Vol. 19, No. 2, 2012; Raja Mohan, Samudra Manthan, "Sino-Indian Rivalry in the Indo-Pacific", Washington, D. C. Carnegie Endowment for International Peace, 2012; Rory Medcalf, "A Term Whose Time Has Come: The Indo-pacific", *The Diplomat*, December 4, 2012; Michael Wesley, "Irresistible Rise of the Indo-Pacific", *The Australian*, May 4, 2011, http://www.theaustralian.com.au/arts/books/irresistible-rise-of-the-indo-pacific/story-e6frg8nf -1226047014015。

战略竞争加强的趋势。①

二 日本印太战略相关研究

目前，国内外学界围绕日本印太战略的研究已涌现出不少成果，主要对日本印太战略的内涵、目标、特征、推进路径进行了剖析。首先，就日本印太战略的内涵与目标，吴怀中、宋德星、菊池努等学者的看法较具代表性，认为它是日本在稳固、强化日美同盟的基础上，以价值观外交同澳、印等国塑造"印太海洋国家"的集体认知，并在战略上联合以重构地区安全秩序、促进彼此在海洋安全等领域合作的战略构想。②

其次，关于日本印太战略的目标，田中明彦、神保谦等指出，日本印太战略本质在于维持战后长期存在的国际秩序，减少中国"一带一路"倡议带来的所谓"威胁"，在牵制中国的前提下，寻求对华合作。③神谷万丈认为日本印太战略本身对华既有竞争性也有合作性，虽然其是应中国对现有国际秩序的挑战而提出，具有对抗性，但也有"重塑"中国，使中国遵从国际规范，将中国"嵌入"现有自由主义国际秩序的意图。④高兰认为，日本安倍政府的印太战略存在双重战略目标：其一，稳固美日同盟；其二，借机谋求多元化的同盟体系，确保战略平衡与战略控制，加大日本的自主作用，发挥日本的有限引导作用。⑤为此，日

---

① Michael Auslin, "Security in the Indo-Pacific Commons: Toward a Regional Strategy", American Enterprise Institute, December 2010；赵青海：《"印太"概念及其对中国的含义》，《现代国际关系》2013年第7期。

② 吴怀中：《安倍政府印太战略及中国的应对》，《现代国际关系》2018年第1期；菊池努「インド太平洋の安全保障秩序とSwing Statesへの対応」，日本国際問題研究所編『アジア（特に南シナ海・インド洋）における安全保障秩序』，平成24年度外務省外交・安全保障調査研究事業報告書（2013年3月）；宋德星、黄钊：《日本"印太"战略的生成机理及其战略效能探析》，《世界经济与政治》2019年第11期。

③ 田中明彦「「自由で開かれたインド太平洋戦略」の射程」，『外交』第47号（2018年2月）；神保謙「「インド太平洋」構想の射程と課題」，『国際安全保障』第46巻第3号（2018年12月）。

④ 神谷万丈「「競争戦略」のための「協力戦略」——日本の「自由で開かれたインド太平洋」戦略（構想）の複合の構造—」，『安全保障研究』第1巻第2号（2019年4月）。

⑤ 高兰：《印太战略的走向及其对美日同盟的影响》，《人民论坛·学术前沿》2018年8月期。

本配合美国积极打造印太战略，希望在特朗普时代继续保持强有力的日美同盟关系。

再次，就日本印太战略的特征，相泽辉昭认为，印太战略具有综合性、囊括性、包容性特征，是连接日本对外多边安全合作与对外经济开发合作政策的外交战略，是对安倍一系列外交政策的总体性概括。[①] 菊池努进一步提出了以下看法：由于对印度洋海上通道的高度依赖、对中国海洋安全战略走向的密切关注，日本的印太认知具有明显的海洋中心倾向。[②] 大庭三枝则指出，日本印太战略存在矛盾性，即在以联合美印澳对华牵制、维持现有印太地区秩序为基本目标的同时，倡导实现印太和平与繁荣，在一定范围内淡化对华排他性，构建中日新型"竞合关系"，以实现本国的最大利益。[③]

最后，围绕日本印太战略的推进路径，朱清秀等学者认为安全政策为其核心，并主要从以下几方面展开：第一，加强西南防卫，推动战略重心转移；第二，深度介入南海争端，制衡中国；第三，强化日美同盟，推动日印、日澳、美日印、美日澳等双边与小多边军事合作。[④] 不难发现，以上几个方面主要从日本在"西南诸岛"与南海的安保政策、与相关国家的海洋安全合作等局部视角剖析了日本印太战略的推动路径，然而尚无学者以印太总体视角对其进行论述，尽管这业已成为日本政府的施政现实。

三　日本对外安全政策相关研究

目前，学界围绕日本对外安全政策的研究大致分为以下几方面。第

---

① 参见相澤輝昭「外務省 HP から読み解く「自由で開かれたインド太平洋戦略（FOIP）」の理念と実践」,『海洋安全保障情報特報』2018 年 4 月期；相澤輝昭「その後の「自由で開かれたインド太平洋（FOIP）」の変遷と展開」,『海洋安全保障情報特報』2019 年 6 月期。

② 菊池努「インド太平洋の安全保障秩序と Swing States への対応」,日本国際問題研究所編『アジア（特に南シナ海・インド洋）における安全保障秩序』,平成 24 年度外務省外交・安全保障調査研究事業報告書（2013 年 3 月）。

③ 大庭三枝「「日本のインド太平洋」構想」,『国際安全保障』第 46 卷第 3 号（2018 年 12 月）。

④ 朱清秀：《日本的"印太"战略能否成功？》,《东北亚论坛》2016 年第 5 期。

一，关于日本对外安全政策的学理性分析。周永生认为，安倍第二次组阁后，在对外安全政策上，通过调整军事战略、加强针对性军力、构建多组国际安全联盟等路径，旨在维护日本的区域主导权，并构建对华安全包围网。① 巴殿君、沈和根据国际背景、日本海洋安全战略目标设定、战略制定主体倾向性、战略手段选择四方面，梳理了明治维新以来日本海洋安全战略的演变，并提出日本战略模式呈现出"扩张—收缩—再扩张"的特征。② 梅秀廷围绕日本国家安全保障战略进行了剖析，提出日本对外安全政策目标主要在于以下三方面：强化必要威慑力，防止威胁直接波及日本；立足日美同盟，强化与伙伴关系国家之间的信赖与合作关系，推进实际的安保合作，改善亚太地区安全环境，预防威胁的发生；通过外交等方面的努力，强化基于普世价值和规则的国际秩序，在纷争解决过程中发挥主导作用，最终改善全球安保环境，构筑和平、稳定、繁荣的国际社会。③

第二，日本对外安全政策发展趋势的研究。一些学者着眼于日本对外安全政策的嬗变，尤其是对日本对联合国维和等多边安全行动的政策变化、战略考量、挑战与国际影响进行了系统分析。④ 而也有少数学者着眼于当下日本政府大力推动的"跨领域作战"（Cross Domain Battle）、构建多维度联合防卫体系的政策走向，结合陆、海、空、天、网、电等作战域进行了跨领域安全研究⑤，其对传统的日本单一领域安全政策研究将产生越来越明显的影响。

第三，关于日本对外海洋安全合作政策的案例研究。鉴于印太战略视阈下日本对外海洋安全合作政策是本书的研究重点，学界已有的一些日本与印太重点国家的双多边海洋安全合作案例研究对本书的撰

---

① 周永生：《析安倍内阁日本国家安全保障战略转型》，《国际关系研究》2014年第6期。
② 巴殿君、沈和：《日本海洋安全治理的历史演变与内在逻辑》，《东北亚论坛》2017年第6期。
③ 梅秀廷：《安倍内阁〈国家安全保障战略〉介评》，《现代国际关系》2014年第2期。
④ 黄大慧：《冷战后日本的联合国外交》，《教学与研究》2008年第3期。
⑤ 孟晓旭：《竞争时代日本多维度联合防卫力战略构建及其影响》，《国际安全研究》2020年第3期；朱清秀：《日本的高边疆安保战略：战略动机、发展路径及制约因素》，《日本学刊》2020年第5期。

写也提供了重要参考。首先，以美日印三国为研究对象，着眼于美日、日印双边海洋安全合作的成果相对较多。（1）关于美日海洋安全合作，高兰以美日海洋战略为分析原点，以合作与冲突理论为分析视角，将美日海洋安全合作置于美日同盟的大框架下进行了论述。[①] 周琪、朱清秀等结合美日同盟与中美日三边关系两大要素，认为冷战后美日海洋安全合作加剧了同盟与中国的"安全困境"，并指出美日合作间接刺激了中国针对日本的民族主义。[②] 徐万胜、邱月在美日同盟框架下，论述了美日在海洋安全合作，特别是海上通道安全合作方面各自的考量与战略取向。[③]（2）关于日印海洋安全合作，印度学者库拉纳论述了印、日在维护海上通道安全方面的利益取向与合作需求，认为应对海上通道传统与非传统安全威胁为两国海洋安全合作的动力。[④] 而约什·保罗、拉维纳·李、刘思伟等学者多以印太为着眼点，剖析了日印在印太战略、"东向行动"政策等因素驱动下开展海洋安全合作的进程、影响与前景。[⑤]

其次，澳大利亚作为美日印澳四国安全机制的成员、印太地区的中等强国，与日本的安全互动与合作也日趋频繁。刘卿、屈彩云、王海滨等梳理了日澳海洋安全合作由非传统向传统安全领域拓展的进程，并阐述了以下结论：一方面，日澳安全合作重点将是对区域规则和秩

[①] 高兰：《冷战后美日海权同盟战略：内涵、特征、影响》，上海人民出版社2018年版；高兰：《亚太地区海洋合作的博弈互动分析：兼论日美海权同盟及其对中国的影响》，《日本学刊》2013年第4期。

[②] 周琪：《美国对日安全合作政策对中日关系的影响》，《当代亚太》2009年第2期；朱清秀：《美日安全合作：从地区走向全球》，《国际安全研究》2017年第3期。

[③] 徐万胜、邱月：《美日同盟框架下的海上通道合作：合作与分歧》，《亚太安全与海洋研究》2020年第5期。

[④] Gurpreet S. Khurana, "Security of Sea Lines: Prospects for India-Japan Cooperation", *Strategic Analysis*, Vol. 31, No. 1, January 2007, pp. 139–153.

[⑤] Joshy M. Paul, "India-Japan Security Cooperation: A New Era of Partnership in Asia", *Maritime Affairs: Journal of the National Maritime Foundation of India*, Vol. 38, No. 2, June 2012, pp. 31–50; Lavina Lee, John Lee, "Japan-India Cooperation and Abe's Democratic Security Diamond: Possibilities, Limitations and the View from Southeast Asia", *Contemporary Southeast Asia*, Vol. 38, No2, Aug 2016, pp. 284–308; 刘思伟：《印日安全合作及对亚太地区安全态势的影响》，《南亚研究季刊》2015年第1期。

序塑造的能力建设；另一方面，由于日澳两国国家利益不尽相同，政治互信存在落差，加之国内政治生态各异，双边关系深化发展的限制性因素突出。①

再次，除了大国与中等强国，日本与一些印太中小国家的海洋安全合作近年来颇为引人关注。如围绕日越海洋安全合作，张继业、钮菊生、丁山、邓应文等指出，日越近年来安全合作机制不断完善，已搭建战略伙伴关系对话、防务政策对话、安全事务对话等三大机制，涉及外交、国防、国内安全、情报等诸多部门；而在具体合作领域方面，日越以海上安全为重点加强务实合作，日本不仅积极支持越南海上能力建设，也以日越合作为依托加强在南海的军事存在。② 而日本、印尼海洋安全合作则是另一个代表性案例。如日本国际问题研究所会定期发布印太地区主要大国、中等国家海洋安全战略与政策的相关研究报告，其中涉及日印尼海洋安全合作的发展现状与趋向，以动态性研究与分析为其主要特征。③ 也有少数学者着眼于日菲海洋安全合作。如谢茜、张军平围绕南海仲裁案后日菲海洋安全合作的发展展开论述，梳理了两国高层互动、日对菲防卫能力建设援助方面的进展，但同时也认为两国对南海问题乃至印太未来国际秩序构想的分歧将会对两国海洋安全合作的前景造成较明显的消极影响。④

最后，也有一些学者将日本与英法等欧洲域外大国的海洋安全合

---

① 刘卿：《日澳关系新发展及限制性因素》，《国际问题研究》2016 年第 5 期；屈彩云：《日澳安全关系探析》，《太平洋学报》2011 年第 2 期；王海滨：《日澳安全合作：走向战略同盟?》，《社会观察》2010 年第 7 期。

② 张继业、钮菊生：《日越关系新发展：动力与前景》，《国际问题研究》2017 年第 1 期；丁山：《越南与日本广泛战略伙伴关系下的安全合作》，《东南亚之窗》2014 年第 2 期；邓应文：《渐行渐近的日越关系：动因及前景》，《当代世界》2015 年第 11 期。

③ 较有代表性的有：日本国际问题研究所编『アジア（特に南シナ海・インド洋）における安全保障秩序』，平成 24 年度外务省外交・安全保障调查研究事业报告书（2013 年 3 月）；日本国际问题研究所编「インド太平洋の海洋安全保障と『法の支配』の実態化に向けて：国际公共财の维持强化に向けた日本外交の新たな取り组み」，平成 30 年度外务省外交・安全保障研究报告书（2019 年 3 月）。

④ 谢茜、张军平在文中提出，日本力图通过南海、东海双海联动对华加施战略压力，而菲律宾则希望维持大国间的平衡，意图左右逢源。此外，菲国内政局的发展也会影响日菲合作的进展。参见谢茜《日菲在南海问题上的互动与中国的应对》，《边界与海洋研究》2017 年第 3 期。

作纳入了研究视野。"二战"以后，特别是以20世纪60年代英国撤出苏伊士运河以东的军事力量为标志，欧洲主要大国在印太的影响力均已大不如前。然而，基于以下两点原因，印太战略视阈下日本与欧洲大国的海洋安全合作仍具有现实意义。一方面，英法在印太扮演的角色依然不能忽视。英法等国在印太地区具有悠久的殖民历史，与域内多国仍保持着密切的安全合作关系。此外，英法等国在印太地区仍拥有一些军事基地或据点，客观上在印太安全事务中具有一定的话语权。另一方面，日本在推进印太战略进程中，一直积极邀请英法等国"重返印太"，意图通过密切彼此海洋安全合作等路径，借助"外力"强化对华牵制力量。因此，一些学者对日本与英法等欧洲大国的海洋安全合作也给予了较高程度的关注。如孟晓旭、胡杰等学者，结合日本印太战略与"全球英国"战略构想，认为日英在印太开展海洋安全合作是两国实施各自战略的需要，指出日本为了实施印太战略，考虑在美国之外寻求更多西方大国支持日本对华博弈，并希望以日英合作巩固解禁集体自卫权的成果；而英国对日合作则着眼于"脱欧"之后，提升英国对全球，特别是印太安全事务的影响力。[①]

第二节　研究思路与主要框架

一　研究思路

本书遵循纵向与横向分析结合的基本思路展开。从纵向来看，总体梳理近代至冷战时期、冷战结束以后至日本印太战略（构想）提出前、日本印太战略（构想）提出至今（重点）等不同时期日本与印太各国的互动模式及对外安全政策的演进，并进行对比分析；从横向来看，将分析各时期影响日本与印太国家关系、日本对外安全政策的国内外因素，并重点厘清安倍第一次组阁后日本印太战略的形成、面向印太重点国家

[①] 参见孟晓旭《"印太战略"与"全球英国"战略交汇下的日英安全合作》，《现代国际关系》2020年第3期；胡杰《英日防务安全合作——路径、动因与影响》，《国际观察》2017年第6期。

与地区的安全合作政策与实践等核心论题。在结合纵向与横向分析的基础上，最终明确印太战略视阈下日本对外安全政策的演进过程、推进路径、战略考量、发展趋向及国际影响。

二 主要框架

具体而言，本书主要由以下六部分组成：

第一部分是第一章，将从历史维度梳理、剖析自德川幕府末期至安倍第一次组阁前日本与印太国家（地区）关系的演进，追溯日本印太战略的历史源流，以更准确、客观地研判当下日本战略的实质与走向。

第二部分是第二章，本部分主要论述安倍2006年第一次组阁以来日本印太战略如何逐渐兴起，并剖析其实施路径、生成机制与制约因素。在对日本印太战略的形成进行梳理的基础上，阐明其具体实施路径，即：在战略层面，日本与美印澳等进行密切互动，推动印太战略"共同体"的建立；在安全层面，日本大力推进对外安全政策，在与美印澳、越南与印尼等东盟国家发展双多边海洋安全合作的同时，借参与南太平洋地区安全事务、联合国非洲维和行动等进一步完善印太安全布局，编织覆盖整个印太地区的双多边安全合作网络；在外交层面，日本则在原有亚太外交基础上大力开展印度洋外交，强化与印度洋沿岸国家的关系；在技术层面，日本努力强化在印太地区的海域态势感知及多领域协同作战能力；在经济层面，日本与印太相关国家深化基础设施、海洋物流、海洋资源开发、港口管理等领域的合作。此外，本部分也将对日本印太战略形成的内外环境与生成机制、日本推进印太战略的主要制约因素等进行详细阐释。

第三部分包括第三章和第四章，本部分在第一、二章分析日本印太战略历史源流与现实特征的基础上，以该战略的主要支点与核心路径——对外安全政策为着眼点，开始进行案例研究。具体而言，本部分主要探讨印太战略视阈下日本与美澳印等大国、中等强国如何开展双多边海洋安全合作。美日印澳四国安全合作机制（QUAD）为日本印太战略在国际社会的主要依托平台之一，与美印澳的安全互动则是日本与各国协同推进印太战略的主要表现。因此，探讨日本与美印澳的双多边海洋安全合作的重要性就不言而喻了。本部分重点分析了日澳、美日印双多边海洋安全合作的演进、路径、动因与战略指向，希望在印太战略视阈下更清晰地把握日本与其他三国安全合作的动向及前景。

第四部分为第五章，将继续沿袭第三部分的路线，探讨印太战略视阈下日本与印太地区中小国家开展海洋安全合作、参与区域安全治理的演进、现状、路径、战略考量与前景。尽管美印澳等国为日本开展海洋安全合作、推进印太战略的重点，但印太一些"枢纽型"[①] 中小国家（或区域）也颇被日本看重。日本认为，越南、印尼以及南太平洋岛国等扼守印太核心位置，是遏制中国的重要依托。因此，自安倍2006年第一次组阁以来，日本重点发展了与越南、印尼的海洋安全合作关系，并着力介入了南太平洋区域事务，意图进一步完善自身印太战略。本部分将围绕印太战略驱动下的日越、日印尼海洋安全合作及日本南太平洋政策展开案例研究。

第五部分为第六章。日本在印太战略视阈下开展海洋安全合作之余，也关注印太地区陆上安全事务，最大程度地完善本国在印太地区的安全布局。本部分试图以日本参与联合国非洲维和行动、介入印太西缘陆上安全事务的实例，阐明日本印太战略在安全层面上"海主陆辅""陆海联动""陆海协同"的战略特征。

第六部分为全书内容总结部分。该部分将在前几章基础上，着眼于日本在印太战略驱动下强化对外安全政策的现实，简要总结全书主要内容。

本书既有宏观阐述，又有中微观分析与案例研究。本书认为，日本印太战略渐趋完善，并以对外安全政策作为重要支点加以推进。在印太战略视阈下，日本对外安全政策具有多层级、多维度特征，并逐步覆盖了印太主要大国与"枢纽型"中小国家，已形成了较完善的安全合作网。需要指出的是，因应国内外局势，特别是中美日三边关系

---

① 所谓印太地区"枢纽型"中小国家，指某些国家尽管发展水平相对较低、国力相对较弱、国家体量相对较小，但因其占据了较好的地理位置，或是在区域多边机制中具有较强的话语权，因此仍然在印太地区发挥着重要作用，被日本政府持续关注。具有代表性的有印度尼西亚、越南、新加坡、斯里兰卡、塞舌尔、吉布提、肯尼亚、南太平洋相关岛国等。

的变化，近年来日本也在不断调整印太战略及安全政策的对华立场。2017年下半年至2019年末，日本一度逐步淡化了印太战略对华排他性色彩。而新冠疫情暴发、拜登上台执政后，日本基于协助美国开展对华战略博弈，巩固、强化日美同盟等考量，其印太战略及安全政策的对华立场再度趋于强硬。因此，日本对华政策调整基本属于战术层面，其借助印太战略，联合美印澳、印太中小国家乃至欧洲域外大国等构建双多边安全合作体系，以最大程度地遏制中国的长期战略目标不会发生根本性改变。

第三节　历史视角下的日本与印太：日本印太战略的源流探析

近年来，印太作为一个地缘概念日渐为全球瞩目，由该概念衍生出的印太战略（构想）已成为美、日、印、澳等全球与地区大国、中等强国的对外战略重心。日本自2006年安倍晋三第一次组阁后，成为国际社会对印太战略最为积极的幕后推手之一。日本除了逐步构建本国印太战略的主体框架，也意图通过强化美日印澳四国安全合作机制（QUAD），联合域内相关中小国家共同在印太牵制中国。尽管日本印太战略未来还存在较多不确定性，但已对中国周边乃至印太的安全局势造成了明显的消极影响。

应当说，日本印太战略并非"无源之水"，其与日本近代以来国家的发展历程、与印太国家（地区）关系的演进息息相关。本章力图从历史视角追溯日本印太战略的源流，并梳理、总结其发展历程。

事实上，印太并不是一个崭新的概念，其早在20世纪早期就已诞生。[①] 只不过，早期的印太概念并未引起国际社会的广泛关注。而日本的印太战略也并非凭空出现，在日本近现代史中可追寻到一些它的蛛丝

---

① 按照目前学界的梳理、追溯，德国地缘政治学家豪斯霍弗（Karl Haushofer）为印太概念的最早创立者，其在1924年的《太平洋地政学》（*Geopolitik des Pazifischen Ozeans*）中提出了较完整的印太理论。

马迹。

一 印太概念的出现

依据一些学者的研究,早在 20 世纪 50—70 年代澳大利亚一些以国际殖民地自治为主题的学术研讨会中,印太概念已被频繁使用,但一直未得到澳政府与国际社会的充分重视。[1] 直到 2010 年以后,随着美国高调宣布重返亚洲、推行"亚太再平衡"战略,这一概念才重新获得美国、澳大利亚政界和学界的重视。[2] 2010 年 10 月,美国国务卿希拉里·克林顿在檀香山发表演讲,首次表明了美国官方对于印太的重视。[3] 翌年,希拉里在《外交政策》发表"美国的太平洋政策"一文,声称"美国正将与澳大利亚的同盟关系由亚太扩展至印太,成为真正的全球伙伴关系"[4]。

除了政界,国际学界也围绕印太概念展开了热烈讨论。欧美学者大卫·斯科特、罗伯特·卡普兰、迈克尔·奥斯林,澳大利亚学者洛里·梅德卡夫、迈克尔·卫斯理,印度学者拉贾·莫汉等纷纷撰文,对印太概念的内涵及其对国际格局、区域安全合作的影响进行了阐述。2010 年以后,政学两界对印太概念的关注与传播,使印太逐渐从地理概念发展为地缘战略概念,进入了全球战略话语体系。[5]

与 2010 年前后美澳印等国的政治家、学者在印太概念国际传播上的活跃相比,同时期的日本似乎稍显沉寂。然而,梳理日本印太战略的发展历程后可发现,尽管日本政府,特别是首相安倍晋三早期未明确提出印太概念,却实为国际社会中印太战略的始作俑者与幕后推动者。那么,日本印

---

[1] Melissa Conley Tyler and Samantha Sherman, "Australia's New Region: The Indo-Pacific", New Delhi: Indian Council of World Affairs, May 21, 2013, http://www.eastasiaforum.org/2013/05/21/australias-new-region-the-indo-pacific/; Rory Medcalf, "Pivoting the Map: Australia's Indo-Pacific System", November 2012, http://www.lowyinstitute.org/publications/pivoting-map-australia's-indo-pacific-system.

[2] 韦宗友:《美国在印太地区的战略调整及其地缘战略影响》,《世界经济与政治》2013 年第 10 期。

[3] Hillary Clinton, "American's Engagement in The Asia-Pacific", http://www.state.gov/secretary/rm/2010/10/150141.htm.

[4] Hillary Clinton, "American's Pacific Century", *Foreign Policy*, November 2011.

[5] 参见许娟《印太语境下的美印日海洋安全合作》,《南亚研究》2017 年第 2 期。

太战略源起于何处，又经历了怎样的发展进程？以下拟通过对近代以来日本与印太国家（地区）的关系进行简要梳理，来一窥日本印太战略的前世今生。

二 近代后日本与印太国家（地区）的关系演进

日本与印太各国有着漫长的互动历史。进入近代以后，印太国家或地区成为日本对外扩张的主要对象，侵略与抗争成为彼时双方关系的主要基调。

（一）近代史视角下的日本与印太

回顾日本自德川幕府末期以来的近代史，除了少数时期，日本的主要国家战略目标一直锚定于亚太，印度洋区域则较少涉足。德川幕府末期，日本近代著名思想家佐藤信渊与吉田松阴提出"海外雄飞论"，成为近代日本对外扩张的思想源泉。佐藤信渊提出日本北进、南进两大扩张方向，北进主要指向中国东北地区，认为"在当今万国之中皇国易于攻取之地，莫如中国之满洲（即东北地区）"，并可以其为基础徐图朝鲜、中国；而南进的地理范围则涵盖了现今东南亚与大洋洲的大部分区域。佐藤曾宣称，皇国应"攻取吕宋、巴剌卧亚，以此二地为图南之基，进而出舶，经营爪哇、渤泥以南诸岛，或结和亲以收互市之利，或遣舟师以兼其弱，于其要害之地置兵卒，更张国威"。[①] 其次，继佐藤后，吉田松阴进一步发展了"海外雄飞论"，在主要作品中均详细阐明了其扩张思想。一方面，其在《幽室文库》中提出了臭名昭著的海外扩张理论。他提到："为今之计，不若谨疆域，严条约，以霸縻二房。乘间垦虾夷，收琉球，取朝鲜，拉满洲，临印度。"主张侵略中国和朝鲜，"控制南洋而袭印度"。[②] 另一方面，吉田也提出了"航海雄略论"，将印太海洋圈广大地区均纳入日本潜在的扩张对象中。1858 年前后，吉田写作《对策一道》等文章，阐述了其"航海雄略论"的"精髓"，即"凡为皇国士民者，不拘公武，不问贵贱，

---

① 参见大畑笃四郎「大陸政策論の史的考察」，『国際法外交雑誌』第 68 卷第 4 号，转引自张炜主编《国家海上安全》，海潮出版社 2008 年版，第 267 页。
② 黄靖皓：《论明治维新后日本的南进政策》，《云南社会主义学院学报》2014 年第 3 期。

13

推荐拔擢，为军帅舶司，打造大舰，习练船军，东北而虾夷唐太，西南而流虬对马，憧憧往来，无有虚日，通漕捕鲸，以习操舟，晓海势。然后问朝鲜、满洲及清国，然后广东、咬口留吧（雅加达）、喜望峰（好望角）、豪斯多辣理（澳大利亚），皆设馆置将士，以探听四方事，且征互市之利"。[①] 不难发现，吉田的印太扩张思想涵盖了南北两大扩张方向，并以南向为主，意图以东南亚地区为跳板，将澳洲及其附近的南太地区纳入日本的扩张目标，这对此后的日本对外扩张路线产生了深远影响。可发现，相较于佐藤北进、南进论基本局限于亚太，吉田已进一步将印度、南太平洋等更大范围的印太海洋圈纳入日本扩张目标范围，成为日本近代涉及印太最深刻的思想印记之一。

（二）"一战"之前日本对印太地区的扩张

德川幕府末年，日本面临内忧外患的局面。幕府依靠幕藩体制、等级制度等维持其严酷统治。幕府实行的闭关锁国、重农抑商等政策阻碍了日本资本主义的发展，其政权孕育着严重危机。在日本国内，贫苦农民的反抗斗争此起彼伏；而在海外，以美国为代表的欧美列强则利用坚船利炮敲开了日本的国门。最终，在日本国内倒幕运动的努力下，幕府统治被推翻，并迅速通过明治维新走上了资本主义发展道路。明治维新后，日本国力迅速增强，日本以周边地区为跳板，开启了向印太地区扩张的序幕，给印太各国人民造成了深重灾难。侵略与反侵略也成为"二战"结束以前日本与印太各国关系的主要基调。

在向印太地区的扩张进程中，日本遵循了由周边向印太腹地延伸的路线。19 世纪 70 年代至 20 世纪初，日本先后凭借武力征服了琉球王国，占领了小笠原群岛[②]、大东群岛等周边群岛，并通过甲午战争与日俄战争控制、吞并了朝鲜半岛，割占了中国澎湖列岛与台湾，成功将政

[①] 日本山口县教育会著『吉田松阴全集：第四卷』，岩波書店 1934 年版，第 109 页，转引自唐利国《论吉田松阴的亚洲侵略思想》，《北华大学学报》2017 年第 5 期。

[②] 小笠原诸岛（Ogasawara Islands）的主体为小笠原群岛（包括婿岛列岛、父岛列岛、母岛列岛），此外还包括西之岛、硫磺岛、南鸟岛、冲之鸟岛。小笠原群岛最初是由西班牙人于 16 世纪中期发现的，并命名为"Bonin Islands"，意为"无人群岛"，该名称也成为海外的通称。也有观点认为是 16 世纪日本信州松本城主小笠原氏发现的。

治、军事势力深层次渗透进中国东北地区，完成了对周边国家（或地区）的侵略扩张。由于以上日本的扩张历史并非本书的重点内容，故此处不再具体展开。

日本在周边扩张连连得手后，已不满足于现有"战果"，将扩张的野心投向了西南太平洋等印太纵深区域。1914年第一次世界大战爆发，日本认为欧洲列强忙于在欧洲厮杀而无暇东顾，此时间是日本在印太扩张的"天赐良机"。1914年8月日本对德宣战，同年10月日本海军迅速攻占了太平洋上的德属马里亚纳群岛、加罗林群岛以及马绍尔群岛等。同年12月，日本海军组建了南洋群岛临时防备队，将上述岛屿纳入军政管理之下。这也是日本扩张触角首次突破日本周边地区，延伸至南太平洋等印太东缘地区。

（三）"一战"结束后至"二战"期间日本对印太地区的扩张

"一战"期间日本迅速发展，严重损害了西方列强在中国乃至整个印太的既有权益。为遏制日本，在美国的提议下，1921年11月12日至1922年2月6日，美英法日中等九国代表在华盛顿举行会议，商讨限制军备及远东太平洋问题。2月6日，与会国签订了《关于中国事件应适用各原则及政策之条件》，即《九国公约》，规定各国应"尊重中国之主权与独立，及领土与行政之完整"，重申在华实施"门户开放""机会均等"原则，[①] 以限制日本独霸中国。华盛顿会议表明，美国等西方列强是不允许日本在印太，特别是远东地区一国独大的，而日本争夺印太地区霸权也势在必得。因此，"一战"后日本与美国等西方列强的矛盾愈演愈烈。

另一方面，"一战"结束后，英、法等国实力大大衰落，对西太平洋地区殖民地的控制能力大幅下降。在此背景下，日本国内"南进论"日趋抬头并占据了主导地位。南进政策拥护者主张，帝国有三条生命线，第一条是中国东北，第二条是内南洋，第三条是外南洋；中国东北与内

[①] 王绳祖主编：《国际关系史资料选编》上册第二分册，武汉大学出版社1983年版，第504—507页。

南洋已经在握，下一步该是夺占外南洋了。① 此处，内南洋指马绍尔群岛、马里亚纳群岛与加罗林群岛；而外南洋则囊括了内南洋以外、含澳大利亚在内的广大西、南太平洋地区。可见，彼时日本"南进论"的终极目标仍然仅局限于广大西、南太平洋区域，并未想染指印度洋，但已基本覆盖了印太的核心区域。1940年后，日本开始向印度洋区域进行军事渗透，侵略目标逐步拓展至整个印太地区。同年8月，日本政府提出"大东亚共荣圈"计划，不仅将东亚、东南亚区域划入，更涵盖了印度、澳大利亚、新西兰等。② 为此，日本需控制东经90度到180度之间的、印度洋到太平洋中部的辽阔海域。③ 这也是继"海外雄飞论"后，日本的战略视野与扩张目标再次从亚太延伸至整个印太地区。此外，相较于"海外雄飞论"而言，"大东亚共荣圈"计划官方色彩更浓，直接体现了彼时日本最高统治者对印太地区的扩张路线与侵略野心。

三 "海洋国家"路线的确定：冷战时期日本与印太国家（地区）的关系演进

进入冷战时期以后，伴随着美国的民主改革，日本国家发展路线发生了根本改变，发展经济、维持有限军备的"海洋国家"思想成为日本长期奉行的圭臬。日本与印太地区各国的关系也由此进入了一个新的时代。坚持走和平国家路线的日本与印太国家（地区）的关系以经济投资、产业分工、贸易往来为主旋律。

（一）冷战时期日本"海洋国家"理论发展的历史

在漫长的冷战时期，日本与印太国家的联系基本局限于经济领域。然而，当前日本印太战略的重要思想基础——"海洋国家"理论的主体却诞生于这一时期，并对日本的国家发展路线产生了颇为深远的影响。可以说，安倍晋三内阁在对日本印太战略进行制度设计时，很大程度上也参考了"海洋国家"理论与思想。

---

① 赵振愚：《太平洋战争海战史》，海潮出版社1997年版，第23页。
② 张炜主编：《国家海上安全》，海潮出版社2008年版，第276页。
③ 王屏：《近代日本的亚细亚主义》，商务印书馆2004年版，第287页。

第一章　导论

冷战初期，日本在经济、安保上的国家战略的投射范围进一步缩小，基本仅涵盖东亚、东南亚地区。在经济上，日本鉴于战败后的国内情况与国际局势，遵循"吉田主义"（Yoshida Doctrine）①，以"优先发展经济、轻军备、在安全上依附美国"为本国发展的基本路线。在此背景下，日本转型成为一个"和平国家"，一些政治家与学者开始围绕日本国家性质、未来国家发展方向发表观点、著书立说，"海洋国家"理论即是其中代表。"海洋国家"理论的基础包括对战争失败的全盘审视和对新的内外条件的综合考量。一种颇具代表性的观点是，日本的战败在于犯了方向性的错误，即作为海洋国家，不应企图占领大陆或与大陆国家结盟，而应维护与其他海洋国家的关系。②也有日本学者提出，"正是由于日本追求'大炮巨舰'，忽略了对海上交通线的保护，才最终陷入了战争资源枯竭的境地。因此，与其说胜利的是美国，不如说胜利的是自由通商的思想"③。作为高度依赖海外资源的国家，日本深切认识到贸易通商的重要性，这成为战后日本思考国家战略的原点。正如主导日本战后重建的首相吉田茂所言，"日本是一个海洋国家，显然必须通过海外贸易来养活九千万国民，……当然不能不把重点放在英美两国之上了"④。吉田主张将经济建设置于国家发展的优先地位，最大限度地减少军费开支，在政治、经济、军事等领域依赖与美合作。可见，吉田奉行了"海洋国家"理论中的重商主义，并带有显著的"脱亚"倾向，其思想被称为"商人的国际政治观"。

其后，著名国际政治学者、京都大学法学部教授高坂正尧发展了吉田茂的思想，首次提出了"海洋国家日本"的构想。高坂认为，近代日本在"脱亚"和"入亚"中迷失，战后被纳入美国势力范围的日本，只

---

① 为日本战后首相吉田茂提出。吉田着眼于战后日本百废待兴的国情，认为在日本国民连衣食住行都无法充分保证的情况下，大规模重整军备会给经济带来重负，也有悖于日本的国家利益。因此，战后日本只能优先发展经济，主要用经济手段在海外伸张日本的威信。吉田茂确信，这是日本在当时条件下获得新生的最佳选择。参见张勇《日本外交的选择：概念、议程与方向》，《外交评论》2016年第6期。
② 平间洋一『日英同盟：同盟の選択と国家の盛衰』，PHP研究所2000年版，第3页。
③ 細谷千博等『太平洋戦争』，東京大学出版社1993年版，第570页。
④ 吉田茂『回想十年（一）』，中央公論社1998年版，第34页。

有一条道路可走，即彻底"脱亚"，作为"极西"国家全力发展。在安保领域，维持有限的军备和调整对美关系是最佳选择；在经贸领域，日本应学习英国，大力发展海外贸易，建成"海上通商国家"；在对外开发上，日本应致力于通过援助开拓发展中国家市场，并推动海洋资源勘探开发；在国民精神上，日本要超越岛国的过去，以开放的欲望、积极的对外政策参与世界政治。① 高坂的理论以加入西方阵营为前提，涵盖外交、经贸、安保、资源开发各领域，可谓开创了战后"海洋国家论"的先河，一定程度上确立了日本作为"海洋国家"进行实践的基本框架。不过，随着冷战大幕的拉开，日本国内也出现了反对一味"向西看"的声音，其中最具代表性的是革新派学者坂本义和提出的"非武装中立论"。在其看来，与美国结盟可能会使日本卷入美苏核战争而导致国家毁灭，而自卫队等常规武装力量在核武器面前毫无意义，日本应选择"非武装中立"，依靠联合国获取安全，同时致力于恢复日中关系，签订以美苏中日为主的集体安全条约，彻底达成远东地区的安全稳定。② 这一理论虽然在日本民间赢得了一定的赞同，但并没有对政界产生足够的影响。

1973年石油危机以后，日本从官方到学界的视野大为拓展，开始将战略目光投放于整个太平洋沿岸地区。在此背景下，"海洋国家"理论与经济一体化潮流相融合，引申出了以海洋为牵引、以经济文化交融为支撑的区域构想，即"环太平洋构想"。该战略设想由日本首相大平正芳提出，后被铃木善幸内阁、中曾根康弘内阁继承，前者提出了"太平洋团结设想"，后者提出了"太平洋经济文化圈"。但无论哪种提法，强化日美同盟，强调作为"西方一员""海洋国家"的身份都是核心要义。正如中曾根康弘所述，"从地缘政治学的角度来看，日本是个海洋国家……明治维新后的日本，当未与美、英保持稳定友好关系的时候，就一再遭到失败"。③ 铃木善幸主张日美建立起不可动摇的关系，并与有关

---

① 高坂正堯『海洋国家日本の構想』，中央公論社1965年版，第177—190頁。
② 坂本義和「中立日本の防衛構想——日米安保体制に代わるもの」，『世界』第164号，1959年。
③ [日]中曾根康弘：《新的保守理论》，金苏城、张和平译，世界知识出版社1984年版，第136页。

国家合作，使太平洋成为"自由、互惠、开放"之海。而在学界，日本战后著名学者川胜平太提出的"21世纪日本国土构想"较具代表性。川胜认为，"从鄂霍次克海开始，经过日本列岛，包括朝鲜半岛、中国大陆的东部地区和台湾、东海、南海，直到东盟的大部分区域和澳大利亚的北部，是所谓的"海洋丰饶半月弧"地带，并大胆预测"日本在这个半月弧地带中的关键位置上，这个地带将在21世纪发挥主导作用，日本将在其中发挥重要作用并开拓自己的海洋国家道路"。① 这些日本政治家与学者的区域构想有意识地排除了苏联、中国等大陆国家，反映了以海洋为纽带扩大自身影响力的战略意图。可以看出，"环太平洋构想""太平洋团结设想""太平洋经济文化圈"等一系列构想与当下日本印太战略已有诸多相似。从根本原则上来看，自由、开放与互惠也是日本印太战略的主要原则；从路径上来看，以日美合作为基轴、与太平洋沿线其他"海洋民主国家"合作与当下印太战略的实施路径也基本雷同；从排他性来看，苏联/俄罗斯、中国等所谓大陆国家被系列"太平洋"构想直接"过滤"，这与印太战略亦有相似之处。当然，此时，日本的战略思维还局限于太平洋沿岸，未将印度洋区域纳入战略视野。

（二）"海洋国家"日本的政策实践：与印太新的互动模式

日本在"二战"后重构了"海洋国家"理论，强调彻底加入西方阵营，确立了以"贸易立国"为中心的经济战略和以日美同盟为基轴的安全战略两大支撑点。此后日本历届政府基本都继承了这一路线，并逐步以制度化的形式固定下来。代表海洋文明的西方世界，建立在"市场经济""自由民主国家""美国治下的和平"和"以美元为中心、基于关贸总协定（GATT）的自由开放国际贸易体系"四大制度体系之上。② 在此体系下，日本实现了经济恢复与发展，也渐进式地踏上了重整军备之路。因此，这一阶段日本与印太各国基本是以对外投资、经贸合作、产业分工为互动模式，并与印太国家与地区，特别是与东盟国家、韩国等建立

---

① 川勝平太『文明の海洋史観』，中央公論社1997年版，第221页，转引自初晓波《身份与权力：冷战后日本的海洋战略》，《国际政治研究》2007年第4期。
② 白石隆『海洋アジアvs大陸アジア：日本の国家戦略を考える』，ミネルヴァ書房2016年版，第4页。

了相对成熟的垂直型产业分工体系。

具体而言,在经济方面,日本政府确立了"贸易立国"的外向型经济战略,积极融入美国主导的世界市场。1952年,日本加入国际货币基金组织,后又加入关贸总协定。为给本国企业的海外拓展保驾护航,日本先后成立通商产业省及日本贸易振兴机构,以强化国家的主导作用,综合统筹产业发展,协调对外贸易活动。通过战后赔偿等手段,日本将东南亚国家变成重要资本输出和商品出口市场,实现了战后的经贸"南进"。20世纪50—70年代,日本在经济高速增长后,大力对东南亚国家进行商品与资本输出,双方基本形成了较高程度的相互依存关系。受冷战意识形态对立的影响,日本对以中国为主的亚洲大陆保持着疏离感,直到1972年两国建交才开始谋求进一步的"大陆回归"。凭借地理优势和战前的工业基础及人力储备,在20世纪80年代,日本一跃成为世界第二大经济体和对外贸易国,经济利益拓展至全球。外向型经济拉动了海运、造船、油气、港口建设等一大批海洋产业的迅猛发展,不到二十年,日本成为世界首屈一指的商船保有国、造船大国、港口大国和渔业大国,海洋经济在国民经济中占据显著地位。这也较大程度地塑造了当前日本印太战略在经济层面的海洋属性。

在安全方面,确保"海洋的自由"是以美国为首的西方国家的核心利益。冷战时期,东西两大阵营基本上形成了苏联维持陆权优势、美国维持海上优势的格局。[1] 日本列岛对大陆呈封锁之势,在安全领域扮演了重要角色。此时,日本的国家安全战略是:第一,决不能离反海洋圈;第二,日本必须拥有一定的自卫能力,特别是反潜能力。[2] 于是,日本开始了渐进式的"再军备"过程。到1971年,日本在实施了三个中期防卫力量整备计划后,已拥有一支中等规模的海上力量。日本的海上自卫队具有很强的扫雷和反潜能力,可完全控制对马、津轻和宗谷海峡,阻止苏联舰队进入太平洋,并牵制其在印度洋的活动。[3] 1973年石油危

---

[1] 阿曽沼広郷、曽村保信『海の生命線:シーレーン問題の焦点』,原書房1983年版,第4頁。
[2] 海空技術調査会編『海洋国日本の防衛』,原書房1972年版,第224頁。
[3] Tetsuo Kotani, "Geopolitics in Asia and Japan's Maritime Strategy", *Ocean Policy Studies*, Vol.9, 2011, p.93.

机后,日本理论界开始鼓吹"海上生命线"的概念,提出保护海上交通线应多部门协调,制定综合性政策,集体自卫权必然成为需要考虑的问题。[①] 1976年,日本政府首次制定《防卫计划大纲》,提出"基础防卫力量"的构想和"近海专守防卫"的理念。20世纪70年代中后期,美国加强了与日本的海上军事合作,以"美军为矛,自卫队为盾",进一步推动日本分担西太平洋的防务。由此,日本开始逐渐扩大防卫范围,1983年的《防卫白皮书》将作战指导思想从"近岸歼敌"调整为"海上歼敌",周围数百海里、海上交通线1000海里左右的海域被划入防卫范围。日本在遵循"经济第一主义"的同时,配合美国需要,有计划地强化自身实力、拓展海洋活动范围,实现了海权的"再扩张"。

"二战"后,始于"吉田路线"的"海洋国家"之路为日本的经济复兴奠定了良好的基础。这一时期,日本依托海洋获取资源,通过海洋开展贸易通商,利用海洋军事对抗大陆。对于日本而言,海洋比过去任何时候都显得重要。因此,"海洋国家"愈发成为日本寻求经济发展、构建身份认同以及进行国际定位的出发点。在此背景下,日本与印太地区的互动模式也发生着根本性改变。不同于战前的侵略扩张,在"吉田主义"的政策路线下,日本通过对印太地区(特别是东盟)进行直接投资,与被投资国形成了传统的初级产品与工业制成品的垂直型分工体系,日本主导的亚洲"雁阵模式"得以形成。而在安全上,日本基本严格遵守"吉田主义"所倡导的"轻军备"路线,尽可能搭美国安全保障的"便车",也在一定程度上淡化了印太各国对日本的戒惧与敌意。尽管冷战后期,特别是中曾根康弘等内阁有增加军费预算的趋向,但总体而言,漫长的冷战时期日本基本恪守了"专守防卫"原则,与印太国家的互动以经济投资、贸易往来为主基调。此外,冷战时期日本"海洋国家"理论的盛行,实则在日本国家经济、安全两大层面都打下了深深的"海洋烙印"。因此,发展海洋经济、确保海洋安全成为冷战以来日本历届内阁遵循的路线。这一路线实则对安倍印太战略的内核产生了较大影响,

---

① 阿曾沼広郷、曽村保信『海の生命線:シーレーン問題の焦点』,原書房1983年版,第54页。

正是基于日本历史传统与现实条件，以"高质量基础设施出口"为主导的对外海洋经济合作与以海上联合军演、海洋技术与装备合作等为代表的对外海洋安全合作①成为日本印太战略的两大支点，而后者更是成为日本印太战略的重心。

四 "大国梦"的重燃：冷战结束后日本与印太国家（地区）的关系演进

冷战结束后，伴随着雅尔塔体系的崩溃，日本面临的国际、国内局势都出现了巨变。国际层面上，美苏两极格局瓦解，国际局势趋于缓和，日本与印太国家（地区）的关系进入了新一轮的调整阶段。国内层面上，日本"泡沫经济"崩溃，"55年体制"终结，社会经济发展陷入低迷状态。同时，日本政治保守化倾向明显，摆脱战后体制，构建政治、军事大国地位的意愿日趋强烈。在这一时期，日本国家战略由"吉田主义"向摆脱战后体制，成为"正常国家"转变。为此，日本亟需破除雅尔塔体制对日本海外派兵的束缚，以便更有效地将本国政治、军事力量向国际社会投射。基于以上考量，日本在冷战后对印太地区政治、安全事务的参与力度不断加大。因此，冷战结束后日本面向印太国家（地区）的政治、军事扩张与经贸合作叠加，日本与印太各国（地区）形成了"复合型"互动关系。

一方面，在经济层面，日本继续发挥自身比较优势，与印太国家的经济合作日趋提速。随着亚太经合组织（APEC）的建立，日本与亚太其他国家的联系进一步密切，但与印度洋区域国家的经济合作规模相对有限。以印度为例，截止至安倍第一次组阁（2006年），日印双边贸易额仅为93.2亿美元②，仅为同期中日贸易额（2037.6亿美元③）的

---

① 需要指出的是，除了海洋安全合作，日本也积极参与了印太陆上安全多边合作，但日本政府对后者投入资源的力度明显逊色于前者。
② 日本外務省「インド基礎データ」、2020年3月24日、日本外務省网站（http://www.mofa.go.jp/mofaj/area/india/data.html#section5）。
③ 中国商务部：《2006年中日贸易额首次超过2000亿美元》，2007年1月16日，中国商务部网站（http://tzswj.mofcom.gov.cn/article/f/200701/20070104277899.shtml）。

4.6%左右;而日本对印直接投资额为5.6亿美元[1],仅为同期日本对华投资额(45.98亿美元[2])的12.2%左右。

另一方面,在安保层面,以"9·11"事件为分水岭,在美国的"鼓励"与"要求"下,日本对印太地区安全事务的参与力度不断加大。战后美国为了在远东应对苏联的威胁,在亚太地区以日本、澳大利亚为南北双锚,与一系列盟国(日、澳、韩、菲、泰等)缔结了安全同盟关系,建立了以美国为轴心、盟国为辐条的"轴辐体系"(hub-and-spoke system)。而日本在此体系下,也基本以日美同盟为基轴,与澳大利亚等一些间接盟国开展少量安全合作。因此,"9·11"事件以前,日本在印太地区,特别是印度洋沿岸地区的军事存在几乎可以忽略不计。彼时,日本与印度洋沿岸国家的安全合作仍只是零星见于打击海上犯罪(海盗、海上恐怖主义、海上走私等)、海洋信息共享、应对海洋灾害、展开海上搜救合作等低烈度的非传统安全领域。从合作级别来看,基本局限于双边海警这一层级,日本自卫队与印度洋诸国海军在传统安全领域的合作没有实质性进展,日本军事力量尚未真正进入印度洋区域。

然而,值得关注的是,2001年"9·11"事件后,日本以配合美国反恐行动为由,突破战后和平宪法约束,逐步在印度洋确立了军事存在。"9·11"事件后,以恐怖主义为代表的安全问题严重威胁了美国国家安全,美国国家战略重心转移至中东、东非等印太西缘地区,以打击以上地区的恐怖主义势力为基本国策。在此背景下,美国希望其最重要盟国之一的日本积极配合美在印太的反恐行动。而彼时的日本正苦于没有合适借口突破战后和平宪法束缚、实现海外派兵,故美国的要求可谓正中日本下怀。此后,日本小泉内阁以配合美国反恐为借口,不顾国内诸多反对意见,在2001年"9·11"事件后强行通过了《反恐怖特别措施法》《应对武力攻击事态法案》《自卫队法修改案》及《安全保障会议设置法修改案》等法案。

---

[1] 日本外务省「インド基礎データ」、2020年3月24日、日本外务省网站(http://www.mofa.go.jp/mofaj/area/india/data.html#section5)。

[2] 中国商务部:《日本对华投资结构有重大变化进入"升级换代"期》,2007年4月8日,中国商务部网站(http://tzswj.mofcom.gov.cn/article/f/200704/20070404551047.shtml)。

伴随着以上诸多法案的施行，日本在修改战后和平宪法方面取得了重大突破，日本自卫队在世界上的行动限制得以进一步减少，为日在印太核心区域确立军事存在奠定了坚实基础。首先，日本海外派兵的范围无限扩大。1999年通过的《周边事态法》还只是设想"远东有事"，规定日本自卫队的活动范围只限于日本周边公海。然而，2001年通过的《反恐怖特别措施法案》却将日本自卫队的活动范围扩大到了国际公海和"当事国同意的外国领域"。其次，新通过的诸法案放宽了自卫队外出时的武器使用标准，将武器使用范围放宽到自卫队管理下的人员。也就是说，在日本自卫队管辖范围内，如果出于保护包括难民、美军伤病员和支援人员生命的需要，自卫队就可以动用武器。最后，自卫队派遣的程序发生根本改变。在《周边事态法》中规定派遣自卫队到海外必须事先得到日本国会的认可，而新法案出台后政府可以先派自卫队出兵，然后在20天内取得国会"事后承认"。通过以上法案不久，日本就派遣由自卫队官员组成的调查团，到印度洋附近的国家了解情况。同时，2001年11月，日本海上自卫队的4艘护卫舰、两艘补给舰和4架C130型运输机也以调查为由进入印度洋，实现了日本冷战后向印太核心区域派兵的夙愿。

继2001年派兵后，美国发动的伊拉克战争成为日本涉足印太安全事务的又一次"绝佳机会"。2003年5月，日本国会通过"有事三法案"（《武力攻击事态因应法案》《自卫队法修正案》《安全保障会议设置法修正案》）；2003年7月则通过《支援伊拉克重建特别措施法案》，引起了国际社会的广泛关注与担忧。2003年11月份，日本依据《支援伊拉克重建特别措施法案》向伊拉克派出了1000人左右的自卫队官兵，为美军提供后勤保障支持。可以发现，2001—2003年，日本对印太安全事务的参与陡然增加，日本国家战略突破亚太、走向印太的趋势已比较明显，并初步将军事触角延伸至了中东地区，这也成为日后安倍晋三构建印太战略的重要现实基础。

因此，总体来看，冷战时期日本与印太国家（地区）的互动受彼时两极格局、日本和平宪法"专守防卫"原则、"吉田主义"的严格约束，基本局限于对外贸易、投资等经济层面，安全互动颇为有限。冷战后，日本对外以配合美国反恐行为、强化日美同盟为由，以外部压力促使国内"改革"，不断突破和平宪法框架，逐步将政治、军事力量投放至印太核心区域，尝试安全、经济"双轮驱动"，多维度提升其在印太地区的活动范围与影响力。

本章小结

自近代至安倍执政这段漫长的历史中，日本与印太国家（地区）的关系经历了多次演变。可以说，日本与印太国家的关系直接折射了彼时日本的国家战略与对外路线。

明治维新以后，国力飞速提升、成为世界强国的日本对印太，特别是亚太各国进行了大肆扩张，并给域内各国人民带来了深重苦难。而漫长的冷战时期，在以吉田茂、高坂正尧等倡导的"吉田主义""海洋国家日本"为代表的"海洋国家"理论的影响下，日本选择了和平国家发展道路，在安全上长期搭乘美国"便车"，除了与澳大利亚等少数美国盟国及部分东盟国家有零星的安全合作以外，与印太各国的合作基本局限于经济领域。日本通过对外投资、双边贸易、产业分工等途径，与亚太国家与地区（主要是韩国、东盟相关国家及中国台湾地区）建立了较明显的垂直分工体系，形成了经济学上著名的亚洲"雁阵模式"。冷战结束以后，在新的国际环境下，日本"大国梦"重燃，为了加快构建政治、军事大国，除了经济合作外，力图促进自卫队"借船出海"，与印太国家（地区）形成了涵盖经济、安全等多层面的"复合型"互动模式。在此背景下，日本不断尝试突破战后和平宪法的束缚，并在"9·11"事件后以呼应美国行动为由，向中东派遣军事力量，初步将军事触角延伸至印度洋沿岸地区，为其后安倍内阁酝酿、构建印太战略（构想）奠定了现实基础。

第二章

安倍第一次执政后日本印太战略的兴起与形成

小泉纯一郎执政时期,以配合美国反恐为名,日本通过国内立法,步步突破战后机制,并初步将政治、军事触角延伸至中东等印度洋沿岸地区。以此为基础,2006年9月安倍晋三第一次组阁后,日本成为国际社会构建、推动印太战略(构想)最为积极的国家之一,日本也正式将国家战略视野与利益边界扩展至印度洋区域。

回顾日本印太战略的构建历程,可发现其具有隐蔽性强、不断进行调适的特点。安倍第一次组阁期间,日本着眼于印太,尽管尚未形成战略,但已有了较为成熟的构想。与美、澳等大张旗鼓地炒作不同,安倍并未直接提出印太概念,而是以价值观为名力图在印太构建四国同盟体系。在四国同盟计划搁浅后,安倍在第二次执政后进行了调整,转而同印太主要国家(地区)发展安全合作,以求得在密切彼此关系基础上推动印太构想。在这一背景下,日本印太构想也日渐丰满,构建起有血有肉的战略骨架,并逐步升格为印太战略。

第一节 日本印太战略的形成与嬗变

一 四国同盟构想的提出与流产

2006年安倍组阁后不久,其内阁核心人物——外相麻生太郎旋即提出了美日澳印四国战略对话框架的建议。而安倍在组阁后的首相演讲中同样表示，日本作为亚洲民主国家，为了将自由社会的范围扩展到亚洲乃至世界，需与澳大利亚、印度等拥有共同价值观的国家首脑举行战略对话。① 其后，四国同盟构想因澳、印等国顾忌中国的反应，采取消极态度而流产。2007年8月安倍在印度国会发表题为"两洋的交汇"的演讲，尽管未直接提及本国印太概念，却积极向印度政府兜售了自己的相关构想。安倍首先提出，日印的接近将有望形成一个横跨印、太两大洋，囊括美澳等国的"扩大版亚洲"；其次，安倍也指出日印在印、太两洋的重点合作领域为维护海上通道的安全，并呼吁具有共同志向的国家"共襄盛举"。② 尽管这次演讲未提及中国，但安倍明显未放弃四国同盟构想，希望在拉拢印度的同时，联合美澳，以控制印、太两洋海上通道并以此遏制中国战略空间的扩展。可惜安倍访印不久后由于身体原因被迫辞去首相职务，但其在蛰伏期间并未停止对印太构想的谋划，并依据国内外环境对原有构想进行了大幅调适。

二 "亚洲民主安全菱形"构想与印太战略形成

安倍2012年12月第二次组阁前夕，在世界报业辛迪加（Project Syndicate）上发表题为《亚洲民主安全菱形》（Asia's Democratic Security Diamond）的文章，赤裸裸地展现了其经过调适后的印太构想。安倍提出"太平洋的和平稳定与航行自由，与印度洋的和平稳定与航行自由密不可分"，"日本作为亚洲最古老的海洋民主国家，应在保障印太两洋航行自由这一重要公共产品方面发挥更大的作用"。③ 安倍还公开表示日本应与美国夏威夷、澳大利亚、印度加强安全合作，形成"亚洲民主安全菱形"④，以

---

① 日本首相官邸「第165回国会における安倍内閣総理大臣所信表明演説」、2006年9月29日、日本首相官邸网站（http://www.kantei.go.jp/jp/abespeech/2006/09/29syosin.html）。
② 日本外務省「二つの海の交わり」、2007年8月22日、日本外務省网站（http://www.mofa.go.jp/mofaj/press/enzetsu/19/eabe_0822.html）。
③ 日本国際問題研究所編『アジア（特に南シナ海・インド洋）における安全保障秩序』、平成24年度外務省外交・安全保障調査研究事業（総合事業）報告書（2013年3月），第25頁。
④ 日本国際問題研究所編『アジア（特に南シナ海・インド洋）における安全保障秩序』、平成24年度外務省外交・安全保障調査研究事業（総合事業）報告書（2013年3月），第25頁。

达到遏制中国的战略目标。安倍最后指出,尽管日中关系关乎许多日本国民的福祉,但为了改善日中关系必须首先强化日美关系。就其原因,安倍表示"日本外交必须根植于民主、法律支配、对人权的尊重等(价值观)。这些普世价值引导了战后日本外交。我确信,2013年后亚太区域的繁荣同样也必须基于以上各普世价值"。①

继公开撰文后,安倍也频频外访,意图向国际社会宣示自身主张。首先,安倍于2013年1月访问印尼,并计划于当月18日在印尼雅加达作题为"开放之海的恩惠"的演讲,后因提前回国处理阿尔及利亚日本人质事件取消,但相关内容仍刊载于日本外务省网站上。安倍认为,"美国国家战略重心已逐渐转移至太平洋与印度洋交汇处,日美同盟将具有比以往更为重要的意义","应在印、太两洋范围内赋予同盟新的战略广度,日本应强化与美各盟国、伙伴关系国(特别是印度、澳大利亚)的关系"。②

2013年2月安倍第二次组阁后不久在美国华盛顿战略与国际问题研究中心(CSIS)发表演讲,首次正式使用"印太"这一说法,并将其与亚太并列使用,提出日本在印太应作为各领域规则推动方来发挥主导作用。此外,安倍认为日本"应维护充分开放的海洋等全球性公共产品",认为日本为达到以上目标,"应与美国、澳大利亚、韩国等'抱有共同志向'的民主国家形成合力"。③ 安倍第二次组阁后的公开撰文与外访体现了其印太构想的调整,即以加强拥有共同价值观的民主国家合作为名,实际上将日美同盟作为基轴,并强化与澳、印等美国盟国、伙伴关系国的安全合作。从本质上来看,安倍第二次组阁后的"亚洲民主安全菱形"构想与原本的四国同盟构想内涵基本一致,不同之处在于安倍赋予了其共有价值观、海洋国家联盟等"华丽的外衣"。就具体举措而言,

---

① 日本国際問題研究所編『アジア(特に南シナ海・インド洋)における安全保障秩序』、平成24年度外務省外交・安全保障調査研究事業(総合事業)報告書(2013年3月)、第25頁。

② 日本外務省「開かれた、海の恵み―日本外交の新たな5原則―」、2013年1月18日、日本外務省網站(http://www.mofa.go.jp/mofaj/press/enzetsu/25/abe_0118j.html)。

③ 日本首相官邸「日本は戻ってきました」、2013年2月22日、日本首相官邸網站(http://www.kantei.go.jp/jp/96_abe/statement/2013/0223speech.html)。

第二章　安倍第一次执政后日本印太战略的兴起与形成

安倍更趋务实,在加速强化与美、澳、印及东盟国家的海洋安全合作的同时,密切与印度洋沿岸国家的关系,在印太海域进行海域态势感知等国际功能性合作。后文将对日本印太战略实施路径进行具体阐述,此处不再赘述。可以说,安倍对印太构想的调适让其实现了由间接到直接、由抽象到具体的转变。这一时期,日本印太构想逐渐充实丰满,逐步向印太战略升级。

2015年以后,日本印太战略经过数年酝酿已基本成型,安倍也开始在国际社会高调炒作印太概念。2015年9月,美日印外相在联合国大会期间会晤,并在媒体上公开使用印太的说法。2015年12月,安倍访问印度,在两国首脑共同声明《日印2025年展望——特别的战略性全球伙伴关系》中使用了"印太"一词,这在全球首脑共同声明级别的文件中尚属首次。2016年8月27日安倍在肯尼亚内罗毕召开的"东京非洲发展国际会议"上,公开表示日本肩负着将印太建设为没有强权与威慑、重视自由、法律与市场经济之区域的重任,[1] 这也被日本权威媒体解读为安倍印太战略正式成型的标志。[2]

三　2017—2019年日本印太战略的调整：淡化对华遏制色彩

值得关注的是,2017年以后,日本依据国内外局势,特别是特朗普执政后中美日三边关系的变化,对印太战略进行了一定程度的调整。

首先,特朗普上台后大力倡导"美国优先",给日本造成了多方面冲击,美日同盟出现了明显裂痕。第一,美国继退出跨太平洋伙伴关系协定（TPP）后,又废除"亚太再平衡"战略,并高举"美国优先"旗帜,提出以贸易保护主义、孤立主义为特征的施政纲领。在此背景下,日澳等盟国担忧伴随着美国在亚太的战略收缩,不仅在安全上得不到充分保障,战后一直赖以生存与发展的国际秩序也将被以中国为代表的新

---

[1] 日本外务省「TICAD VI 開会に当たって・安倍晋三日本国総理大臣基調演説」、2016年8月27日、日本外务省网站（http://www.mofa.go.jp/mofaj/afr/af2/page4_002268.html）。

[2] 朝日新聞「日米「インド太平洋戦略」表明へ　中国の権益拡大を牽制」、2017年11月6日、日本朝日新闻网站（https://www.asahi.com/articles/ASKC15CN3KC1UTFK00X.html）。

兴大国方案所颠覆。① 第二，特朗普对美日同盟的不平等性大加指责，强迫日本增加对美军购、增加驻日美军费用等，让日本防卫开支压力骤增。第三，美日贸易摩擦加剧，与中国一样，日本面临着美国在贸易方面的极限施压，要求其在汽车、农业等核心领域做出让步。因此，彼时日本国内对美不满情绪不断累积。

其次，美日围绕印太构想也产生了明显分歧。随着特朗普的上台，美、日印太战略分歧日益加大。与奥巴马时代不同，特朗普上任初期提出的印太战略的核心具有明显的经济色彩，并刻意淡化了安全内涵。美国学者克罗宁指出，"特朗普印太战略核心在于享有共同价值观的国家在经济、安全方面都能互惠互利，是在经贸领域针对中国的长期竞争战略"。② 特朗普 2017 年 11 月对日韩等国的访问中，对印太战略并未提出实际方案。随后特朗普在越南岘港 APEC 峰会上发表的演讲中，则清楚地阐明了美国印太战略的内涵，即美国优先、反对多边主义、印太各国消除贸易壁垒并与美建立互惠对等的贸易关系等。③ 可以说，特朗普执政初期提出的印太战略只是其施政方针的一个折射，与日本以海洋安全保障为核心、双多边安全合作遏制中国的主张具有根本性区别。

再次，与美日关系疏离不同，中美关系一度获得改善。2017 年 4 月，中国国家主席习近平和美国总统特朗普举行会谈。两国元首峰会后，中方表示愿意在朝核危机和经济领域与特朗普政府合作，中美关系一度出现好转。在此情况下，安倍担忧日本再一次遭遇中美越顶外交，日本国家利益会因此受损。④

最后，中日争端得以有效管控，两国关系缓和向好态势明显。2017 年两国高层即开始磋商建立中日海空联络机制，并最终于 2018 年 5 月李

---

① 王竞超：《美国印太战略的演进及对地区局势的影响》，《华东理工大学学报》（社会科学版）2019 年第 3 期。
② Patrick M. Cronin, "Trump's Post-Pivot Strategy", *The Diplomat*, No. 11, 2017.
③ Whitehouse, "Remarks by President Trump at APEC CEO Summit", November 10, 2017, https://www.whitehouse.gov/briefings-statements/remarks-president-trump-apec-ceo-summit-da-nang-vietnam/.
④ 参见张望《安倍治下的日本制华政策：从战略制衡到战术避险》，《国际安全研究》2021 年第 2 期。

第二章　安倍第一次执政后日本印太战略的兴起与形成

克强总理访日期间达成协议，两国领土主权与海洋权益争端得以管控。由此，两国在东海与钓鱼岛一线的争端在较大程度上得以管控，明显缓解了日本的地缘政治压力，中日关系迎来了缓和向好的契机。

直接佐证在于，安倍晋三在公开场合的表态明显淡化了印太战略对华遏制色彩。如2017年12月，安倍晋三出席在东京召开的"中日CEO峰会"并发表主旨演讲，正式提出"自由开放的印太战略"可与"一带一路"倡议对接，在沿线开展第三方市场合作。① 2019年1月，安倍在国会发表施政演说，提出未来应将"印度洋延伸至太平洋的广大海域与空域"作为为（印太）地区所有国家（不论国家大小）带来和平与繁荣的基石。日本愿与持有共同构想的国家齐心协力，构建自由开放的印太。② 可见，与日本此前的立场表述相比，安倍刻意"过滤"掉了自由民主、航行自由、法律支配等核心价值观，并不再提及推进与美、印、澳及东盟相关国家的安全合作。以上各价值观被认为是日本遏制中国的核心口号与理论基石，而与美、印、澳及东盟相关国家的合作则是日本印太战略的核心路径。以上两大内容从施政演说中消失，也体现出安倍欲借2018年10月访华"春风"，进一步缓和中日关系、在可能范围内尝试对接印太战略与"一带一路"倡议，并借此谋求更多国家利益的战略意图。

2019年4月，在安倍施政演说之后发布的最新一版日本《外交蓝皮书》中，不再提及印太战略，而仅仅表示应构建（实现）"自由开放的印太"③，再次体现安倍内阁在中日关系缓和向好的大局下，不愿刺激中国，希望强化中日在印太经济合作的战略考量。

当然，日本印太战略因具有对华遏制的长期目标，在对华示好的同时也时有反弹，体现出其策略的多变性。2019年6月，日本外务省正式

---

① 日本首相官邸「第3回日中企业家及び元政府高官対話（日中CEO等サミット）歓迎レセプション」、2017年12月4日、日本首相官邸网站（https://www.kantei.go.jp/jp/98_abe/actions/201712/04taiwa_kangei.html）。

② 日本首相官邸「第百九十八回国会における安倍内閣総理大臣施政方針演説」、2019年1月28日、日本首相官邸网站（https://www.kantei.go.jp/jp/98_abe/statement2/20190128siseihousin.html）。

③ 参见日本「平成31年版外交青书」。

向世界各国阐述了本国印太战略的最新内涵，价值观等内容再次回归日本官方对印太战略的表述之中。日本外务省提出，就总体框架而言，日本印太战略以"法律支配、自由贸易、航行自由"为总体原则，强调以上原则为维护印太国际秩序的基本原则与价值观，将此前被安倍"过滤"掉的内容重新找回；而在合作领域上，日本政府再次明确了将以经济合作与安全合作作为两大支点。具体来看，三大原则实际上是安倍长久以来所倡导的所谓"自由开放""反对任何国家以实力改变区域秩序""维护国际多边贸易机制、保障印太航行自由"等施政理念的集中体现。而在具体的经济、安全领域，安倍则给出了其最新描摹的"蓝本"。在经济层面，日本大力倡导"物质""人"以及"制度"三大层面互联互通。"物质"连通指在印太地区大力促进港口、铁路、道路、能源等高质量基础设施的连通；"人"的连通则表示应加强印太地区各国国民的教育、职业培训及友好交往的深层互动；而"制度"连通则表示印太各国应通过经济合作协定（EPA）、自由贸易协定（FTA）以及共同的规则来协调彼此的制度设计及发展方向。[1] 而在安全层面，日本则强调了海上安全能力建设与具体合作范围。前者涵盖了海上执法能力、海域态势感知能力等；而后者主要指向应对海盗与海上恐怖主义、海上防灾、海上搜救、海上走私等非传统安全领域。[2]

可以发现，2017—2019 年日本官方关于印太战略的立场尽管时有反弹，但对华立场总体趋向缓和，力图淡化印太战略的竞争性与排他性，倡导区域开放性与合作性。在具体合作领域方面，继续倡导安全与经济两大支点的同时，在安全层面上更多地强调打击海上跨国犯罪、强化海上执法能力等不甚敏感的领域，日本与印太"海洋民主国家"传统海洋安全合作的内容则仅出现在防卫白皮书等相关文件中；在经济层面，日本则多次强调互联互通，促进域内各国在基础设施、人员往来、经济合作机制方面的融合。日本官方的转变也体现了其在中日关系缓和向好背

---

[1] 日本外務省「自由で開かれたインド太平洋に向けて」、2019 年 6 月、日本外務省網站（https://www.mofa.go.jp/mofaj/files/000407642.pdf）。
[2] 日本外務省「自由で開かれたインド太平洋に向けて」、2019 年 6 月、日本外務省網站（https://www.mofa.go.jp/mofaj/files/000407642.pdf）。

景下，尝试对接印太战略与"一带一路"倡议，为本国经济界谋取实际利益的同时，在经贸领域"联华御美"的考量。[1]

四 "后疫情时代"日本印太战略的转向：对华立场再度趋于强硬

随着新冠疫情（COVID-19）暴发以及拜登上台，日本面临的国内外局势再度出现较大变化。在国际层面，一方面，日美关系获得修复，强化同盟成为两国的共识。另一方面，中美战略博弈趋于常态化，日本谋求在中美间取得战略平衡的难度日趋加大。在日本国内层面，安倍时代正式落幕，持续稳定多年的日本政治局势重归动荡。在此背景下，日本印太战略发生转向，对华立场再度趋于强硬。从政府公开文件来看，2020年4月，日本防卫省防卫研究所发布了《东亚战略概观2020》（以下简称《概观》）[2]，折射出日本防卫部门对于印太战略的全新立场。《概观》强调日本近年来在"自由开放的印太"构想下，政府为了维持和强化基于法律支配、航行自由的国际秩序，正在强化各类举措。而日本防卫省与自卫队也将"沿袭'自由开放的印太'构想，充分考量区域特点与合作伙伴国家的实际情况，（在印太）战略性地推进多维度、多层次的安全合作"。

《概观》进一步指出，在以上目标指引下，一方面，日本近年来以海上自卫队为中心，在印太地区不断提升军事存在，重点强化对域内各国能力建设的援助，并推进双多边海洋安全合作。另一方面，对于国内的配套措施，《概观》强调了以下两大要点。其一，日本为了确定在印太地区的政策优先选项，应着眼于印太安全合作制定长期战略方案；其二，日本在实现印太构想方面存在经费、人员不足等多种制约的情况下，应谋求防卫省各部门之间、防卫省与日本其他省厅之间更为紧密的合作。

日本在对外政策实践方面，频频与美印澳、东盟乃至英法德等欧洲

---

[1] 参见王竞超《中日第三方市场合作：日本的考量与阻力》，《国际问题研究》2019年第3期。

[2] 以下关于日本《东亚战略概观》的具体内容均参见日本防卫研究所「東アジア戦略概観」、2020年4月、日本防衛省网站（http://www.nids.mod.go.jp/publication/east-asian/j2020.html）。

国家围绕印太战略进行互动。第一，日美围绕印太战略基本达成共识。2021年1月28日，菅义伟在与拜登的电话会谈中，拜登强调了美日同盟的重要性，并表示其是维护"自由开放印太之安全与繁荣"的基石[1]，这也是拜登首次使用"自由开放的印太"概念，是其将修正性继承特朗普印太战略的重要信号。日本高层也对拜登这一表态颇为鼓舞，认为美日两国印太立场趋于一致。在2021年3月16日举行的美日"2+2"会谈及美日外相会谈中，两国明确表示中国各种行动正在挑战印太地区秩序，美日同盟作为印太地区和平、安全与繁荣的基础，将对中国政策予以坚决反对[2]；美日将进一步巩固同盟关系，并将继续在两国主导基础上，加强与澳大利亚、印度和东盟等各方的合作，实现"自由开放的印度太平洋"构想。[3] 2021年4月，美日正式实现拜登时代首次首脑会谈，拜登与菅义伟就共同推动印太战略达成一致，并表示将在强化美日同盟的基础上，密切与印澳及东盟国家的安全合作，在印太强化对华遏制力度。[4]

第二，日本继续强化与印澳的互动，并意图固化美日印澳安全机制。2020年10月，QUAD第二次外长会议在东京举行。2021年3月，QUAD以线上形式第一次召开首脑会议，标志着QUAD机制化水平进一步提升，四国将在印太战略的框架下深化安全合作。2021年9月下旬，美日印澳更进一步，在美国华盛顿召开了QUAD首次领导人线下会议，将合作领域扩展到网络、太空、供应链、基建等领域，标志着QUAD合作深度与

---

[1] The Whitehouse, "Readout of President Joseph R. Biden, Jr. Call with Prime Minister Yoshihide Suga of Japan", Jan 27, 2021, https://www.whitehouse.gov/briefing-room/statements-releases/2021/01/27/readout-of-president-joseph-r-biden-jr-call-with-prime-minister-yoshihide-suga-of-japan/；日本産経新聞（SankeiBiz）「日米首脳電話会談、対中で足並み乱れ回避「インド太平洋」の意義説得」、2021年1月29日、日本产经新闻网站（https://www.sankeibiz.jp/macro/news/210129/mca2101290629006-n1.htm）。

[2] 日本外務省「日米安全保障協議委員会（日米「2+2」）（結果）」、2021年3月16日、日本外务省网站（https://www.mofa.go.jp/mofaj/na/st/page1_000942.html）。

[3] 日本外務省「日米外相会談」、2021年3月16日、日本外务省网站（https://www.mofa.go.jp/mofaj/press/release/press3_000455.html）。

[4] 日本外務省「日米外相会談」、2021年4月16日、日本外务省网站（https://www.mofa.go.jp/mofaj/na/na1/us/page1_000951.html）。

广度的持续提升。第三，除了美印澳，日本重点对越南、印尼等东盟国家进行攻关，意图获得对方对印太战略的支持与理解。菅义伟2020年首次外访即选择以上两国，而协调印太战略立场则是日越、日印尼首脑会谈的核心议题，相关内容将在本书案例研究部分详细论述，故本处不再展开。第四，日本在印太以外，重点拉拢英法等欧洲大国，意图借助以上域外大国的力量最大程度地充实全球印太战略阵营，强化对华遏制力量。"后疫情时代"日本与英法等围绕印太战略的互动已屡见不鲜，如日本希望将印太战略与英国"全球英国"战略对接，建立新的"日英联盟"，邀请英国军事力量重返印太地区；在法国出台"印太战略"的背景下，日本拉拢其参与美日印澳举行的联合军演等。

通过简要梳理可发现，尽管日本政府一度在表面上将印太战略降格为印太"构想"，但日本印太战略的实质、底色并未发生改变。最典型的体现在于，"后疫情时代"日本印太战略再度回归其强硬立场，对华遏制取向日渐明显。日本在继续以"法律支配、航行自由"等作为印太战略基本原则的基础上，在外务省官方表态中一度淡化的海洋安全合作再次成为印太战略重心。在国内层面，日本进一步统合防卫省与外务省、国家安全保障局、国土交通省等相关省厅的职能，强化国家安全保障会议在印太战略制度设计与谋划中的作用，从层级上构建防卫省、海上保安厅及其对应的自卫队各军种、海警之间的合作关系，力图打破行政藩篱、克服人员经费的不足，综合性地为印太战略进行战略谋划。

而在国际层面，一方面，日本强调多维度、多层级的海洋安全合作，意味着日本将在重点强化与美印澳安全合作的同时，继续深化与东盟、南太平洋、印度洋沿线国家乃至英法德等欧洲大国的安全合作，意图在全球层面建立遏制中国的"印太战略共同体"。另一方面，日本政府强调对域内各国海洋安全能力建设的援助，意味着日本将继续加大对印太中小国家，特别是东南亚、南太平洋、印度洋沿线一些中小国家进行海上执法、海洋装备与技术、海洋防灾救灾等方面能力建设的援助，进一步密切与相关国家的安全合作关系。因此，日本印太战略对其对外安全政策路线给予了具体的规划，不论印太战略的文本表述如何变化，在印太开展多维度、多层次的安全合作，构建双多边安全合作体系，并借此牵制中国将成为日本长期坚持的方针。而在"后疫情时代",随着中美战略博弈常态化、中日关系再度遇冷,这一方针将得到进一步强化。就以上内容,下一节"印太战略的具体实施路径"中将进行详细论述。

总体而言,日本印太战略形成之后,着眼于日本国内政治、国际局势的变化经过了数次调适。日本官方表述的数次变化与其面临的国内外局势,特别是中美日三边关系的走向息息相关。2017—2019年,日本在特朗普时期美日同盟出现裂痕、中日关系缓和的背景下,基于顾及中国反应、为本国争取最大利益的战略考量,一度在表面上淡化印太战略的排他性,强调其对华包容性,倡导中日在"一带一路"沿线国家开展第三方市场合作。而在"后疫情时代",随着中美关系的走向,日本为了维护、深化美日同盟不惜牺牲中日关系,不仅再度推出了强硬版印太战略,还邀请英法德等欧洲国家共同在印太遏制中国,对华针对性进一步加强。因此,应清醒地看到,2017—2019年日本印太战略的嬗变实为战术性调整,其联合所谓"海洋民主国家"全方位遏制中国、构建以美日同盟及美日印澳四国安全机制为核心的印太地区秩序的根本立场与战略指向并未发生改变。

第二节　日本印太战略的具体实施路径

日本为了有效推进印太战略,在宏观、中观乃至微观层面多方筹谋,制定了各类政策方案。具体而言,其实施路径主要有以下若干方面:在战略层面,日本与美印澳等大国进行密切互动,推动"印太战略共同体"的建立;在安全层面,日本重点与美澳印、东盟及南太平洋相关国家等发展双边与小多边海洋安全合作,并以参与联合国维和行动、打击索马里海盗等理由名正言顺地介入东非等西印度洋沿岸地区的安全事务;在外交层面,日本大力开展印度洋外交,强化与沿岸国家的关系;在技术层面,日本积极向太空、网络、电磁波等新疆域拓展,强化在印太地区的海域态势感知及跨领域协同作战(Cross Domain Battle)能力;在经济层面,日本强化与印太相关国家在基础设施互联互通、海洋物流、海洋资源开发、港口管理等领域的合作。其中,安全层面为日本印太战略

第二章　安倍第一次执政后日本印太战略的兴起与形成

的主要实施路径。

一　战略层面：与美印澳等进行密切互动，推动"印太战略共同体"的建立

对于日本而言，美印澳三国为推进印太战略最重要的合作伙伴，而美日印澳四国在印太战略的构建和推进上更是频频互动。自2006年安倍晋三第一次组阁以来，围绕印太战略的内涵、实施路径、战略目标等，日本与美印澳展开了多层级沟通与协调，意图尽可能消弭彼此间分歧，打造"印太战略共同体"。

（一）日美围绕印太战略的互动

1. 日本对美国印太战略的生成发挥了积极作用

当前，美国已成为全球印太战略的主要推手之一。实际上，美国之所以将印太战略置于较高的战略位置，除了时任总统特朗普等美国政府高层对国际局势的研判，作为美重要盟国的日本的推销与游说也发挥了重要作用。安倍晋三是对印太战略谋划最早、实施最为积极的领导人之一。自2006年第一次组阁后安倍即开始酝酿印太构想，2016年正式提出印太战略，可谓"十年磨一剑"。在奥巴马执政时期，由于"亚太再平衡"长期占据美国战略重心，故彼时的安倍难以推销自身的印太战略，采取了表面配合美国实施"亚太再平衡"，暗地里不断做实印太战略根基的"双轨"政策。而特朗普上台后，其各种不按常理出牌的政策给美日关系带来了较大冲击。然而，安倍等日本高层则希望"化危为机"，看到了"拉美入群"、重启美日印澳四边安全合作机制的希望。因此，一方面，安倍的外交智囊谷内正太郎指示日本外务省、国家安保局官员将日本的想法与方案传递给美国同行并对口磋商；另一方面，安倍及其阁僚也会在不同外交场合积极向美国，特别是特朗普展开游说活动，如2017年2月安倍访美期间即向特朗普大力兜售印太战略，说辞是共同应对中国的"一带一路"倡议。[①] 在两国高层不断的互动过程中，特朗普及其外交团队也逐渐接受了印太概念，并筹谋将其提升至战略高度。

---

① 参见吴怀中《安倍政府印太战略及中国的应对》，《现代国际关系》2018年第1期。

据《纽约时报》报道，特朗普的助手们承认美国印太战略构想源自日本，日本一直敦促美国与日澳印等"海洋民主国家"确立联系，共同遏制中国；此外，日本官员与美国国务院政策规划主任布莱恩·胡克（Brian Hook）、美国国家安全委员会东亚高级主任马修·波廷格（Matthew Pottinger）等共同构建了具体的印太想法。①

因此，特朗普提出美国印太战略是内外因素共同作用的结果。一方面，初登国际舞台的特朗普急于"破旧立新"，对新的对外战略有客观需求；另一方面，日本敏锐地发现美国处于"战略真空期"，故安倍政府持续地积极游说，从外部催生了美国印太战略的产生。对于日本而言，美国对印太战略的接受具有重要意义，其意味着印太战略的国际影响力将大为提高。

2. 特朗普"印太战略1.0版"的特征及其与日本的分歧

在日本的积极"兜售"、特朗普及其团队的筹谋下，2017年下半年后美国基本接受了印太概念。此后，美国高层也开始积极对外宣示美国的印太构想。2017年10月18日，时任美国国务卿蒂勒森在美国战略与国际研究中心（CSIS）发表重要演讲，阐述了美国关于印太愿景、合作重点的诸多主张，引起了国际社会的高度关注。就印太总体愿景，蒂勒森提出"美国和印度的利益和价值观日益趋同，为印太地区提供了捍卫以规则为基础的全球体系的最佳机会。但这也伴随着一种责任——我们两国都要'竭尽所能'，支持我们关于自由、开放和繁荣的印太联合愿景"。而就印太的合作重点，蒂勒森坚持了安全与经济"双轮驱动"。在安全方面，蒂勒森明确希望强化美印、美日印安全合作，并对刚结束的2017年美日印"马拉巴尔"演习赞赏有加，表示"世界的重心正在转移到印太中心。美国和印度的共同目标是和平、安全、航行自由和自由开放的架构，两国必须成为印太的东西方灯塔。美、印、日海军最大军舰首次在印度洋展示了它们的力量，为这三个印太民主国家联合发挥实力树立了明确的榜样。而在经济层面，蒂勒森强调印太地区的高质量基础

---

① Landlernov, Mark, "Trump Heads to Asia with an Ambitious Agenda but Little to Offer", November 2, 2017, https：//www.nytimes.com/2017/11/02/us/politics/trump-china-japan.html.

设施投资等事宜，认为"我们还必须认识到，许多印太国家在基础设施投资项目和融资计划方面的选择有限，这些项目往往无法促进人民就业或（促进国家）繁荣。是时候扩大透明、高标准的地区贷款机制了——这些工具将切实帮助各国，而不是让它们背负不断增加的债务负担"。[①] 从蒂勒森的重要演讲中可以发现，美国印太战略与日本保持了较高程度的一致性。在总体制度设计上，美国坚持自由、开放、繁荣、基于规则的"印太原则"，这一点与安倍倡导的理念如出一辙。在具体合作领域方面，蒂勒森将安全与经济作为两大中心，特别是对于海洋安全的强调实则在努力兼顾日本的关切。从总体战略指向上，美日都清晰地体现出在印太围堵中国，遏制中国，维持现有国际秩序的本质特征。

然而，出人意料的是，美日蜜月期颇为短暂。从表面来看，特朗普政府在安倍晋三的极力推销下接受了印太战略，且蒂勒森的演讲表态也令以日本为代表的盟国颇为鼓舞，但特朗普 2017 年 11 月的东亚之行却暴露出其与蒂勒森以及日本印太主张的明显分歧。特朗普在 2017 年 11 月对日、韩等国的访问中，不仅未对印太战略提出具体方案，且访问全程只使用了"印太愿景"（Indo-Pacific Vision）这一概念[②]，令日本举国上下颇为失望。随后在越南岘港 APEC 峰会上发表的演讲中，特朗普关于美国印太主张的阐述，诸如"我们寻求建立在公平互惠原则基础上的强有力的贸易关系"，"我们降低或终止了关税，降低了贸易壁垒，允许外国商品自由流入中国。但是，尽管我们降低了市场壁垒，其他国家却没有向我们开放市场。我们不能再容忍这些长期存在的贸易弊端"[③] 等则更清晰地表明其以印太战略为名，反对多边贸易机制、确保美国利益优先、行贸易霸凌主义之实的本质。可以说，从根本上来看，特朗普版

[①] U. S. Department of State, "Remarks on 'Defining Our Relationship With India for The Next Century'", October 18, 2017, https://www.state.gov/secretary/remarks/2017/10/274913.htm.

[②] 日本経済新聞「トランプ氏は「米はインド太平洋地域のパートナー」」、2017 年 11 月 10 日、日本経済新聞网站（https://www.nikkei.com/article/DGXMZO23354990Q7A111C1MM8000/）。

[③] The White House, "Remarks by President Trump at APEC CEO Summit", November 10, 2017, https://www.whitehouse.gov/briefings-statements/remarks-president-trump-apec-ceo-summit-da-nang-vietnam/.

印太战略诞生之初实则为其"美国优先"、贸易保护主义的又一载体，且刻意淡化了安全合作内涵。总体而言，特朗普"印太战略1.0版"仅空有其表，与日本以海洋安全保障为核心、军事合作钳制中国的主张具有根本性区别。① 正如美国学者克罗宁（Patrick M Cronin）所指出的，"特朗普印太战略的核心在于享有共同价值观的国家在经济、安全方面都能互惠互利，是在经贸领域针对中国的长期竞争战略"。②

3. 安抚日本：美国印太战略的嬗变与"脱虚入实"趋向

应当说，特朗普对印太战略的宣传与推介并未取得较好的效果，而日本等盟国对美国印太战略的不满也迫使特朗普不得不有所回应，重新出台了相关政策，以对日本等盟国进行安抚。因此，2017年末成为美国印太战略调整、嬗变的开端，并经历了数个阶段。

第一阶段，美国明确了自身对印太战略的重视。首先，美国利用官方报告率先发出信号。从东亚回国不久，特朗普政府即发布了2017年《美国国家安全战略报告》，努力强调本国对印太战略的重视，意图扭转外界特别是日本等关键盟国对于美国印太战略空有其表的负面印象。该报告提出："中国和俄罗斯希望塑造一个与美国价值观和利益背道而驰的世界。中国寻求在印太地区取代美国，扩大其'国家驱动'的经济模式的影响范围，并在该地区重新构建有利于自身的区域秩序。"③ "美国必须调动起参与竞争的意愿和能力，防止印太、欧洲和中东出现不利的变化。为了维持有利的均势，美国需要对盟国和伙伴关系国作出坚定的承诺并密切合作，因为盟国和伙伴扩大了美国的实力与影响。"④

其次，美国也利用1.5轨、二轨等渠道积极向日本等盟国、伙伴关系国传递其对于印太战略的重视与政策走向。2018年1月，在美国运作下，美国传统基金会（The Heritage Foundation）、日本国际问题研究所

---

① 王竞超：《日本印太战略的兴起与制约因素》，《世界经济与政治论坛》2018年第4期。
② Patrick M Cronin, "Trump's Post-Pivot Strategy", *The Diplomat*, November 11, 2017.
③ 《2017年美国国家安全战略报告》（National Security Strategy of the United States of America），第25页。
④ 《2017年美国国家安全战略报告》（National Security Strategy of the United States of America），第25页。

(The Japan Institute of International Affairs)、澳洲战略政策研究所（Australian Strategic Policy Institute）、印度维维卡南达国际基金会（Vivekananda International Foundation）等美日印澳代表性智库代表齐聚东京，围绕印太战略开展二轨对话。这些智库政府背景浓厚，与各国高层都有千丝万缕的联系。因此，此次对话为各国政府间接进行政策沟通与协调、对美国打消各国疑虑起到了明显作用。

最后，充实美国印太战略框架，特别是强化了安全层面的政策制定。在2018年1月出炉的《2018年美国国防战略报告》中提出："中国正在利用军事现代化、影响力和掠夺性经济迫使邻国重新调整印太地区的秩序，使之成为自己的优势。随着中国经济和军事实力的持续发展，通过'举国体制'（all-of-nation）下的长期战略来维护权力，它将继续追求军事现代化计划，在短期内寻求印太地区霸权，在未来取代美国成为全球霸主。"[①] 为了应对中国，美国提出持久的联盟和长期的安全伙伴关系需以美国核心同盟关系为支撑，并以盟友拥有的安全关系网络予以补充、强化；美国将加强在印太地区的同盟和伙伴关系，建立一个能够遏制侵略、维护稳定和确保自由进入共同领域的网状安全架构。[②] 可见，特朗普已逐步回归美国对外战略的传统，积极延续奥巴马时代对亚太同盟体系的改革，在印太地区以美国、盟国以及伙伴关系国构成的多边安全合作机制制衡中国。

第二阶段，美印太战略"脱虚入实"进程加快，政策取向进一步明确。《2018年美国国防战略报告》发布后，美国印太战略加快了"脱虚入实"的步伐，政策取向进一步明确。2018年5月30日，美军太平洋司令部（Pacific Command）正式更名为"印太"司令部（Indo-Pacific Command），由戴维森（Phil Davidson）接替哈里斯（Harry Harris）执掌新的"印太"司令部。美国国防部长詹姆斯·马蒂斯（James Mattis）表示"对每一个国家来说，主权无论大小都受到尊重，这是一个对投资和

---

① 《2018年美国国防战略报告》（Summary of the 2018 National Defense Strategy of The United States of America），第2页。
② 《2018年美国国防战略报告》（Summary of the 2018 National Defense Strategy of The United States of America），第9页。

自由、公平和互惠贸易开放的地区，不受任何国家掠夺性经济或胁迫威胁的束缚"，认为中国"一带一路"倡议寻求将自身"置于欧亚贸易连接与合作中心"。① 美国对太平洋司令部的更名可谓意义重大，其标志着特朗普为了有效实施印太战略、应对中国发展，开始着手重新配置亚太地区军事力量，对印太战略的展开起到了实质性支撑作用。

2018 年 11 月，美国务院东亚和太平洋事务局与美国国际开发署亚洲局共同制定的《东亚和太平洋联合地区战略》（以下简称《战略》）获得国会批准。从表面来看，《战略》仅指向东亚与太平洋地区，似乎回归了美国传统的"亚太思维"。然而，稍加梳理即可发现，印太战略仍是其重中之重。如在《战略》第二部分"目标与举措"中，针对中国提出"一是通过强化安全协议，来建立更加强大的联盟和伙伴关系，抵消中国的影响力……为了平衡中国的影响力，我们将加强现有地区联盟关系，包括与日本、澳大利亚、泰国、菲律宾和韩国的关系，并加强与包括印度在内的其他国家的安全伙伴关系"，"提高地区伙伴国的安保能力和协同作战能力，以支持和倡导建立一种自由、开放和基于规则的地区秩序"。② 此处，将印度等国囊括在内，显示了美国战略视野已由亚太扩展至印太区域。

继《战略》后，特朗普于同年 12 月 31 日正式签署了《2018 年亚洲再保证倡议法案》（以下简称《法案》）（Asia Reassurance Initiative Act of 2018），意在进一步将美国印太战略"具像化"。《法案》开头提出了美国印太战略总体设计，即"为了使美国继续在印太地区扮演领导角色，以下三项举措势在必行：捍卫和平与安全；提升经济繁荣；促进（区域各国）对基本人权的尊重"，具体而言，《法案》提出美国应通过与印太伙伴国家间私营部门的合作关系来发展和培育经济；以自由、公平和互

---

① Ben Werner, "Davidson Takes Charge of Newly Renamed US Indo-Pacific Command", May 30, 2018, https://news.usni.org/2018/05/30/adm-davidson-takes-over-newly-named-indo-pacific-command-in-ceremony-marked-by-great-power-competition-talk.

② State Department-Bureau of East Asian and Pacific Affairs, USAID-Bureau for Asia, "Joint Regional Strategy", pp. 9 – 10, November 20, 2018, https://www.state.gov/documents/organization/284594.pdf.

第二章 安倍第一次执政后日本印太战略的兴起与形成

惠的方式寻求多边和双边贸易协定，并在印太建立致力于自由市场的伙伴网络；实施高质量和透明的基础设施项目；保持贸易、海洋、航空通道和通讯的开放；寻求和平解决争端；在印太地区保持强大的军事存在，加强同该地区盟国和伙伴国的安全关系。① 在 2019 年 6 月发布的美国《印太战略报告》（Indo-Pacific Strategy Report，IPSR）② 中，在继承此前美国《国家安全战略报告》（NSS）、《美国国防战略报告》（NDS）战略方针的同时，依据印太地区的特性将一些政策予以具体化。首先，为了实现所谓"以实力谋求和平"的目标，在争端初期即具备能取得胜利的军事力量，需强化在印太地区的军事部署，并着眼于应对具备高烈度军事能力的敌国的攻击，优先强化相关设施建设的投资。其次，强化美国同盟体系及伙伴关系国家网络。着眼于加强在印太地区的对敌抑制力，美国将在强化与既有盟国与伙伴关系国家关系的同时，寻求与新的伙伴关系国家建立、深化安全合作。美国希望借此与盟国、伙伴关系国家在印太构建完整的安全合作网，以维持"自由开放的国际秩序"。而继《印太战略报告》发布以后，2021 年 1 月，特朗普在临近卸任时，提前 21 年解密了《美国印太战略框架》文件，进一步印证了以上美国印太战略的调整方向。文件提出，要增强美国联盟的可信度与有效性，并在"措施"部分强调需将美国与日印澳的印太战略进行整合、统一；致力于建立以美日澳印为战略支点的四方安全框架；深化与日澳的三边合作；赋予日本权力，使其成为印太安全架构中实现地区一体化、拥有领先技术的支柱；协助日本自卫队的现代化等。③ 尽管特朗普已下台，但基于该文件是对美国印太战略的长远规划，拜登政府仍将受到较大的影响。

可以发现，随着一系列政府报告的出台、军事力量的重组，美国印

---

① U. S. Congress, "S. 2736-Asia Reassurance Initiative Act of 2018", December 31, 2018, https：//www. congress. gov/bill/115th-congress/senate-bill/2736/text#toc-H1736A89135404258AFF1BC4E7A5555D0.

② The Department of Defense, "Indo-Pacific Strategy Report", June 1, 2019, https：//media. defense. gov/2019/Jul/01/2002152311/-1/-1/1/DEPARTMENT-OF-DEFENSE-INDO-PACIFIC-STRATEGY-REPORT-2019. PDF.

③ The Whitehouse, "U. S. Strategic Framework for the Indo-Pacific", January, 2021, https：//trumpwhitehouse. archives. gov/wp-content/uploads/2021/01/IPS-Final-Declass. pdf.

太战略不仅框架日趋完善，其实质性政策也日渐充实。

第三阶段，美国印太战略总体趋于稳定，美国与日本等盟国取得较大共识。经过2018—2019年的政策制定与调整后，当前美国印太战略的框架已基本趋于稳定，甚至在拜登时代得到进一步强化。在总体上，美国将遏制中国日益扩大的影响力、维持印太区域既有国际秩序作为目标，以自由开放、民主、繁荣、基于规则与法律、市场经济等作为基本原则。而具体而言，美国兼顾了经济与安全两大支点，前者以印太广大地区高质量基础设施开发、高科技领域管控、供应链安全等为重心；后者则是以美日印澳等所谓印太民主国家间的海洋安全合作为主导，二者均旨在遏制中国"一带一路"倡议及海洋强国战略等中国重大国策。在经济层面，《法案》在贯彻了特朗普在贸易方面的绝大部分主张的同时，承认了"多边贸易协定"的重要性，这无疑是特朗普对盟国的一项重大让步。除了贸易问题，《法案》刻意强调了"实施高质量和透明的基础设施项目"，积极呼应了日澳印等国，显示了其利用印太战略对冲"一带一路"倡议影响、制衡中国国际影响力的战略意图。而在安全层面，《2018年美国国防战略报告》《战略》《法案》《印太战略报告》《美国印太战略框架》均体现出特朗普对与盟国、伙伴关系国家安全合作的重视，重申美国将继续在印太保持强大军事存在，意图打消日印澳等核心盟国、伙伴关系国的疑虑。

第四阶段，拜登政府已确定与日本继续协同推进印太战略。在当选总统后，拜登以下两方面的举措直接反映了其继续推进印太战略的决心。一方面，拜登政府在人事安排与政策文件方面体现了与日本共同推进印太战略意图。拜登在美国国家安全保障会议（NSC）专门新设了"印太事务协调员"（Coordinator for the Indo-Pacific）职务，并由坎贝尔这一著名知日派担任。这一为印太事务设置"专人专岗"、刻意照顾日本立场的人事任命明显体现出拜登继续联合日本推进印太战略的决心。从政府政策文件上看，2021年3月，美国拜登政府正式发布了《国家安全战略临时指南》（*Interim National Security Strategic Guidance*），《指南》多次强调美国要团结盟国与伙伴关系国，在印太构建多边安全合作机制，共同应对挑战①。这表明，拜登政府将在未来努力修复、强化与盟国、伙伴关系国关系，并联合以上二者共同推进印太战略。在以上背景下，拜登政府将日本作为重点关注的对象，且将努力修复特朗普时期严重受损的美日同盟关系。继《指南》后，2022年2月，"拜登版"《印太战略报告》也正式发布，《报告》鲜明地提出，"综合威慑"（Integrated deterrence）将是美国策略的基石，美国将与盟友、伙伴国一道，更紧密地整合各作战领域和冲突范畴内的行动，使之足以震慑或挫败任何形式或领域内的挑衅行为；美国正在开发新作战概念，建立更富韧性的指挥和控制体系，扩大和增加美国联合演习行动的范围和复杂性，并寻求部队多样化的部署能力，以加强与盟友、伙伴国协同行动的能力。②因此，在拜登印太战略的框架设计中，除了继承特朗普《框架》，以日本作为国际双多边安全合作的基轴，推动美日、美日澳、美日印澳等双边、小多边防务合作外，也意图将太空、网络、电磁波等"新疆域"的技术实力融入传统海陆空作战域中，以进一步提升与日澳等国海上防务合作的威慑能力。而不论是以上何种路径，在印太深化与日双多边海上防务合作、进一步提升日本在印太海上安全事务中的作用将是美印太战略未来长期奉行的政策。

另一方面，从2021年拜登执政后与菅义伟、岸田文雄内阁的互动来看，美国不仅将继续联合日本等推进印太战略，也可能将进一步强化印太战略的实施力度。继拜登与菅义伟2021年1月28日电话会谈后，两国于2021年3月、4月又启动了美日"2+2"会谈及首脑会谈。这一系列双边会谈无一例外地强调了美日同盟的重要性，两国将进一步强化同盟关系并与印澳、东盟等共同推进印太战略。因前文已有相关论述，故此处不再具体展开。岸田文雄执政后，在外交上基本沿袭安倍路线，在以美日同盟为对外战略基轴的前提下，对拜登政府的主要关切在于两方面：其一，在经历了"特朗普冲击"后，拜登政府能否回归到美日关系

---

① The White House, "Interim National Security Strategic Guidance", March 03, 2021, https://www.whitehouse.gov/wp-content/uploads/2021/03/NSC-1v2.pdf.

② The White House, "Indo-Pacific Strategy", p. 12, February 2022, https://www.whitehouse.gov/wp-content/uploads/2022/02/U.S.-Indo-Pacific-Strategy.pdf.

正常交往模式；其二，拜登政府能否继承"自由开放的印太构想"。不难发现，日本在这两方面都得到了美方的积极回应。关于前者，日方对坎贝尔等知日派政治家的回归颇为欣喜，美日关系在经历了特朗普时代"混乱无序"的互动模式后，也基本将回到正轨。而关于后者，拜登政府态度也在逐步明晰，进一步强化印太战略、凸显日本在印太的作用将成为其政策选择。

因此，尽管特朗普时代业已结束，但拜登政府执政以来已明确了对印太战略的继承，并更为重视各盟国、伙伴关系国的作用，意图与相关国家共同推进印太战略。特别需要注意的是，通过梳理特朗普时代至拜登执政以来美国印太战略的演进，可发现日本在美国印太战略体系中的地位与作用尤为重要。因此，美日围绕印太战略的协同推进、密切互动将会长期持续。

4. 美国印太战略嬗变对地区局势的影响

以上对美国印太战略的嬗变过程进行了简要梳理。可以说，美国印太战略的转变不仅对美日关系，也对国际社会产生了较深远的影响。

第一，促使美国印太战略"脱虚入实"，安抚了日本等盟国，亚太同盟体系向心力提高。美国印太战略的调整在较大程度上弥合了与日澳等盟国的分歧，提高了亚太同盟体系的向心力。特朗普上任之初，继退出跨太平洋伙伴关系协定（TPP）后，又废除"亚太再平衡"战略，并高举"美国优先"旗帜，提出以贸易保护主义、孤立主义为特征的施政纲领。在此背景下，日澳等盟国感受到了"特朗普冲击"，担忧伴随着美国在亚太的战略收缩，不仅在安全上得不到充分保障，战后一直赖以生存与发展的国际秩序也将被以中国为代表的新兴大国所颠覆。在此背景下，特朗普自2018年开始赋予了印太战略更多实质性内容，从经济、安全两个层面提出了印太战略的具体实施方案，逐步缓解了日本等盟友被美国"战略性抛弃"的担忧，从根本上强化了日澳等亚太盟国的信心，提高了美国同盟体系的向心力。在经济上，尽管美国仍然坚持贸易保守主义，但在高质量基础设施项目上与日澳等国达成高度一致，一定程度上排解了日澳对"一带一路"倡议可能主导地区经济秩序构建的担忧。而在安全上，特朗普借印太战略由漠视、孤立主义逐渐向美国的传统回归。在安抚、团结亚太各盟国之余，美国大力争取与印、越、印尼等伙伴关系国强化安全合作，以在地域上覆盖印太主要地区，增加制衡中国的砝码。拜登执政后，不仅延续了特朗普在印太的相关政策，还努力修复、强化与盟国、伙伴关系国的关系。如此一来，美国不仅进一步提高了其亚太同盟体系的向心力，也吸引了越来越多的伙伴关系国"入群"。

第二，美日印澳四国安全合作机制重启与东盟在亚太安全秩序中的"中心地位"边缘化危险。美国印太战略的"实心化"趋势将使未来亚太安全秩序的主导权之争再起波澜。冷战结束以后，由于特殊的历史原因，亚太地区安全秩序的构建成为了较大难题。一方面，美国主导的亚太同盟体系对区域安全事务拥有较大影响力，但因其是冷战遗留产物，具有较明显的排他性与对抗性，难以获得域内其他国家支持，无法直接主导亚太安全秩序；另一方面，中国、印度等新兴大国影响力日趋上升，继承苏联衣钵的俄罗斯也在亚太安全事务中具有相当的话语权，各国也难以接受美国在安全事务上的"一言堂"。在此复杂背景下，东盟成为各大国均能接受的"调停者"，"意外"获得构建地区安全秩序的主导权。此后，东盟积极构建了东盟地区论坛、东盟防长扩大会议及东亚峰会等机制，基本稳固了在亚太地区安全秩序中的主导地位。然而，东盟"中心地位"的确立和延续是有条件的，它不是建立在东盟实力基础上的霸权形态，而是在亚太地区特殊的权力格局基础上，利用平衡外交，在大国间施展大国平衡的阶段性结果。[①] 一旦各大国在该地区发生利益争夺就很难妥协，彼此之间的矛盾和冲突很难化解，这必将对东盟推动的区域合作机制造成重大冲击，大国间新的权力竞争格局将取代以东盟为中心的地区安全格局。[②]

美国印太战略实则是奥巴马"亚太再平衡"战略的延续与发展。在此背景下，中美安全矛盾呈激化状态，这也将对东盟主导的区域机制造

[①] 刘务、刘成凯：《"印太"战略对东盟在亚太区域合作中"中心地位"的影响"》，《社会主义研究》2019年第1期。
[②] 刘务、刘成凯：《"印太"战略对东盟在亚太区域合作中"中心地位"的影响"》，《社会主义研究》2019年第1期。

成较大的冲击。首先，自奥巴马时代开始，美国力图变革、强化盟国体系，鼓励盟国之间、盟国与外部伙伴关系国之间的安全合作。奥巴马期望借此在分担美国安全事务压力的同时，努力夯实同盟体系的内在实力。其次，进入特朗普时代后，尽管名义上以印太战略代替"亚太再平衡"战略，但就本质而言前者实为后者的延续与发展。在推动印太战略的进程中，特朗普除了强化美国在印太的军事力量配置、继续完善亚太同盟体系外，最重要的举措即为重启美日印澳四国安全合作机制（QUAD），并在此基础上拉拢印尼、越南等印太核心伙伴关系国家"入群"。拜登执政后，QUAD合作进一步密切，且机制化程度不断提升，已成为拜登实施印太战略、主导地区秩序构建的重要依托。

2020年10月6日，第二届美日印澳四国外长会议在日本东京举行，印太战略仍然为最核心的议题之一。2021年3月12日，美日印澳举行首次四国首脑会谈（视频会议），明确强调四国将协调推进印太战略，并特别提及四国在印太的海洋安全合作。此外，QUAD合作领域逐步扩大，目前以海洋安全为主体，兼顾印太乃至全球基础设施、疫苗、气候及新兴技术等问题领域。可以说，四国机制总体上在不断提升合作水平，扩展合作领域。时至今日，尽管印度对该机制存在一定的保留，但可以肯定的是，美国将继续拉拢印度，争取印度的长期有效参与。在此基础上，美国也将东盟主要国家如越南、印尼作为发展伙伴关系的重要对象，并得到日本的积极协助。未来，除了双边层面合作，美日越、美日印尼等小多边安全合作将会持续发展。因此，东盟内部存有较严重的分裂风险，除了面临在中美之间选边站队的困境，也将有可能出现"美国伙伴关系国"与"非美国伙伴关系国"的对立局面。"美日印澳+重点伙伴关系国（主要分布于东盟）"安全合作机制（QUAD+X）一旦确立，东盟将出现严重的裂痕，其在冷战后亚太安全秩序中的中心地位也将旁落，面临被边缘化的危险。

第三，印太战略与"一带一路"倡议的摩擦将更为激烈。随着美国印太战略进入实质化操作阶段，其与"一带一路"倡议的摩擦将更为激烈。中国在诸多场合均表示中国将"始终做世界和平的建设者、全球发展的贡献者、国际秩序的维护者"①。中国从根本上尊重且愿意维护现有的以东盟为中心的亚太区域秩序，且提出人类命运共同体、新安全观、"一带一路"倡议等理念与公共产品加以补益，力图让现有区域秩序更为合理，在更广范围内、更高层次上提高各国民众的福祉。然而，特朗普政府仍坚持认为中国"希望塑造一个与美国价值观和利益背道而驰的世界"，"寻求在印太地区取代美国……在该地区重新构建有利于自身的区域秩序"。② 美国对于"一带一路"倡议尤为警惕，将其视为中国谋求地区乃至全球秩序主导权的终极方案，故从2018年开始以印太战略为抓手对冲"一带一路"倡议。在经济上，美国与盟国为印太地区基础设施建设提供"透明的""可替代的"的私营投资，对冲"一带一路"倡议的战略目的明显；在安全上，美国意图将东海、台海、南海与印度洋作为一个整体，促进"三海一洋"安全联动，以多边海洋安全合作为抓手，携手沿线国钳制中国，通过恶化沿线安全环境颠覆"21世纪海上丝绸之路"。可以预见的是，在未来数年内拜登政府将继续借印太战略，联合日印澳等相关国家从经济、安全两个层面围堵"一带一路"倡议，二者的摩擦将呈长期化、激烈化趋势。

因此，美国印太战略在目标与内涵上已与日本等盟国取得了较大共识，在安全领域甚至比日本更为激进。特朗普执政期间，美在经济层面上淡化了贸易保护主义、美国利益优先等政策主张；而在安全层面上则基本回归了奥巴马的政策轨道，以印太区域的多边海洋安全合作为主推进美国印太战略。在具体措施上，美国强化了在印太的军力部署，明确了印太地区在美对外战略中的优先位置，在较大程度上打消了日本、澳大利亚等盟国的疑虑。而拜登政府将在特朗普政策的基础上，进一步弥合、强化与日澳等盟国关系，持续性拉拢印度、越南等核心伙伴关系国，以在印太强化对华遏制力量。

---

① 人民网：《习近平：中国始终是世界和平的建设者、全球发展的贡献者、国际秩序的维护者》，2016年7月1日，人民网（http：//cpc.people.com.cn/n1/2016/0701/c405440-28516035.html）。

② 《2017年美国国家安全战略报告》（National Security Strategy of the United States of America），第25页。

5. 美日印太战略的差异

当然，美日印太战略仍存在一些微妙的差异。首先，两国印太战略锚定的地理范围不尽一致。美国印太战略地理范围基本局限于印度及其以东地区，对东非等印太西缘地区则相对忽视，针对中国的意图更为明显。而日本印太战略则扩展至西北印度洋、东非一线，这无疑是耐人寻味的。可以说，日本印太战略除了牵制中国、维持印太现有"自由开放的国际秩序"外，也希望借其助力本国政治、军事大国战略目标的构建。日本自2009年在吉布提建立第一个海外军事基地后，在2012年进一步扩大了该基地的规模、任务范围，并强化了基地武器装备。因此，日本军事触角已延伸至西北印度洋与东非一线，其印太战略的利益关切范围自然也涵盖了以上区域。

其次，美日两国对华立场存在一定的差异。美国提出印太战略的根源之一在于，其认为随着"一带一路"倡议等政策的实施，中国可能削弱美国在印太地区的影响力，并最终取代美国，构建并主导新的国际秩序。因此，美国印太战略具有较强的零和博弈思维，排他性、反华性更为突出。而日本印太战略在着眼于对华遏制的同时，更具灵活性，其会依据印太主要国家权力分布的变化、中美日三边关系的走向适度调整。2017—2019年末，日本印太战略由公开牵制中国、对冲"一带一路"倡议的战略构想，逐步演变为力图将"一带一路"倡议"无害化"，为印太各国提供新的选择项，并在可能范围内与中国对接的战略构想。特别需要指出的是，"无害化"这一概念由日本国际关系学者小谷哲男提出，其认为日本希望在附加所谓"公正、透明、经济上可行、不损害当地财政状况"等条件的前提下，与中国在"一带一路"沿线开展第三方市场合作，在获取经济收益的同时，能在一定程度上使中国无法通过"债务陷阱"等手段对沿线国家内政外交施加过大的影响力。[①]

尽管"后疫情时代"日本印太战略立场再度趋于强硬，但其并未完

---

① 参见小谷哲男「アメリカのインド太平洋戦略：日米同盟へのアプリケーション」，日本国際問題研究所編『インド太平洋地域の海洋安全保障と法の支配の実態化に向けて：国際公共財の維持強化に向けた日本外交の新たな取り組み』，平成30年外務省外交・安全保障調査事業報告書（2019年3月），第67頁。

全放弃以上考量。因此，相较于美国，日本因国力受限、中日经济依存度不断提高、中日关系回归正轨等因素影响，寻求在中美间发挥"战略平衡手"的意图日趋明显，政策立场具有较强的弹性，印太"战术"更为灵活。日本在以日美同盟为对外政策基轴、协同美国对华遏制的同时，依据国际形势变化，希望将对华策略由完全抵触转变为在有限范围内合作。因此，中日业已形成了较明显的"竞合关系"，日本在最大程度缓解中国政策对其造成的地缘政治压力的同时，意图在相关领域开展对华合作，获取最大收益。

（二）日印围绕印太战略的互动

除了美国，为了顺利实施印太战略，日本对处于印太核心区、在印度洋沿岸国家中地位超然的印度也颇为看重。因此，自安倍 2006 年组阁伊始，便开始积极拉拢印度，两国关系的定位大致经历了"全球伙伴关系""全球战略伙伴关系""特别的全球战略伙伴关系"三次变化[1]。日本力图通过密切日印关系，强化两国印太战略的互动，将本国政治、军事势力自西太平洋投放至印度洋，让日本成为印太区域大国。

应当说，日本与印度关于印太战略的互动基于两国领导层自上而下的推进。2010 年起，日印建立年度首脑互访机制。2011 年年末，时任日本首相野田佳彦访印，双方签署了《两国建交 60 周年之际强化日印全球战略伙伴关系的展望文件》的首脑宣言，除了确认将进一步强化两国在基础设施、金融、能源等传统领域的合作，也特意就未来在印太地区的海洋安全合作的重点指明了方向。[2] 尽管在野田执政时期，安倍价值观外交、"自由与繁荣之弧"等构想被暂时搁浅，日本印太战略的构建进程一度中止，但日印关系仍然得到了长足发展。在《展望文件》中，两国表示日印作为亚洲国家，在确认有义务维护国际海洋法诸原则的同时，将以航行安全与自由、打击海盗等作为两国未来海洋安全合作

---

[1] 参见日本外务省「最近のインド情勢と日インド関係」、2015 年 3 月、日本外务省网站（http://www.mofa.go.jp/mofaj/files/000147456.pdf）。

[2] 王竞超：《日印海洋安全合作的新发展与制约因素》，《现代国际关系》2018 年第 5 期。

的重点领域。①

2013年5月,印度总理辛格回访日本,再一次肯定了印日2011年围绕海洋安全合作达成的共识,强调《联合国海洋法公约》等国际法原则对维护航行自由与安全、正常商业往来的重要性。② 安倍2012年底第二次组阁后,将日印关系视作日本外交的重要基石,到其卸任为止对印度进行了三次国事访问。特别是2014年5月莫迪上台后,安倍与莫迪不仅利用2014年首脑互访将两国关系由"全球伙伴关系"提升为"特别的全球战略伙伴关系",两人彼此间也建立起亲密的私人关系。2015年12月安倍访印、2016年11月莫迪访日后,两国达成日印关系"进入新时代"的共识,并声称两国将共同主导印太地区的和平与繁荣。③ 在2017年9月后发表的两国联合声明中,两国明确表示"日印应提升海洋安全合作水平,强化在印太区域的相互联系……促进日本印太战略与印度'东向行动'战略的携手合作"。④ 进入2020年以后,随着"后疫情时代"印太局势趋于紧张,日印战略互动再度趋于活跃。2020年9月,日印正式签订了《相互提供物资与劳务协定》,意味着日印包括海军在内的各军种将可望在联合军演、训练中互相提供战略物资与后勤服务,标志着两国在印太的安全合作水平进入一个崭新的阶段。2021年3月、4月菅义伟与莫迪接连举行两次首脑电话会谈,再次就日印、美日澳印共

---

① Ministry of External Affairs, Government of India, "Vision for The Enhancement of India-Japan Strategic And Global Partnership upon Entering The Year of The 60th Anniversary of The Establishment of Diplomatic Relations", December 28, 2011, http://www.mea.gov.in/incoming-visit-detail.htm?15683/Vision+for+the+Enhancement+of+IndiaJapan+Strategic+and+Global+Partnership+upon+entering+the+year+of+the+60th+Anniversary+of+the+Establishment+of+Diplomatic+Relations.

② Ministry of External Affairs, Government of India, "Joint Statement on Prime Minister's Visit to Japan: Strengthening The Strategic And Global Partnership between India and Japan Beyond The 60th Anniversary of Diplomatic Relations", May 29, 2013, http://www.mea.gov.in/outgoing-visit-detail.htm?21755/Joint+Statement+on+Prime+Ministers+visit+to+Japan+Strengthening+the+Strategic+and+Global+Partnership+between+India+and+Japan+beyond+the+60th+Anniversary+of+Diplomatic+Relations.

③ 日本外務省「最近のインド情勢と日インド関係」、2015年3月、日本外務省网站(http://www.mofa.go.jp/mofaj/files/000147456.pdf)。

④ 日本外務省「自由で開かれ、繁栄したインド太平洋に向けて」、2017年9月14日、日本外務省网站(http://www.mofa.go.jp/mofaj/files/000290053.pdf)。

第二章 安倍第一次执政后日本印太战略的兴起与形成

同推进印太战略、构建基于法制的"自由开放"国际秩序达成一致。①

另一方面,由印度的视角来看,尽管其较长时期内都未明确提出印太概念,但其国家战略一直与印太密切相关。自莫迪2014年上台后,印度推行多年的"东向"(Look East)政策升级为"东向行动"(Act East)政策,印度对亚太事务的介入日益深入。在近几年的印度国防报告中也明确表明了其战略意图。2015—2016年国防报告中,印度提出亚太持续的和平与稳定符合印度战略、经济与商业利益②;而2016—2017年国防报告则明确表示印度将在战略、经济、文化以及军事等多个层面持续推动"东向行动"政策,以保证印度在地区安全中扮演一个负责任的利益攸关方角色。③ 可以说,印度在本质上与日本一样,希望凭借对亚太事务的深度介入,构建一个横跨印太的海洋强国,并遏制中国在印度洋地区日趋扩大的影响力。

在此背景下,日本与印度围绕印太战略出现了明显的互补与交融。日本印太战略需要与印度洋沿岸传统大国印度进行对话与沟通,获得对方的默许与协作。在目前印度洋主要多边安全机制如环印度洋区域合作联盟(IOR-ARC)、印度洋海军论坛(Indian Ocean Naval Symposium, IONS)中,日本分别是对话伙伴国、观察员国,已具备相当的活动能力。④ 在此基础上,日本为了进一步在以上机制中增强对印度洋事务的发言权、更深入地参与印度洋事务,需要与机制核心成员国印度、澳大利亚等强化合作,以获得印度洋沿岸国家的认可;而印度为了推进"东向行动"战略,亟需强化与亚太区域大国的合作以作为战略支点。⑤ 印度认为,亚太主要大国中,中国不仅与其有着错综复杂的边界争端,

---

① 日本外务省「日印首脳電話会談」、2021年3月9日、日本外务省网站(https://www.mofa.go.jp/mofaj/page3_003028.html);日本外务省「日印首脳電話会談」、2021年4月26日、日本外务省网站(https://www.mofa.go.jp/mofaj/s_sa/sw/in/page1_000956.html)。
② Ministry of Defence, Government of India, "Annual Report 2015–2016", p.3, 2016, https://mod.gov.in/sites/default/files/Annual2016.pdf.
③ Ministry of Defence, Government of India, "Annual Report 2016–2017", p.4, 2017, https://mod.gov.in/sites/default/files/AnnualReport1617.pdf.
④ 王竞超:《日印海洋安全合作的新发展与制约因素》,《现代国际关系》2018年第5期。
⑤ 参见王竞超《日印海洋安全合作的新发展与制约因素》,《现代国际关系》2018年第5期。

其"一带一路"倡议也较大程度地冲击了印度洋原有的地缘政治格局。对印度而言，没有根本利益冲突、热衷于参与印度洋区域安全事务的日本是一个较理想的合作伙伴。因此，"西向"的日本与"东向"的印度在本质上都是为了实施自身的印太战略，而海洋安全领域的合作也是其实现彼此战略构想的重要手段与路径。

当然，尽管印度与日本围绕印太战略互动频繁，但并不意味着其会与日本建立同盟关系。早在独立前夕，印度国父尼赫鲁就提出印度要做一个"有声有色"的大国。[1] 在冷战时期，印度也是"不结盟运动"的主要发起国之一。因此，独立自主、争当大国、在国际社会不结盟一直是印度奉行的国家战略。当前，印度与日美等围绕印太战略进行互动，所谋仍是其国家的长远目标，即牵制中国，在维持南亚次大陆、印度洋区域霸主地位的同时，成为印太乃至全球大国。印度不会因日美的拉拢而放弃自身传统，与两国建立真正意义上的同盟关系。

（三）日澳围绕印太战略的互动

自冷战时期以来，日澳在传统地缘政治中都属于典型的亚太国家，澳大利亚前总理鲍勃·霍克（Bob Hawke）更是亚太经合组织的主要倡导者之一。

然而，近十几年以来日澳却摇身一变，均将战略视野拓展至印度洋地区，相继成为全球对于印太概念颇为热衷的国家，并围绕推进印太战略进行了密切互动。安倍自2006年第一次组阁以来，便借价值观外交、"自由与繁荣之弧"构想等，意图与澳大利亚塑造"海洋民主国家"的共同属性，并强化双方在印太的安全合作，由北至南编织包围中国的安全合作网。在安倍的极力推动下，2007年3月日澳签署了《日澳安全保障共同宣言》，这也是日本战后与美国以外的国家签署的首个安保宣言，标志着日澳围绕印太战略互动的开始。依据该宣言，日澳将海洋安全作为两国合作重点，并据此共同推进印太战略。此后，日澳除了在东盟地区论坛（ARF）、东亚峰会（EAS）等多边框架下强化安全合作以外，还逐步构建起首脑互访机制、"外长+防长"

---

[1] 张炜主编：《国家海上安全》，海潮出版社2008年版，第298页。

第二章 安倍第一次执政后日本印太战略的兴起与形成

定期会晤机制（"2+2"会晤机制）、各军种间实务交流机制等完善的合作体系。

相较日本对印太概念的热衷，澳大利亚也不遑多让。尤其值得一提的是，澳大利亚是最早关注并尝试系统阐述印太概念的国家。在冷战时期，澳大利亚政府基本将"印太"视为一个体系，主要关注"印太"地区内国家，特别是东南亚国家（印尼、越南、马来西亚、新加坡等）对其安全的影响。[①] 20世纪80年代，澳大利亚政府正式将"印太"思路贯彻到军事战略之中，将西澳大利亚州和印度洋纳入军事战略规划和军力部署的版图，并在1987年《澳大利亚国防白皮书》中首次提出要建立印太"两洋海军"（Two-Ocean Navy），为澳今日布局印太奠定了坚实的军事基础。[②] 冷战结束以后，随着亚太地区安全形势逐步好转、经济一体化进程明显提速，亚太区域合作逐步成为澳大利亚国内的主要议题，印太概念及其政策实践也逐步被澳当局搁置。2010年以后，随着美国加速重返亚太、印度"东向政策"的推进，地区局势趋于复杂，澳大利亚开始重拾"印太"概念，并在2012年《亚洲世纪中的澳大利亚》、2013年《澳大利亚国家安全战略》、2016年澳大利亚《国防白皮书》、2017年《澳大利亚外交白皮书》等官方文件中阐述了澳政府对印太概念的认知、印太对于澳特殊的战略意义及未来的政策指向。[③]

特别值得关注的是，在"后疫情时代"，日澳围绕印太战略的互动日趋频繁。2021年2月，日本首相菅义伟与澳大利亚总理莫里森举行电话首脑会谈，就在"特殊战略伙伴关系"视角下扩大两国合作领域，联合美国、东盟联合推进印太战略达成共识。[④] 因此，安倍晋三2012年年末再次执政后，与特恩布尔政府围绕印太战略进行了密切互动，日澳政策呈现明显的一致性与同步性，并延续至当前岸田文雄与阿尔巴尼斯时代。日澳两国通过首脑互访等渠道不断进行沟通与协调，将海洋

[①] 许少民：《澳大利亚"印太"战略观：内涵、动因和前景》，《当代亚太》2018年第3期。
[②] 许少民：《澳大利亚"印太"战略观：内涵、动因和前景》，《当代亚太》2018年第3期。
[③] 许少民：《澳大利亚"印太"战略观：内涵、动因和前景》，《当代亚太》2018年第3期。
[④] 日本外務省「日豪首脳電話会談」、2021年2月25日、日本外務省網站（https://www.mofa.go.jp/mofaj/a_o/ocn/au/page6_000527.html）。

安全作为主要合作领域，成为印太战略的两大主要推手。当然，日澳围绕印太战略的互动也面临一些不确定性，除了大国关系的演变，最重要的原因在于，澳大利亚面临着在经济上日益依赖中国、在安全上严重依附美国的"悖论"，而日本也在中美对立与博弈中寻求着更为平衡、稳妥的外交政策，两国"两面"甚至"多面下注"的战略特征较为明显，故日澳印太战略的未来走向仍有若干不确定性。因本书中将对印太战略视阈下的日澳海洋安全合作进行专门的案例研究，故此处不再赘述。

二 安全层面：与印太国家发展双边与小多边海洋安全合作，参与联合国非洲维和行动

日本印太战略有着较强的安全属性，故安全层面成为了日本印太战略的重心与支点，也是其主要实施路径。在安全层面，为了推动印太战略，日本着力在印太构建多维度、多层次的双多边安全合作体系。日本除了与美印澳等主要大国与中等强国，也与东盟、南太平洋及印度洋沿岸相关国家发展双边与小多边海洋安全合作。除了海洋安全合作，日本也注重"陆海联动"，借参与联合国非洲维和行动介入西印度洋、东非等印太西缘地区的陆上安全事务，尽可能完善本国在印太的安全布局。首先，日本将日美同盟作为基轴，力图利用同盟构建日美在印太的海洋安全合作体系。两国在日本周边海域，特别是东海、"西南诸岛"[①]一线的安全合作尤为引人注目。一方面，日美两国于2015年修订了《日美防卫合作指针》（以下简称《指针》），在《指针》第四章第三款"对日本武力攻击的应对行动"中专门增加"离岛夺还作战"项目，并对日本自卫队与美军的作战任务进行了明确分配。[②] 另一方面，近年来日美围绕"西南诸岛"的军事合作日趋频繁。两国针对"假想敌"对"西南诸岛"可能的侵犯，于2010年、2012年、2014年、2016年、2018年、2020

---

① 日本九州岛西南与中国台湾东北间的群岛区域，陆地总面积约3090平方公里，大小岛屿约55个，地理范围基本与琉球群岛重合，为日本西南海上通道的核心部分。

② 日本防衛省「新「日米防衛協力のための指針」（ガイドライン）」、2015年4月、日本防衛省网站（http://www.mod.go.jp/j/publication/kohoshiryo/pamphlet/pdf/shishin.pdf）。

第二章　安倍第一次执政后日本印太战略的兴起与形成

年连续举行代号"利剑"（Keen Sword）联合军演。除了东海、"西南诸岛"一线，近年来日美在南海、印度洋的安全合作也日趋频繁。可以说，日本在印太战略实施的背景下，以日美同盟为基轴，与美构建东海、台海、南海与印度洋"三海一洋"印太海洋安全合作体系的趋向已日益明显。

其次，针对其他大国与中等强国，日本着力发展日澳、日印、美日澳、美日印等双边与小多边海洋安全合作，努力构建横跨整个印太的海洋安全合作网络。日本发展双边与小多边海洋安全合作的途径主要有以下若干方面。

第一，构建与完善海洋安全合作机制。日本于2007年、2008年分别与澳、印签订《日澳安全保障共同宣言》和《日印安全保障合作宣言》，大大提升了与两国海洋安全合作的机制建设水平。依据以上文件，日本与美印澳在双边层面构建了首脑互访机制—外交部长、国防部长[①]（"2+2"）会晤机制—实务机制的机制体系。三个层级中，首脑互访主要为双边海洋安全合作进行顶层设计，创造外部环境；处于中间层级的"2+2"会晤机制则负责双边海洋安全政策协调与合作路径规划，在两国安全合作进程中发挥着中坚作用；各实务机制承担具体政策落实与执行工作。

第二，深化海洋军事技术与装备的合作。为了扫清本国战后和平宪法对日本国际军事技术与装备合作的障碍，日本进行了缜密的国内立法。2011年，日本出台《关于防卫装备等转让国外的相关基准》，武器出口限制明显减少。2014年4月，为了进一步为武器出口松绑，日本于内阁决议通过了"防卫装备转让三原则"[②]，以替代原有的"武器出口三原则"。除了国内立法，日本发挥在反潜、海上搜救、扫雷、电子信息等

[①] 需要说明的是，日美、日澳为外交、国防部长出席，日印目前暂时为外交、国防副部级官员会晤。

[②] 防卫装备转让三原则指：明确不向争端当事国、违反国际条约的国家转让武器；以是否有利于国际和平、日本安全为标准对转让进行严格审查；只有在确保妥善管理的前提下，才允许武器接收国进行计划外使用或把武器转让给第三国。参见「防衛装備移転三原則とは」、『日本経済新聞』2016年4月27日。

领域的技术优势,与美印澳等国开展海洋军事技术与装备的联合开发,大力促进本国优势技术与装备的出口。① 如2015年1月,日本三菱重工及川崎造船公司在莫迪邀请下参与了"印度75号工程"(Project 75 India),计划在印度建造6艘"苍龙"级潜艇,价值81亿美元。②

第三,提升海上联合演习的密度与强度。为了更有效地推动印太战略,日本也不断提升与美印澳双多边海上共同演习的密度与强度。具体而言,美日澳、美日印之间均已建立起固定的海上联合演习机制。尤其是2015年正式成型的美日印"马拉巴尔"军演影响力日趋扩大,已成为当前印太最具代表性的军演机制之一。日本与美印澳的联合演习多着眼实战,强调各国海军的配合能力,且对反潜作战、反水面作战、海上目标搜索、救援能力训练、扫雷等海上安全各方面合作都有涉及。

第四,除了与美印澳等大国、中等强国开展海洋安全合作,日本也大力强化与东盟国家、印度洋国家以及南太平洋岛国等印太中小国家的海洋安全合作,并通过维和行动、打击海盗等理由介入东非、西印度洋安全事务,意图将本国军事触角延伸至整个印太地区。与美印澳不同的是,日本针对印太中小国家多以援助海上执法、海洋非传统安全治理能力建设为切入点,对各国提供了较多巡逻舰艇、岸基雷达等装备。与此同时,日本也与越、印尼、菲、斯里兰卡等地理位置重要的印太中小国家强化小多边海上联合训练与军演。此外,近年来,日本对西印度洋、东非等印太西缘地区的重视程度不断提高,并借参与联合国在非维和行动等积极介入地区安全事务。由于本书将专门对此进行案例研究,故此处不再展开。

不难发现,对外安全政策(特别是海洋安全)是日本印太战略的最重要内核与支点之一。自印太战略形成伊始,日本即开始着手逐步构建、强化与印太地区主要大国、中等强国以及地理位置重要的中小国家的安

---

① 需要指出的是,日本自解禁防卫装备出口以来,目前直接出口的防卫装备颇为有限。直到2020年8月,日本才与菲律宾签订了防空雷达出口合同,这也是日本防卫装备成品真正意义上的首个出口订单。

② 宋海洋:《论印日特殊的战略全球伙伴关系及其对中国的影响》,《东北亚论坛》2017年第3期。

全合作关系，努力形成印太多边安全合作体系，完善在整个印太地区的安全布局。可以说，印太战略在较大程度上重塑了日本对外安全政策，使后者的推进路径与实施重点得以进一步明确。因此，以印太战略为视阈考察日本对外安全政策体现了较强的理论价值与现实意义，这也是本书的中心主题。

三 外交层面：大力开展印度洋外交，强化与沿岸国家关系

除了对外积极开展安全合作，为了推进印太战略，为日本创造更好的国际环境，安倍自第一次组阁开始即展开了印度洋外交攻势。首先，安倍任内对印度洋沿岸国家开展了绵密的"首脑外交"。据统计，安倍于2006年9月上台至其卸任，曾若干次集中造访印度洋沿岸各国，分别于2007年4—5月造访沙特、阿联酋、卡塔尔、科威特、埃及，8月造访印度、印尼、马来西亚；2013年4—5月造访沙特、阿联酋，8月造访巴林、科威特、卡塔尔、吉布提；2014年1月造访阿曼、科特迪瓦、埃塞俄比亚、莫桑比克，9月造访孟加拉国、斯里兰卡；2015年1月造访埃及、约旦、以色列、巴勒斯坦；2017年1月造访印尼、澳大利亚；2018年5月造访阿联酋、约旦、以色列、巴勒斯坦；2020年1月造访沙特、阿联酋、阿曼等。[①] 可发现，自安倍开始谋划印太战略起，在传统的亚太地区之外，日本对印度洋沿岸国家投入的外交资源较之从前大幅提高。其次，日本也努力开展"会议外交"，借印度洋多边安全机制密切与域内国家的联系，强化自身的区域存在感。如上文所述，在印度洋海军论坛（Indian Ocean Naval Symposium，IONS）、环印度洋区域合作联盟（IOR-ARC）等印度洋多边安全机制中，日本分别是观察员国、对话伙伴国。日本通过积极参与以上多边机制的会议，对印度洋沿岸国家进行了频繁的政策宣示，促进了各国对日本印度洋安全政策的理解。最后，日本力图通过参与索马里海盗治理等非传统安全问题密切与东非、西亚国家关系。为了强化索马里及周边国家打击海盗的能力建设，日本提供

---

① 日本外務省「総理大臣の外国訪問一覧（2006年10月から2020年1月まで）」、2020年1月17日、日本外務省网站（https://www.mofa.go.jp/mofaj/kaidan/page24_000037.html）。

了大量功能性援助项目，如通过向国际海事组织捐款，支持在也门、肯尼亚、坦桑尼亚等国建立海盗情报中心（Maritime Information Centre），在吉布提设立区域训练中心（Regional Training Centre）等。① 以参与索马里海盗治理为幌子，日本施展一系列外交攻势，成功密切了与东非国家的关系，并得以在吉布提建立并扩充了本国第一个海外军事基地，使其成为日本实施印太战略的重要立足点。

四 技术层面：借海域态势感知等强化在印太的军事存在

近年来，日本积极强化海域态势感知、太空、网络、电磁波等领域的技术能力，以此强化自身在印太地区的军事存在。一方面，由于印太战略鲜明的海洋属性，日本力图强化在印太地区海域态势感知（MDA）②能力。根据日本首相官邸的公开资料③，自2013年开始，日本政府就在海洋基本计划、宇宙基本计划以及国家安全保障战略等国家重要战略文件中拟定了推进海域态势感知体制建设的计划。2014—2015年经过海洋政策本部事务局、宇宙战略室以及国家安全保障局等的数次联合会议后，正式提交了推进海域态势感知体制建设的建言。2015年3月开始，为了正式推进海域态势感知体制建设，在国土交通省、外务省等相关省厅建立了联络协调会议机制。日本除了自2015年开始整合国内资源，近两年来也与美、澳等国协同强化与印太沿线各国在海域态势感知领域的合作。日本除了对南海沿岸多国援助巡逻船、通信设备、提供培训等，近期也加大了对斯里兰卡、吉布提等印度洋沿岸重要枢纽型国家的援助力度④；美国在4.25亿美元的海洋安全倡议（Maritime Security Initiative）下对南

---

① 参见王竞超《日本参与索马里海盗治理的策略》，《西亚非洲》2017年第5期。
② 部分欧美学者也将该合作称为（maritime situational awareness）计划。参见 Jeffrey Hornung, "The potential of the QUADrilateral", CSIS, Feb 21, 2018, https://amti.csis.org/the-potential-of-the-QUADrilateral/。
③ 参见日本首相官邸「我が国の海洋状況把握の能力強化に向けた取組の概要」、2016年、日本首相官邸网站（http://www.kantei.go.jp/jp/singi/kaiyou/dai15/shiryou1_1.pdf）。
④ 参见読売新聞「インド洋沿岸国の海上警備強化、日本が支援へ」、2018年1月20日、日本読卖新闻网站（http://www.yomiuri.co.jp/politics/20180120-OYT1T50134.html?from=ytop_main2）。

第二章　安倍第一次执政后日本印太战略的兴起与形成

海沿岸多国进行了安全通信网络、数据采集设备等援助，意在加强印太特别是南海沿岸国的海洋情报收集、监视等方面的能力建设。① 此外，美国继"海洋安全倡议"基金项目以后，在2018年末生效的《2018年亚洲再保证倡议法案》（以下简称《法案》）中，美国提出需在印太地区保持强大的军事存在，加强同该地区盟国和伙伴国的安全关系，扩大安全合作范围。在《法案》第二部分"在印太地区促进美国安全利益"中对海域态势感知方面的合作予以了重点强调，美国明确提出"增加南亚和东南亚的海域态势感知项目"，并给出了详细方案，即：（1）扩大与东南亚国家的海军和海岸警卫队共同训练的范围；（2）扩大与包括孟加拉国、尼泊尔和斯里兰卡在内的南亚民主伙伴的合作；（3）通过情报交流和其他信息交流开展行动；（4）通过多边接触，联合日本、澳大利亚和印度共同强化在这一领域的行动。② 而澳大利亚则通过太平洋岛国论坛渔业局及太平洋巡逻船计划，强化南太平洋地区的海洋态势监测。③

除了美日澳外，印度尽管尚未实施具体援助项目，但同样对该领域表达了浓厚兴趣。据2019年1月24日《印度时报》消息，印度海军将在安达曼—尼科巴群岛设立第三个空军基地，将着力加强海域态势感知水平，目的在于监控经马六甲海峡进入印度洋的中国船舶和潜艇。前印度海军准将阿尼尔·贾伊·辛格表示"中国日益扩大的存在感是一个潜在的问题，如果我们（印度）真的要监视中国的存在，就必须在安达曼群岛上安装足够的装备"，"如果有空军基地你就可以覆盖更大的区域"，他还希望在下一步印度海军也能在在安达曼群岛部署更多的舰艇。④

目前日本与美澳虽然尚未在海域态势感知领域直接合作，但基于三

---

① 参见 Jeffrey Hornung, "The potential of the QUADrilateral", CSIS, Feb 21, 2018, https://amti.csis.org/the-potential-of-the-QUADrilateral/。

② U.S. Congress, "S. 2736-Asia Reassurance Initiative Act of 2018", December 31, 2018, https://www.congress.gov/bill/115th-congress/senate-bill/2736/text#toc-H1736A89135404258AFF1BC4E7A5555D0.

③ 参见 Jeffrey Hornung, "The potential of the QUADrilateral", CSIS, Feb 21, 2018, https://amti.csis.org/the-potential-of-the-QUADrilateral/。

④ The Times of India, "India Navy Set to Open Third Base in Strategic Islands to Counter China", January 24, 2019, http://timesofindia.indiatimes.com/india/indian-navy-set-to-open-third-base-in-strategic-islands-to-counter-china/articleshow/67662090.cms.

国控制印太海洋，特别是中国海上军事力量实时动态的共同目标，已有学者认为这一领域将是美日澳印在印太的重要潜在合作领域。①

而进入2018年以后，日本海域态势感知政策还有升级的趋势。在2018年7月开始实施的第三期《海洋基本计划》中，日本提出"强化海洋安全保障的基础之一即是确立海域态势感知体制……海域态势感知的前提是将关于海洋的多种情报适时、准确地收集与整理，其关乎对国家海洋安全层面威胁的早期感知，基于其重要性，本计划将予以重点实施。"② 在2018年12月18日出炉的《2019年度以后的防卫计划大纲》中，对海洋感知领域也予以高度重视。在新大纲中，明确规定"基于确保海上航行、飞越自由的视角，将努力推进与印度、斯里兰卡等南亚国家及东南亚国家等印太沿线各国的海洋安全合作，以强化对方包括海域态势感知在内的海洋安全能力建设。此外，日本"也将通过共同训练、演习、部队间交流、靠港访问等合作项目，与相关国家开展打击海盗、海域态势感知等领域的合作。"③

另一方面，除了海域态势感知能力以外，日本也力图将太空、网络、电磁波技术与传统陆海空域结合，在印太地区构建跨领域协同（Cross Domain Battle）作战能力，以新的军事技术强化自身在印太的军事存在。

日本对跨域协同作战颇为热衷，希望借此强化自身在印太的军事实力与存在，在印太构建日本版跨域协同作战体系。日本政府在《2019年度以后的防卫计划大纲》中提出："世界各国对太空、网络、电磁波等新领域的开发利用的扩大，正在改变以陆、海、空等为主的传统军事领域的存在方式……在日趋严峻的国际安全环境中，为有效抑制、应对军事力量质与量均较为强大的威胁，将太空、网络、电磁波等新领域与陆海空等传统领域优化组合，适应新的战争形态就显得尤为重要了。基于

---

① 参见Jeffrey Hornung, "The potential of the QUADrilateral", CSIS, Feb 21, 2018. https://amti.csis.org/the-potential-of-the-QUADrilateral/。

② 日本内阁府「第三期「海洋基本計画」」、第16页、2018年5月、日本内阁府网站（https：//www8.cao.go.jp/ocean/policies/plan/plan03/pdf/plan03.pdf）。

③ 参见日本防衞省「平成31年以降に係る防衛計画の大綱について」、2018年12月18日、第15—16页。

以上考虑，今后（日本）防卫力量在强化单个领域能力质与量的同时，应有机融合各领域的实力，以激发以上二者的乘数效应、强化整体防卫实力的跨领域作战为基础，克服部分单个领域的实力劣势，以夯实日本防卫体系。"① 此外，日本对于日美跨域协同作战安全合作也特别做出规定：在国家间竞争日趋激烈、日本周边安全环境日趋严峻的背景下，日本强化与美国的关系对于本国的安全保障具有比以往任何时候更重要的意义；为了强化日美同盟的威慑力和应对能力，需强化日美自"平时"到"有事"各个阶段情报的共享，扩大和深化太空、网络、导弹防空、共同训练、演习、侦查等跨领域的合作。②

因此，不论是在印太地区的海域态势感知还是跨领域作战，均为日本融合陆、海、空等传统作战域与太空、网络、电磁波等新疆域的彼此优势，在军事技术层面的重大战略部署。日本意图从机制、军力部署等角度着手，与美印澳等国协同推进海域态势感知与跨域协同作战合作，以此进一步夯实印太战略的军事威慑力。

五 经济层面：与印太相关国家强化海洋经济层面的合作

应当说，在日本印太战略谱系中，安全层面明显占据了主导地位，而经济层面则相对次要。不过，2016 年以后，日本基于两方面的考量，也开始重视在经济层面推动印太战略。一方面，中国"一带一路"倡议具有较明显的经济合作性质，特别是中国与沿线国家在基础设施领域的合作引起了美日印澳等国高度关注。因此，除了安全层面，日本也希望在经济领域对中国进行牵制。另一方面，日本着眼于印太地区发展中国家基础设施相对落后、相关领域市场前景广阔等现实，也寻求从经济层面开展合作，以获得域内国家在安全层面的支持，并适时为本国企业谋取最大利益。

在印太战略指引下，日本以促进印太地区"物质"联通为口号，以

---

① 参见日本防卫省「平成31年以降に係る防衛計画の大綱について」、2018 年 12 月 18 日、第 12—14 頁。
② 参见日本防卫省「平成31年以降に係る防衛計画の大綱について」、2018 年 12 月 18 日、第 12—14 頁。

加强"高质量基础实施出口"为目标,力图与域内国家强化在基础设施互联互通领域的合作。近年来,日本与东盟、南太平洋以及印度洋沿岸国家等围绕高速铁路、智慧城市、海洋物流、海洋能源与资源开发、港口建设与管理等领域开展着密切的合作。

第三节　日本印太战略形成的国际环境

以上对日本印太战略的演进过程、实施路径进行了系统梳理与阐述。应当说,近代以来,尽管日本对外侵略扩张的视野一度延伸至整个印太,但总体而言其仍然是传统的亚太国家。那么,安倍第一次组阁后为何执着于谋划日本版印太构想,并在第二次组阁后成功将其升格为印太战略呢?实际上,日本印太战略之所以得以形成,与2006年以后日本面临的国际环境的剧烈变化是密切相关的。可以说,国际局势的变化为安倍施展政治抱负、构建印太战略创造了"良好"的客观条件。

在国际层面,日本印太战略得益于以下三大因素:其一,近十几年美国亚太同盟体系加速变革,为日本构筑、实施印太战略提供了相对宽松的国际环境;其二,美日印澳等为捍卫所谓"自由主义国际秩序",围绕印太战略进行了多次互动,四国安全合作机制逐步重启,"亚太版北约"呼之欲出,为安倍在国际舞台推动印太战略提供了平台;其三,中国的发展及对地区局势的影响成为日本保守势力构建印太战略的依据。

一　"轴辐体系"的变革为日本印太战略创造了客观条件

应当说,美国对亚太"轴辐体系"的调整给日本实施印太战略创造了有力的外部条件。战后,美国主导建立的亚太"轴辐体系"在防止苏联在亚太地区的扩张、维护美国在亚太的地位上起到了重要作用。然而,近年来,美国战后在亚太构建的"轴辐体系"日益显露出其局限性。首先,随着亚太地区权力转移的加速,如何在亚太地区遏制、迟滞中国发展已成为了美国及其盟国新的课题,由此"轴辐体系"也不可避免地需进行重新调整。其次,冷战期间美国承担大量盟国的军

第二章 安倍第一次执政后日本印太战略的兴起与形成

事防卫义务,但伴随着美国实力的相对衰落,其已不堪重负,迫切希望各盟国分担美国的安保压力,强化其"自助"属性。最后,在"轴辐体系"中美国与盟国安全合作密切,然而各盟国间作为间接盟友却在安全合作方面乏善可陈[①],这也很难适应近年来权力分配剧烈变化的亚太新格局。

在此背景下,奥巴马政府2012年以后开始着力推行"亚太再平衡"战略,一方面加强在亚太地区的军力部署和军事存在;另一方面则积极鼓励美国盟国间、盟国与伙伴关系国间开展安全合作,以充实"轴辐体系"实力,减轻美国的安全负担。"轴辐体系"的转型客观上为日本实施印太战略提供了绝佳的国际环境。安倍晋三第二次组阁期间正值"亚太再平衡"战略开始推进,奥巴马政府默许甚至期待日本强化与美国盟友以及伙伴关系国家的安全合作,为日本创造了较宽松的国际空间。于是,安倍便不失时机地披着共有价值观、海洋民主国家等虚伪的外衣,提出"亚洲民主安全菱形构想",加速构建日本印太战略。在印太战略的驱动下,日本将对外安全合作作为主要实施路径,在以日美同盟为基轴的同时,公开强化与澳、印、越等国的海洋安全合作,并介入了南太平洋、东非等印太次区域地区安全事务。关于"轴辐体系"的变革对印太战略视阈下日本与相关国家安全合作的影响,本书在主要案例研究中会予以详细展开。

二 美日印澳围绕印太战略的互动为日本印太战略提供了外部助力

前文已对美日印澳围绕印太战略的互动进行了较详细的分析。不难看出,美印澳,特别是特朗普政府印太政策的嬗变为安倍政府在国内外进一步推进印太战略提供了重要外部助力。而印度近两年由于与中国边界争端摩擦加剧、对亚太事务关注度进一步提升,对印太战略态度趋于积极,日印安全合作的深度与广度不断得以扩展。澳大利亚与日本同为印太概念、战略最为积极的倡导者之一,尽管面临经济上依仗中国、安全依赖美国的"选边困境",但特恩布尔、莫里森两届政府均对华持强

---

① 参见孙茹《美国亚太同盟体系的网络化及前景》,《国际问题研究》2012年第4期。

硬立场，并公开强化与日美在印太的安全合作。因此，2017年末以来，美日印澳四国安全机制经过多年的搁浅以后已重新"起航"，并意图拉拢东盟伙伴关系国家（越南、印尼等）入群，打造完整的"安全菱形"。尤其是，随着中美对立不断加剧，美日印澳四国安全机制明显提升了其合作强度。四国在2020年10月召开了第二次外长会议，并于同年11月协同开展"马拉巴尔"海上演习，"亚太版北约"呼之欲出。四国机制的重启与强化为日本政府在国际社会上推进印太战略提供了重要平台，并促使日本不断充实印太战略的实质性政策内涵，加速在印太的军事、政治资源投放。

三　中国发展带来的地缘政治压力促使日本印太战略的加速构建

近十余年来，随着中国加速发展，中日实力出现了明显逆转，日本地缘政治压力持续加大，这也成为日本国内保守势力在国内制造舆论、加速构建印太战略的重要"外力"。2012年12月安倍上台之前，印太地区呈现权力转移加速、战略环境约束力日趋明显的特征。一方面，2010年中国国内生产总值首次超过日本，并与美国差距明显缩小，折射出中美日间权力分布已出现显著变化；另一方面，2012年相继出现中菲黄岩岛事件、钓鱼岛"国有化"事件，地区安全局势骤然紧张，中日矛盾日益加深。在此背景下，日本保守势力对华认知出现了明显改变。以安倍晋三、麻生太郎等为代表的保守派政治家认为，战后长期存在的"自由主义国际秩序"有崩溃的风险，这也成为日本构建印太战略的逻辑起点。据此，安倍等政治家大肆炒作"中国威胁论"，强调必须联合印太地区所谓"海洋民主国家"才能遏制中国，维持现有国际秩序。因此，中国发展及日本地缘政治压力的加大，成为日本联合美印澳及其他相关国家构建印太战略的又一重要外部因素。

因此，不论是美国战后"轴辐体系"的变革，还是美日印澳伙伴关系国安全合作机制的形成，亦或是中国加速发展，都在客观上为日本构建、推进印太战略提供了外部条件或动力。

第二章　安倍第一次执政后日本印太战略的兴起与形成

第四节　日本推进印太战略的制约因素

总体来看，安倍晋三自2006年以来构建印太战略的努力颇见成效，印太战略不仅成为安倍时代最为重要的对外战略遗产之一，也成为菅义伟、岸田文雄内阁对外战略的核心抓手，并有可能发展为日本未来长期对外战略。首先，尽管安倍第一次内阁期间提出的四国同盟构想折戟沉沙，但第二次组阁后安倍力推的"亚洲民主安全菱形"等构想获得实质性推进，美日澳印四国安全合作机制也再次扬起风帆，机制化水平不断深化、合作领域不断扩展，大有形成"亚太版北约"的趋势。其次，美国印太战略的"脱虚入实"、印澳等主要国家态度趋向积极等均成为日本的"重大利好"。最后，美日印澳也在拉拢越南等伙伴关系国参与，并得到了较积极的回应。

然而，在一片"大好形势"下，也应看到日本印太战略同样存在不少制约因素。一方面，随着世界百年未有之大变局的到来，国际格局在加速转变，大国关系也处于不断调整之中。在此局面下，美日印澳基于自身的利益考量，围绕印太战略未来走向，特别是在对华政策上并未形成完全一致的立场。大部分印太中小国家则不愿因呼应日本印太战略而过分刺激中国，东盟国家更是担忧被日美印太战略边缘化，丧失既有亚太安全事务的主导权。另一方面，因应国际局势、大国关系变化，日本印太战略同样在调适之中。日本寻求在中美间取得战略平衡，在部分领域对华协调、形成日中"竞合型"双边关系的诉求较为明显。因此，日本印太战略虽总体情况"乐观"，但依然存在诸多不确定。

首先，特朗普时代美日印太战略虽有协调，但分歧依然不小，拜登时代两国围绕印太战略如何互动也存有一定的不确定性。如上文所述，与奥巴马时代不同，特朗普上台初始阶段提出的印太战略的核心具有明显的经济色彩，并刻意淡化了安全内涵。因此，日本举国在特朗普访日、发表APEC峰会演讲后都大失所望。一些学者、日本媒体更是直言特朗普曲解了日本印太战略的本意。① 其后，美日通过互动，努力弥合以上分歧。如上文所述，针对日本等盟国的不满，美国于2017年末开始制定了一系列具体措施，提升安全事务在美国印太政策中的地位，逐步使得美国印太战略"脱虚入实"，在较大程度上弥合了与日澳等国的分歧，提振了盟国的向心力。而日本也相应增加了本国印太战略中经济合作的比重，多次提及印太地区基础设施建设，并与美、澳、印等积极磋商，意图共同投资以上领域，明里暗里地对冲中国"一带一路"倡议的影响。然而，也需看到，中美日三边关系在2018年以后呈现出微妙的变化。其一，中美关系另一方面持续恶化。2019年中美贸易摩擦日趋剧烈，并蔓延至科技、台湾问题等核心领域。不仅如此，新冠（COVID-19）疫情暴发以来，中美对立进一步升级，两国关系也跌入了谷底。与此形成对比的是，中日关系自2017年以后持续缓和向好，两国政府首脑时隔7年再次互访，日本开始有意淡化印太战略对冲中国的战略色彩，希望在部分领域对华协调、合作。与特朗普对华全面遏制不同，日本希望构建的是日中"竞合关系"。因此，对华政策立场成为了特朗普执政后期日美印太战略的重要分歧。拜登执政后，美国对华政策迎来新一轮调整，美国努力修复、强化与日本等盟友关系，并期望日本在中美间明确"选边站队"，意图联合盟国、伙伴关系国在印太对华实施全方位遏制。在此情况下，以日美同盟为对外政策基轴的日本不得不再次牺牲中日关系，以迎合美国对华遏制大局。然而，菅义伟内阁对华强硬举措已让中日关系再度遇冷，并对日本自身国家利益造成了较大损害，引起了日本国内利益集团，特别是经济界的不满。因此，菅义伟内阁在推行强硬版印太战略方面也面临两难处境。2021年10月岸田文雄组阁后，美日印太战略如何互动，特别是如何协调对华政策立场有待进一步观察。对于日本而言，岸田内阁面临着如何妥善处理对美、对华

---

① 如日本东洋大学教授药师寺克行在日知名媒体《东洋经济周刊》撰文，指出特朗普访问日韩期间专注于解决贸易逆差、兜售武器等议题，而在APEC峰会上更是处处以美国利益优先、反对印太多边合作，仅愿意签订双边合作协议等，明显曲解了日本印太战略应有之义。参见薬師寺克行「トランプはインド太平洋戦略を曲解している」、2017年11月13日、日本东洋经济周刊网站（http://toyokeizai.net/articles/-/197307？page=4）。

关系的困境，如何在中美间寻求战略平衡将是摆在日本政府面前的重要课题。

其次，澳大利亚方面，由于其国家体量有限，澳印太战略的实施则面临着比日本更为严重的"选边困境"，未来能否有效呼应日本存疑。近年来，澳不满足在南太平洋地区一家独大，渴望在亚太乃至印太事务中强化自身影响，对华态度日趋强硬。然而，作为一个体量有限的中等国家，澳面临着在经济上日益依赖中国、在国家安全上严重仰仗美国的"悖论"，在对外战略面临严重的"选边困境"。一方面，维持、强化美澳同盟，推进日澳准同盟关系的发展仍是澳安全政策的核心，澳在必要时仍将在安全领域展示对华强硬态度。另一方面，与安全领域不同，在经济上对华依赖程度日益加深也是澳当局不得不正视的事实。而在澳大利亚的印太战略构想中，经济合作具有重要地位，故维持对华关系对澳至关重要。2013年阿博特上台后，澳大利亚开始大力推行实用主义外交，倡导"经济优先"，将强化印太区域的经济合作作为重要的国家战略目标。即便特恩布尔2015年上台后刻意强调印太区域的安全问题，但仍对区域经济合作非常重视。澳在2016年《防卫白皮书》中将本国战略防卫框架明确为三大层次：澳本土及临近的海上通道安全；与澳相邻的巴布亚新几内亚、东帝汶、东南亚海域及南太平洋区域安全；印太区域的稳定与基于规则基础上的全球秩序。[1] 第三层次集中反映了澳政府的印太战略构想，《防卫白皮书》具体指出本国大部分贸易活动集中于印太区域，其是否稳定对维持本国国家安全与经济繁荣具有至关重要的意义。[2] 可见，澳印太战略仍努力兼顾安全与经济两个层面。近两年，尽管澳大利亚对华态度颇为强硬，对构建"亚太版北约"大肆鼓噪，但因中澳经济关系骤冷已严重伤及澳国家利益，其未来是否能继续迎合美日等国而大幅度调整国家战略是存在疑问的。

再次，印度尽管自"洞朗对峙"、2020年边境冲突后，与中国关系

---

[1] Department of Defense, "2016 Defence White Paper", p. 68, http://www.defence.gov.au/WhitePaper/Docs/2016-Defence-White-Paper.pdf.
[2] Department of Defense, "2016 Defence White Paper", p. 39, http://www.defence.gov.au/WhitePaper/Docs/2016-Defence-White-Paper.pdf.

趋于紧张,莫迪与安倍在印太战略上也互动频繁,但基于以下两个因素,日印是否会全心全意合作推动印太战略同样存疑。其一,印度自"二战"结束以后一直有不结盟的传统。直到今天,志在成为"有声有色的大国"的印度仍以不结盟运动领袖自居,在对外战略上很难与日本建立类似同盟的关系。其二,印度国内对印太战略的态度不一,呈多元化特征,其大致存在以下三种立场。(1)乐观推进论。印度应在印太视角下与美日澳等域内民主国家共同主导区域经济与安保体系的构建;中国为印度的威胁,印度应放弃传统的不结盟政策。(2)谨慎观望论。印太战略会将印度与美国、日本等国家的利益过分紧密地捆绑在一起,不利于印度外交目标的实现;为了自身国家利益,印度应审慎地决定与哪些国家进行合作。(3)内外兼顾论。印度的印太战略应兼顾印度不结盟传统、国内经济发展需要,这也基本贴近印度政府的论调。[①]因此,除了不结盟传统,印度国内反对印与日美等合作建立针对中国的排他性印太战略的思潮也不可小视。其三,莫迪政府希望借助印太战略强化与亚太国家经济合作、刺激国内经济发展的愿望较强烈。中日同为印度的重要经济合作伙伴,故信奉现实主义外交的莫迪政府会努力平衡发展印日、印中关系。因此,独立自主外交路线、国内多元化的印太立场、平衡发展与中日两国的关系等均会迫使印度对日本印太战略采取观望、有所保留的态度。

除了美印澳等国印太政策与立场的不确定性,日本印太战略立场本身也存在两面性与政策弹性。在"后安倍时代"日本尽管会继续推动印太战略,遏制中国的路线也不会有根本性变化,但在构建日中新型"竞合关系"方针的指引下,日本印太战略自身也面临调整。目前,抗击疫情、恢复经济是摆在日本政府面前的头等难题。因此,营义伟及后继的岸田文雄内阁在基础设施、数字经济、公共卫生、能源、气候等领域实

---

① 以上三种立场的相关论述参见 Priya Chacko,"India And The Indo-Pacific: Three Approaches, The Strategist",The Australian Strategic Policy Institute Blog, January 24, 2013, http://www.aspistrategist.org.au/india-and-the-indo-pacific/;神谷万丈「日本と'インド太平洋'―期待と問題点」,日本国際問題研究所編『アジア(特に南シナ海・インド洋)における安全保障秩序』,平成24年度外務省外交・安全保障調査研究事業報告書(2013年3月),第39頁。

则需要强化与中国的合作。尽管"后疫情时代"日本印太战略再度凸显对华遏制的战略属性,但鉴于两国相互依存度的不断提升,未来日本有可能再次淡化印太战略遏华色彩,回归开展中日印太第三方市场合作、有限度参与"一带一路"倡议的立场。总体而言,美日印澳四国基于各自利益可谓各怀鬼胎,各国印太战略难称一致,未来仍面临较多变数。

最后,除了以上主要国家,印太沿线中小国家对日本印太战略的立场、考量则更为多样。越南、印尼、菲律宾等东盟国家是日美等重点争取的对象,意图通过拉拢印太腹地的东盟国家"进群",进一步完善印太战略,并获得东盟国家对其未来区域国际秩序构建方案的支持。然而,东盟国家对华立场不一,即便也有平衡中国地缘政治影响力的战略诉求,但大部分成员国在印太战略方面仍然采取了谨慎态度。2019 年 6 月,东盟版印太构想正式发布,明确与日美保持了距离。东盟希望维持冷战结束以来自身在亚太事务中的中心地位,确保东盟地区论坛(ARF)、东盟防长扩大会议(ADMM+)等机制的重要作用。因此,东盟版印太构想对美日印澳凭借印太战略主导地区安全事务、秩序构建的意图予以了较强硬的回应,也使日本与东盟国家的分歧暴露无遗。

除了东盟国家以外,南太平洋岛国、印度洋沿线国家等印太中小国家更多地关注自身的生存与发展,关注能否通过与大国的合作改善基础设施、应对气候变化、打击非法犯罪、促进经济发展及提升国民福利。这些国家中,为数不少参与了"一带一路"倡议,并获得了实实在在的收益。因此,以上中小国家很难对日本印太战略给予充分回应,基本都拒绝在中国与日美间"选边站队"。

本章小结

安倍晋三 2006 年第一次执政以后,日本凭借与美印澳等战略互动、强化对外安全合作、推进印度洋外交等路径不断将政治、军事资源向印太广大地区投放,体现了日本借印太战略构建政治、军事大国,牵制中国的战略意图。

特别值得注意的是,2012 年末安倍第二次组阁以后,伴随着首相官邸在决策过程中地位的不断提升，日本构建印太战略的速度显著加快。安倍内阁在相继提出价值观外交、四国安全合作机制、"亚洲民主安全菱形"等构想后，其印太战略的骨架日渐清晰，逐步形成了以自由、民主、法律支配、基于规则、市场经济等价值观为宗旨，以经济、安全为两大支点，以高质量基础设施项目投资、对外安全合作（特别是海洋安全合作）为两大核心领域的总体框架。尤其是，日本对外安全合作成为了推动其印太战略的重要路径与动能之一。首先，安倍在杜勒斯三大"岛链"构想基础上，意图凭借与美印澳等国强化海洋安全合作，以形成对华新的战略封锁。其次，除了以上大国与中等强国，日本对印太"枢纽型"中小国家也给予了高度关注，并通过密切与相关重点国家的双多边安全合作、介入南太与东非等印太次区域安全事务，不断向更广区域投放自身政治、军事资源，完善本国印太安全布局。通过以上举措，一方面，日本希望迫使中国疲于应对，难以在东海、钓鱼岛维权中投入较多资源、减小自身地缘政治压力；另一方面，日本也着眼于印太整体，希望联手美印澳以及其他印太中小国家共同牵制中国，对冲中国日益扩大的国际影响力，迟滞中国发展的进程。

当然，也应看到，日本印太战略面临诸多挑战与不确定性。一方面，随着印太国际局势，特别是中美日三边关系的变化，日本面临着如何在中美间保持战略平衡的困境——即如何既配合美国遏制中国，又在可能范围内开展对华合作以获取收益。另一方面，日本与美印澳、东盟及其他印太中小国家围绕印太战略的立场多样，政策分歧较多，客观上也会对日本印太战略形成掣肘。需要注意的是，尽管存在以上挑战与不确定性，但从长远来看，日本仍将坚持构建印太多层次、多维度安全合作网络，以此作为遏制中国国际影响力、维护战后以来西方主导的所谓"自由开放的国际秩序"的重要抓手。以上路线也是日本印太战略最重要的特征与目标之一，并将为日本政府长期执行。

着眼于此，以印太战略为视阈，探讨日本开展对外安全合作、参与印太地区安全事务的演进、现状、路径、动因及前景遂成为一个亟需完成的研究课题。本书以下几章将围绕印太战略视阈下日本对外安全合作、参与印太地区安全事务的典型案例展开具体研究。

第三章

印太战略视阈下日澳海洋安全合作探析

在美国的众多亚太盟友中，日本与澳大利亚分别位于南北两翼，被视作美国亚太战略的"双锚"，对维持美国主导下的亚太同盟体系意义重大。冷战时期，美国视日本为遏制共产主义的"桥头堡"和"防波堤"，希望澳大利亚和日本在太平洋南北间遥相呼应，共同遏制共产主义。[1] 由于美国的推动，日澳两国也由"二战"时的敌对关系转化为间接盟友。尽管如此，由于痛苦的战争记忆，澳大利亚对日本一直有所戒惧，在很长一段时期内两国关系发展较为缓慢。冷战结束以后，由于国际格局的骤变、美国亚太战略调整等，日澳关系逐渐升温，在安全领域的合作日益密切。特别是安倍晋三推进印太战略以来，两国海洋安全合作上升势头尤甚，已成为印太地区的焦点问题之一。日本与澳大利亚均希望借助海洋安全合作，推进自身印太战略，最终实现本国对外战略目标。可以说，日澳海洋安全合作是日本在印太战略驱动下构建的最为重要的双边安全合作机制之一。

本章将以印太战略为视角，在梳理日澳海洋安全合作历史演进过程的基础上，对推进两国合作的主要动因进行剖析，并就两国合作前景作出研判。

---

[1] 屈彩云：《日澳安全关系探析》，《太平洋学报》2011年第2期。

第一节 日澳海洋安全合作的历史演进

一 日澳海洋安全合作的历程

回顾百余年的日澳关系史，可发现两国并非传统意义上的合作伙伴，反而是敌对痕迹更为深刻。自日本近代出现"南进"的对外扩张思潮以后，澳大利亚及其周边的南太平洋地区就成为了日本觊觎之地。德川幕府末年，"海外雄飞论"流行于日本，其代表人物佐藤信渊提出日本北侵、南进两大扩张方向。① 北进主要指向中国东北地区，而南进的地理范围则涵盖了现今东南亚与大洋洲的大部分区域。可以说，自佐藤"南进论"提出之日起，日本与澳大利亚就埋下了冲突的种子。其后，到"二战"前夕为止的几十年时间里，日本南进政策在副岛种臣、佐藤铁太郎、山本权兵未、加藤宽治等海权论者的倡导下日趋成熟。20世纪30年代中期，南进政策不但在日本海军内部，也在日最高统治集团内部拥有了广泛的市场。② 南进政策拥护者主张，帝国有三条生命线，第一条是中国东北，第二条是内南洋，第三条是外南洋；中国东北与内南洋已经在握，下一步该是夺占外南洋了。③ 此处，内南洋指马绍尔群岛、马里亚纳群岛与加罗林群岛；而外南洋则囊括了内南洋以外、含澳大利亚在内的广大西、南太平洋地区。"二战"爆发后，日本除了明确将澳大利亚划入"大东亚共荣圈"，还在1941年侵占了东南亚之后，与澳大利亚在新不列颠岛（今巴布亚新几内亚）的属岛腊包尔兵戎相见，使澳军遭受了重大伤亡。此外，日军于1942年、1943年对达尔文港等地进行了多次空袭，给澳大利亚普通民众留下了痛苦的战争记忆。因此，近代以来，除了英日同盟时期④，日本在理论与实践上一直将澳大利亚作为

---

① 张炜主编：《国家海上安全》，海潮出版社2008年版，第267页。
② 张炜主编：《国家海上安全》，海潮出版社2008年版，第274页。
③ 赵振愚：《太平洋战争海战史（1941—1945）》，海潮出版社1997年版，第23页。
④ 为遏制俄国的扩张，《英日同盟条约》于1902年1月30日在伦敦签订，后于1905年、1911年两次续签。1921年华盛顿会议期间在美国压力下废除，为英、美、法、日《四国公约》所取代。

侵略对象，两国关系基本以敌对为主。

"二战"结束以后，日澳都被纳入美国主导的亚太安全体系中，两国关系也完成了由敌国到间接盟友的重要转换。然而，由于历史原因，战后初期日澳关系颇为紧张。其后，由于需要共同遏制苏联，两国关系逐渐破冰，在周边安全与地区安全框架等问题上，进行了沟通与合作。[1] 20世纪六七十年代，日澳关系进一步改善，两国于1976年正式签订《友好合作基本条约》，为彼此安全合作提供了更为广阔的背景。[2] 不过，此时两国安全合作以情报交换为主，海洋安全合作尚且未正式展开。从严格意义上来看，日澳海洋安全合作发端于冷战结束以后。澳大利亚国防部副部长保罗·迪布（Paul Dibb）于1990年3月访日、同年5月日本防卫厅长官石川要三回访成为两国加强政治、安全关系的明显信号。[3] 1996年2月，日澳举行了首次"政治与军事对话"会议，并确定其为年度磋商机制，推动双边关系向合作化、机制化方向迈进。[4] 2002年日本首相小泉纯一郎访澳，两国宣布将建立"创新型伙伴关系"，明确了两国将进一步促进反恐、海洋等领域的安全合作。应当说，冷战结束后至21世纪初，在数次高官互访的推动下，日澳海洋安全合作逐步展开。然而，日澳初始阶段的合作尚存在以下两个问题：其一，这一时期两国海洋安全多为配合两国东帝汶维和、陆上打击恐怖主义的需要，合作深度与广度都较为有限；其二，除了"政治与军事对话"会议，两国间缺乏专门的安全合作机制，这也抑制了日澳海洋安全合作的进一步发展。

二 日本印太战略构建以来日澳海洋安全合作的若干进展

2006年安倍上台后，日本国家战略视阈逐步由亚太扩展至印太地区，日本印太战略也由此开始酝酿、构建。自日本构建印太战略以来，日澳海洋安全合作迎来了快速发展期。其标志在于，日澳于2007年3月签署了《日澳安全保障共同宣言》（以下简称《宣言》），这也是日本战

---

[1] 屈彩云：《日澳安全关系探析》，《太平洋学报》2011年第2期。
[2] 屈彩云：《日澳安全关系探析》，《太平洋学报》2011年第2期。
[3] 王海滨：《日澳安全合作：走向战略同盟？》，《社会科学文摘》2010年第7期。
[4] 王海滨：《日澳安全合作：走向战略同盟？》，《社会科学文摘》2010年第7期。

后与美国以外的国家签署的首个安保宣言,对日澳海洋安全合作的深化具有重要推动作用。该宣言提出,日澳应在美日澳三边以及东盟地区论坛(ARF)、东亚峰会(EAS)等多边框架下强化安全合作;强调两国应强化技术、情报交流,建立外交与国防部长、实务对话机制;在具体合作领域中,明确了海洋安全等为两国重点合作领域。[①]《宣言》的出台,主要有以下意义。首先,将海洋安全升格为日澳重点安全合作领域,为两国深化合作确定了政治基础;其次,从《宣言》的表述可发现,在强调美日澳三边及其他亚太多边机制的同时,凸显了日澳双边合作的独立性与重要性,表明了两国在彼此印太战略中的地位显著上升;最后,《宣言》在安全合作机制建设、合作领域上有清晰的规划,指明了日澳双边合作的具体路径。《宣言》出台十年来,日澳海洋安全合作取得了长足进展,主要体现于以下三个方面。

(一)安全合作机制逐步完善

2007年《宣言》签订后,日澳间安全合作机制相继构建、逐步完善,目前大体由首脑互访机制、"外长+防长"定期会晤机制(以下简称"2+2"会晤机制)、实务机制三个层级组成。三个层级中,首脑互访主要为两国安全合作进行顶层设计,创造外部环境;处于中间层级的"2+2"会晤机制则负责两国安全政策协调与合作路径规划,在两国安全合作进程中发挥着中坚作用;而各实务机制承担具体政策落实与执行工作。

首先,各类安全合作机制的建立,有利于日澳就海洋安全的信息与政策进行经常性沟通,协调两国在东海、南海、印度洋等印太核心海洋安全事务中的立场。表3-1以"2+2"会晤机制为对象,对2012—2017年[②]该机制联合声明中关于南海、东海等问题的立场表述情况进行了归纳与梳理。从中可发现,2012年南海局势骤然紧张后,日澳通过历

---

① 参见日本外务省「安全保障協力に関する日豪共同宣言」、2007年3月13日、日本外务省网站(http://www.mofa.go.jp/mofaj/area/australia/visit/0703_ks.html)。

② 选择2012—2017年为区间的原因在于,这一时期南海与东海争端较为激烈,最能反映日澳的政策协调情况。而2017年以后,南海与东海(特别是南海)局势相对缓和,两国的重点议题也由此发生变化。

届"2+2"会晤机制,有效地统一了两国在东海、南海问题上对华围堵的政策立场。综合四次会晤的立场表述内容,大体有以下几大要点:强调国际法对解决海洋争端的绝对主导地位,并敦促中国接受南海仲裁案裁决结果;强调以和平手段解决争端的重要性;强调南海航行与飞越自由不可侵犯等。对比安倍在2014年的香格里拉对话(即亚洲安全峰会)中提出的海洋法治三原则,即"国家应基于国际法主张自我诉求""不得以行使武力或武力威慑实现本国诉求""应以和平手段解决国际争端",[①]后可发现,日澳声明与安倍主张具有明显一致性。因此,日澳"2+2"会晤机制在很大程度上贯彻了日本以国际法为名对中国进行道德绑架的立场,而澳大利亚企图借机介入东海、南海问题的意图也在历次会晤中展露无遗。

其次,安全合作机制也有利于减少日澳间安全合作的疑虑。两国作为曾经的"二战"敌对国,澳大利亚从官方到民间对与日本的海洋安全合作仍存在一定的疑虑。各类安全机制为日澳彼此提供了一个较完备的安全战略对话平台,为两国增信释疑、减少误判创造了条件。

最后,安全合作机制也为推进两国合作勾勒了清晰的路径。近年来,日澳在海洋军事技术与装备、海军等具体海洋安全领域的合作项目都是通过各层级安全机制的反复磋商才得以落地。

表3-1　　历届日澳"2+2"会晤机制对南海、东海等
问题的立场表述情况(2012—2017年)

	日澳参与阁僚	立场表述情况
第4次"2+2"会晤机制(2012年9月)	玄叶光一郎、森本敏;卡尔、史密斯(分别为时任两国外长、防长,下同)	日澳两国要共同保障亚太地区航行自由、合法通商不受妨碍;南海及其他区域的争端以包括联合国海洋法公约在内的国际法为依据和平解决

---

① 日本外務省「第13回アジア安全保障会議(シャングリラ・ダイアローグ)安倍内閣総理大臣の基調講演」、2014年5月30日、日本外務省網站(http://www.mofa.go.jp/mofaj/fp/nsp/page4_000496.html)。

续表

	日澳参与阁僚	立场表述情况
第5次"2+2"会晤机制（2014年6月）	岸田文雄，小野寺五典；毕晓普，约翰斯顿	强调以国际法为准绳，区域和平稳定、自由贸易及公海航行与飞越自由；反对单方面凭借武力或使用强制性手段改变东海、南海现状，要求和平解决争端；强调南海争端各方为防止局势更为紧张需克制自身行动；呼吁东盟、中国等早日出台行之有效的南海行为规范等
第6次"2+2"会晤机制（2015年11月）	岸田文雄，中谷元；毕晓普，佩恩	强调反对任何威慑或单方面改变东海、南海现状的行动；要求所有南海争端当事方停止大规模填海造岛、将各类海中地物用于军事目的；呼吁所有当事国保持克制，依据国际法相关准则维持南海航行与飞越自由，各方应通过国际仲裁和平解决争端
第7次"2+2"会晤机制（2017年4月）	岸田文雄，稻田朋美；毕晓普，佩恩	日澳除了对南海局势"表示担忧"，再次要求中国保持克制，并反对任何单方面行动；再次确认了此前2015年首脑会晤中所达成的"反对将各类海中地物用于军事目的"；南海行为规范（COC）应基于国际海洋法公约等国际条约、南海仲裁案结果制定等

资料来源：作者依据日本外务省、防卫省公开资料制表。

（二）海洋军事技术与装备合作不断深化

除了安全机制的构建与完善，2007年以后日澳两国在海洋军事技术与装备上的合作发展迅速，成为了两国合作的亮点。日本拥有世界上规模最为庞大、技术最为先进的海上扫雷编队，在反潜技术、潜艇制造能力上也处于世界顶尖水平。而以上这些技术与装备是澳大利亚海军较为欠缺且迫切需要的，这为两国合作奠定了基础。日本不仅意图通过海洋军事技术与装备合作密切与澳大利亚的安全关系，也希望借机为本国各大军火商牟取暴利，将澳培育为重要的武器出口市场。

为了名正言顺地达到以上目的，日本政府可谓煞费苦心。首先，安倍内阁以维护国际和平与安全为幌子，在法律上一步步为武器出口解禁，客观上为日澳合作扫清了障碍。2011年，日本出台《防卫装备物品转让标准》，日本武器出口限制明显减少。为了进一步为武器出口松绑，日本于 2014 年 4 月内阁决议通过了"防卫装备转让三原则",以替代原有的"武器出口三原则"。安倍内阁声称,日本作为国际政治经济的重要参与者之一,应基于积极和平主义的立场,为日本、亚太乃至国际社会的安定繁荣贡献更大力量。① 同年 5 月 9 日,日本加入了限制常规武器交易的国际准则《武器贸易条约》(ATT),以此向海内外宣告日本正式进入防卫装备国际市场。② 其次,就日澳合作具体项目而言,潜艇装备与技术的转让、共同研究可谓是绝对的重心。其原因在于,日本"苍龙"级常规潜艇的静音和探测技术世界领先,而潜艇一直是澳海洋安全战略的重要依托,双方在这一领域形成了潜在的供需关系。2014 年 6 月 11 日,在日澳第 5 次"2+2"会晤机制发表的双边文件中,明确了日澳在防卫装备技术转移方面达成共识,并就两国在船舶流体力学领域展开共同研究的相关准备事宜进行了磋商。③ 尽管在 2016 年 4 月,澳大利亚最终宣布法国为潜艇竞标获胜方,但日澳装备合作的法律基础依然存在④,包括潜艇在内的各项合作仍然会持续。

除了潜艇,海洋救灾、运输、预警、监控、扫雷等也是日澳技术与装备合作的重点领域。特别是海洋监控相关技术与装备尤其为澳所看重,澳在《亚洲世纪中的澳大利亚》白皮书中曾指出日本太空技术全球领先,在太空获得的地面观测情报可有效应用于监控海盗犯罪、非法捕鱼、海洋环境等方面,未来应强化澳日在这一领域的情报共享等技术合作。⑤ 据悉,澳大利亚已开始尝试在南太平洋地区推进海域态势感知等活动⑥,

---

① 日本防衛省「防衛装備移転三原則」、2014 年 4 月 1 日、日本防衛省网站(http://www.mod.go.jp/j/press/news/2014/04/01a_1.pdf)。
② 环球网:《日本将向友好国家积极转让设备摸索武器出口》,2014 年 5 月 14 日,环球网(http://mil.huanqiu.com/world/2014-05/4994971.html)。
③ 日本防衛省「第 5 回日豪外務・防衛閣僚協議(「2+2」)」、2014 年 6 月 11 日、日本防衛省网站(http://www.mod.go.jp/j/press/youjin/2014/06/11a_gaiyou.pdf)。
④ 刘卿:《日澳关系新发展及限制性因素》,《国际问题研究》2016 年第 5 期。
⑤ 参见ウィリアム・タウ、吉崎知典编『日本防衛省防衛研究所—オーストラリア国立大学共同研究報告「ハグ・アンド・スポークを超えて日豪安全保障協力」』(2014 年 3 月),第 47 頁。
⑥ See Jeffrey Hornung, "The potential of the QUADrilateral", CSIS, February 21, 2018, https://amti.csis.org/the-potential-of-the-QUADrilateral/.

这势必为其与日本的合作打下坚实基础。而依据日本首相官邸海洋政策本部公布的资料，日本自2013年开始将构筑本国海域态势感知体系，使其作为海洋安全战略的重要一环。2015年日本已开始整合国内资源对此进行全面实施，并计划与国际社会在情报共享、海洋观测与调查等领域强化合作。① 因此，可以预见，尽管日澳在印太海域态势感知方面的技术与装备合作尚处于起步阶段，但未来几年内将具备较大的合作潜力。

(三) 海军合作日趋密切、配套机制不断完善

日澳海军在印太的合作尤为引人注目。首先，日澳海军的功能性合作发展迅速。日澳两国在联合国东帝汶与柬埔寨等维和行动、印尼苏门答腊岛海啸救灾活动中积累了较丰富的合作经验。为了进一步促进双边安全合作，日本继与美国1996年签订《物品劳务相互提供协定》（ACSA）后，在2010年5月与澳大利亚也签订了此项协定。依据该协定，日本自卫队与澳大利亚国防军在承担共同训练、联合国维和行动、撤侨、救灾、人道主义援助等任务时将相互提供食品、饮用水、住所、交通工具、燃料、卫生用品等后勤保障服务。在2017年4月举行了日澳第7次外长、防长"2+2"对话后，两国表示为了提升两国合作水平，将尽可能在2017年升级ACSA。2017年1月，日本首相安倍晋三与澳大利亚总理特恩布尔签署了修订版的ACSA，进一步对其予以完善。ACSA的签署与升级意味着日澳海军在海上共同训练、救灾、人道主义援助中的协同配合、后勤补给能力获得大幅增强，为未来进一步深化两国海军合作提供了保障。除了ACSA，日澳于2020年11月达成签署《互惠准入协定》（RAA）意向。2022年1月，日本首相岸田文雄和澳大利亚总理莫里森正式签署RAA，将产生如下两方面的重要意义。一方面，RAA将进一步确定两国部队互访、联合演习的行政和法律程序，使得双方武装力量可以共同训练为目的进入对方国家而不需要审查，将大大简化两国军队在对方国家举行军事演习的政府审批手续；另一方面，RAA将使两国共同

---

① 日本首相官邸「我が国の海洋状況把握の能力強化に向けた取組の概要」、2016年、日本首相官邸网站（http://www.kantei.go.jp/jp/singi/kaiyou/dai15/shiryou1_1.pdf）。

训练的军种从目前的海上、空中力量进一步向陆上部队拓展,实现全军种的防务合作。① 因此,RAA 将进一步提升日澳防务合作机制化水平,有力强化两国间军力部署、驻军管理及各军种配合作战能力。RAA 是日本自 20 世纪 60 年代签署《驻日美军地位协定》后的首份类似协定,标志着日澳安保"准盟国"关系基本得以奠定。

其次,2007 年以后,日澳在印太共同参与的海上军演、联合训练密度不断加大。表 3-2 对 2007 年以来两国共同参与的印太多边海上演习、训练情况进行了简要归纳,从中大致可得到以下信息。第一,从参加国来看,基本上以美日澳三国为主体,而其他国家则多为美国亚太盟友或所谓伙伴关系国家(如印度、印尼等),体现了日澳安全合作并未完全独立于美日澳三边合作,美国意志对日澳海军合作走向仍有着重要影响。第二,多边海上演习、训练的对华遏制取向明显。以最具代表性的美日澳三国联合海上演习为例,自 2007 年开始该演习每年举行,已步入常态化。除了频率上升,三国演习海域的变化也颇令人玩味。2007—2010 年美日澳演习海域集中于日本九州西部以及冲绳近海海域,而 2011 年却首次在南海文莱海域举行。此后 2012—2015 年移师九州以东太平洋、关岛附近等海域,但 2016 年 4 月再次在南海进行联合军演。由演习海域的演变大致可以判断,美日澳联合军演地点基本选定彼时印太热点海域,具有明显的战略威慑目的。如初始阶段,美日澳主要意图在东海划界、钓鱼岛问题上挑衅中国。随着中国海洋强国战略加速推进、南海争端日益升级,美日澳演习地点开始转向第一、第二岛链与南海海域。尽管美日澳三国均声称演习不针对中国,但无疑是欲盖弥彰。第三,合作领域日趋细化,重在提高协同与实战能力。由表 3-2 可发现,多边演习、训练涉及反潜作战、反水面作战、扫雷、海上目标搜索、救援、海上通信等各方面,且多不预先设置演习计划,重在强化各国面对海上突发情况的协同与实战能力。

---

① 凌云志:《日澳欲签〈互惠准入协定〉,离军事同盟还有多远》,2020 年 11 月 29 日,澎湃新闻(https://www.thepaper.cn/newsDetail_forward_10184361)。

表3-2　　2007年以来日澳共同参与的多边海上演习与训练

海上演习（训练）名称与实施年份	主要内容	主要参加国
美日澳三国联合海上演习（2007年至今）	美、日、澳三国海军（海上自卫队）进行反潜作战、反水面作战，意在提高三国海上战术能力、增进相互了解	美、日、澳
西太平洋潜艇救援演习（2007年、2010年、2013年、2016年）	利用潜艇救生艇模拟救助沉没潜艇船员，意在强化各国潜艇救援技术以及多国协同能力	美、日、澳、韩、新加坡等
西太平洋海上扫雷训练（2008年、2010年、2012年、2014年）	在西太平洋海军论坛（WPNS）主导下，各国在指定海域由扫雷舰、潜水员进行扫雷训练	美、日、澳、印、印尼、韩、新加坡等
《防扩散安全倡议》（PSI）海上演习（2007年至今）	模拟在海、陆、空各区域阻止大规模破坏性武器的走私与扩散，强化各国合作水平	美、日、澳、韩、加、法、新西兰等
西太平洋海军论坛（WPNS）多国海上训练（2007年、2009年、2011年、2013年、2015年、2017年）	海上目标搜索、救援能力训练	美、日、澳、中、泰、新西兰、孟加拉国等
"卡卡杜"多边海上军事演习（2010年、2012年、2014年、2016年、2018年）	反潜作战、反水面作战、海上通信能力训练，强化协同作战能力	美、日、澳、泰、新西兰、新加坡、文莱、印尼、马来西亚等
"马拉巴尔"联合军演（2020年）	反潜作战、防空演习、反水面作战、武器射击等	美、日、印、澳

资料来源：作者依据日本防卫省相关资料制表。

第二节　日澳海洋安全合作发展的动因

日澳海洋安全合作起步于冷战结束以后，在日澳相继实施印太战略以后取得了重要进展，已成为日澳最具代表性的合作领域之一。日澳海洋安全合作之所以能从无到有、取得进展，既来自于外部压力，也源于两国自身海洋战略的高度一致。罗伯特·阿克塞尔罗德（Robert Axelrod）曾对国际合作产生原因提出过经典论述：国际关系中各个角色的利益并非完全对抗，能否达成合作的决定因素在于如何使不同角色相信，他们能从合作中达到互利目的。① 日澳接近的关键同样在于，两国认同通过海洋安全合作彼此都可获益。

一　亚太安全架构变革催生了日澳海洋安全合作

日澳两国接近、深化海洋安全合作的直接动因来自于美国在印太地区权力转移背景下，对旧有亚太安全架构的变革。战后，美国在亚太地区与日本、韩国、菲律宾、澳大利亚等同盟国建立了多个双边军事同盟，形成了著名的"轴辐体系"（hub-and-spoke system）——即美国为"轮轴"，各同盟国为"辐条"的安全架构。第二章已对"轴辐体系"的变革对日本印太战略的影响进行过阐述，日澳安全合作同样与该体系的转变息息相关。

在"轴辐体系"的架构下，美国多年来对盟国承担了较多的防卫义务，为确立战后亚太安全格局、遏制苏联的扩张起到了重要作用。然而，冷战结束以后"轴辐体系"缺失日渐明显。首先，印太地区权力转移加速，作为体系中枢的美国国力相对下降，已无法独力承担各盟国防卫任务，任由盟国在安全事务上"搭便车"。其次，伴随着中国的发展，中国已代替苏联成为了美国新的遏制对象。随着美国战略目标的改变，旧有的体系已显得不合时宜，对其进行一定程度的改造势在必行。最后，在"轴辐体系"内部，美国各盟国作为彼此间接盟友，却鲜有安全合作，抑制了体系整体效力。因此，为了应对印太安全形势、减轻自身防卫负担，近十几年来美国着手变革"轴辐体系"，在鼓励各盟国间进行双边合作的同时，也积极构建以美日韩、美日澳、美日菲、美日印合作为代表的三边或"少边"安全合作框架。② 受美国政策调整影响，"轴辐体系"出现网络化的发展态势，即盟国之间的安全合作机制化，横向联系大幅加强，美国与盟国、盟国与盟国、盟国与伙伴关系国之间开展小

---

① Robert Axelrod, *The Evolution of Cooperation*, New York: Basic Books, 1984, Preface.
② 信强：《"次轴心"：日本在美国亚太安全布局中的角色转换》，《世界经济与政治》2014年第4期。

多边合作，使得单线联系的"轴辐体系"变得纵横交错，交织成网。①尽管特朗普时期，美国与盟国产生诸多矛盾，但以上趋势基本得以延续，并可望在拜登时代得到进一步加强。

日澳作为美国亚太地区最为重要的两大盟友，需在国家安全战略上率先对美予以呼应，强化彼此包括海洋安全在内的全方位安全合作关系。此外，在亚太安全架构变革的大背景下，日澳也有各自的小算盘。日本意图借分担美国安全压力为名，在亚太乃至印太安全事务中发挥更为重要的作用，实现遏制中国、构建政治、军事大国的战略目标。就具体路径而言，日本在国内大肆炒作"中国威胁论"的同时，急需拉拢印太地区大国、中等强国以增加对华遏制的砝码。相较于历史与现实矛盾众多、龃龉不断的俄、韩等国，澳大利亚、印度等国无疑是较理想的合作伙伴。而随着亚太乃至印太地区安全形势的变化，国力日趋增强的澳大利亚也加紧了对海洋安全战略的调整，即不仅要维护其地缘政治和经济利益，而且要充当地区性海上领导力量。②为达到这一战略目标，澳大利亚一方面着力建设强大海军，意图成为海上强国；另一方面开展广泛的海上安全合作，除了美国，也积极强化与日本等其他国家的海洋安全合作关系，以取得作战经验，扩大自身的国际影响。③因此，美国对亚太安全架构的调整，一方面加速了日澳的接近，另一方面则在安全事务上给予了日澳更多自主活动空间，催生了日澳在海洋安全领域的合作。

二 海洋国家联盟构想间接推动了日澳海洋安全合作

如果说亚太安全架构变革直接催生了日澳在印太的海洋安全合作，那么由海权论派生的日本海洋国家联盟构想则间接推动了两国合作。以马汉为代表的海权论者认为，海洋国家一直面临来自大陆国家的挑战，故其在安全战略上提出了以下主张：海洋国家面临位于欧亚大陆心脏地带强国的挑战；海洋国家应该结成联盟；海洋国家应该在欧亚大陆的边

---

① 孙茹：《美国亚太同盟体系的网络化及前景》，《国际问题研究》2012年第4期。
② 刘新华：《澳大利亚海洋安全战略研究》，《国际安全研究》2015年第2期。
③ 刘新华：《澳大利亚海洋安全战略研究》，《国际安全研究》2015年第2期。

缘地带建立一个战略包围圈。①

海权论的提出对近现代日本国家战略产生了巨大的影响。战前，佐藤铁太郎、山本权兵未、加藤宽治等人将海权论作为对外扩张的理论依据。"二战"结束以后，日本诸多学界精英则依据海权论，刻意导入"海洋国家"和"大陆国家"的概念范畴，蓄意将海洋国家、大陆国家分别与民主国家和专制国家划等号，在国家身份定位上刻意强调日本作为"海洋国家"与"大陆国家"苏联（俄罗斯）、中国在权利诉求上的特异性，从而虚构出海洋国家与大陆国家这两类国家之间产生对抗乃至于冲突的必然性。② 自民党安全保障调查会在1966年发布的《日本的安全与防卫》报告中，就本国海洋安全战略提出，日本作为一个海洋国家决不可背离海洋圈，只要日本身处海洋圈内，即使与大陆国家为敌也能确保国家安全。③ 而日本防卫大学教授平坚洋一认为，"两次世界大战和冷战都可以看作是海洋国家对大陆国家的胜利，而近代历史告诉我们，日本自'黑船事件'开始，每当与海洋国家合作时就走向繁荣，而与大陆国家结交时就陷入苦难"，"因此当今日本的生存之道在于要和海洋国家一起维护自由贸易和海上交通安全，建立多层次的相互依存关系。"④ 与平坚类似，日本著名海洋问题专家星山隆也持有类似观点。他曾撰文表示"海洋国家从本质上都具有同盟取向。在历史上，海洋国家之所以能对大陆国家维持海上霸权，无一例外都在于其拥有同盟国。日本既然具有海洋国家的脆弱性、在东亚难以独力维护本国安全，理所应当通过与别国联合来确保本国安全。"⑤

---

① 廉德瑰：《略论日本"海洋派"的对外战略思想》，《日本学刊》2012年第1期。
② 刘潇湘：《安倍价值观外交的海权向度解构》，《东北亚论坛》2016年第3期。
③ 自民党安全保障调查会编『日本の安全防衞』，原书房1966年版，第806页，转引自张炜主编《国家海上安全》，海潮出版社2008年版，第284页。
④ 平间洋一「日本の選択：海洋地政学の教訓」，1997年、日本财团网站（http://nippon.zaidan.info/seikabutsu/1997/00560/contents/049.htm），转引自张炜主编《国家海上安全》，海潮出版社2008年版，第290页。
⑤ 星山隆「海洋国家日本の安全保障——21世紀の日本の国家像を求めて」，『世界平和研究所研究レポート』2006年10月号。

因此，自战后初期以来，众多日本学者以海权论为依托，呼吁日本与其他海洋国家建立联盟的思潮日盛，并在中国迅速发展的背景下达到了顶峰。更为重要的是，近十几年以来这一思潮超越了学界，深刻影响了以安倍晋三、麻生太郎为代表的中生代政治家，并逐渐成为近年来日本印太战略重要的理论来源与行动指针之一。安倍等以价值观外交①、海洋国家联盟作为构建印太战略的重要手段与步骤，在稳固、强化美日同盟的基础上，极力拉拢澳、印等国，意图构建围堵中国的安全合作网。2006年9月，安倍在第一次组阁后不久的首相演讲中即表示，日本作为亚洲民主国家，为了将自由社会的范围扩展到亚洲乃至世界，需与澳大利亚、印度等拥有共同价值观的国家首脑举行战略对话。②而安倍在2012年末第二次组阁后则更进一步，提出美日澳印四国"亚洲民主安全菱形"构想，公开希望加强日本与美印澳的安全合作，形成一个菱形结构，共同抗衡实力日渐增强的中国。③"民主安全菱形"借"民主"等价值观之名，清晰地勾勒了安倍海洋国家联盟构想的骨架与内核。

在推行价值观外交进程中，安倍一直将澳大利亚作为实施重心之一，并取得了一定进展。日澳多个重要双边文件，如2007年的《宣言》、2012年日澳第四次"2+2"会晤机制所发布的《日本与澳大利亚：为了和平与稳定的合作》、2015年日澳《特殊战略伙伴关系的下一步：亚洲、太平洋与未来》的首脑共同声明等，无一例外地明确提出日本与澳大利亚拥有民主、法制、人权与开放市场等共同价值观，是天然战

---

① 时任副首相的麻生太郎及内阁官房顾问谷内正太郎是"价值观外交"的总设计师。麻生把价值观定义为"民主主义、自由、人权、法制和市场经济"。麻生认为，推行外交政策时重视这些普遍价值，就是"价值观外交"，他主张在此基础上建立一条由"欧亚大陆成长起来的新型民主主义国家"构成的"自由与繁荣之弧"。价值观外交在安倍组阁后被广泛运用，成为安倍密切与相关国家关系、构建遏制中国的海洋国家联盟的重要路径与政治外衣。参见廉德瑰《地缘政治与安倍的价值观外交》，《日本学刊》2013年第2期。
② 日本首相官邸「第165回国会における安倍内閣総理大臣所信表明演説」、2006年9月29日、日本首相官邸网站（http://www.kantei.go.jp/jp/abespeech/2006/09/29syosin.html）。
③ 中新网：《日媒：安倍欲拉美澳印编织"菱形中国包围网"》，2015年4月3日，中新网（http://www.chinanews.com/mil/2015/04-03/7184109.shtml）。

略伙伴。① 而在澳大利亚主要官方文本中，除了言及两国"共同利益"，也多次强调了与日本具有共同"价值观"，明显有迎合安倍价值观外交的取向。澳大利亚前总理吉拉德（Julia Gillard）在《亚洲世纪中的澳大利亚》白皮书中提出，"日澳两国同作为美国盟国，有诸多共同利益与价值观，这反映在以三国（美日澳）战略对话为首的各种部长级、高官级、实务层次的对话机制中。在未来数十年中，澳大利亚与日本的关系对构筑地区可持续性安全的重要性会不断提高。"②

当然，价值观外交只是表象，建立海洋国家联盟以形成对华安全合作网才是安倍内阁的根本目标。而为了达到这一目标，日澳海洋安全合作的重要性得以凸显。一方面，日本需以加强海洋安全合作等作为手段密切日澳关系。彼时澳大利亚阿博特（Tony Abbott）政府虽明确对安倍价值观外交进行了回应，但顾忌中国的反应，对日本海洋国家联盟构想一直犹豫不决，态度较为消极。日本希望借助海洋安全合作进一步提升两国关系层次，扩大共同利益，以争取早日获得澳的支持。另一方面，日本为了配合美国巩固美日印澳四国安全合作机制，分别加强与澳、印等国的海洋安全合作，以日澳、日印双边以及美日澳、美日印、美日印澳等小多边海洋安全合作机制遏制中国也是当下日本一个较重要的战略抉择。因此，海洋国家联盟的构想从侧面推动了日澳海洋安全合作。后者既是实现前者的重要路径，也是前者题中应有之义。

三 日澳印太战略的启动直接深化了彼此海洋安全合作

应当说，海洋国家联盟构想是日本印太战略构建阶段的重要折射与

---

① 参见日本外务省「安全保障協力に関する日豪共同宣言」、2007年3月13日、日本外务省网站（http://www.mofa.go.jp/mofaj/area/australia/visit/0703_ks.html）；日本外务省「日本とオーストラリア：平和と安定のための協力共通のビジョンと目標」、2012年9月、日本外务省网站（http://www.mofa.go.jp/mofaj/area/australia/2plus2/pdfs/1209_gai.pdf）；日本外务省「安倍総理大臣とターンブル豪首相共同声明—特別な戦略的パートナーシップの次なる歩み：アジア，太平洋，そしてその先へ—」、2015年12月18日、日本外务省网站（http://www.mofa.go.jp/mofaj/files/000120556.pdf）。

② Australian Government, "Australia in the Asian Century", p. 231, October 2012, http://www.eastasiaforum.org/wp-content/uploads/2014/04/australia-in-the-asian-century-white-paper.pdf.

具体体现。随着日澳彼此印太战略不断明晰、正式成型,海洋国家联盟构想最终成为了印太战略的组成部分之一,而当下美日印澳四国安全合作机制即是这一构想的重要投射。在 2012 年以后,实施印太战略成为日澳强化海洋安全合作的最强动力,其直接深化了日澳海洋安全合作。

随着日澳相继树起印太战略的大旗,两国在对外战略上产生了诸多重合之处。应当说,日澳在传统地缘政治中都属于典型的亚太国家。然而,近年来两国纷纷提出印太战略,意图冲破亚太的地理束缚,更多地参与印度洋事务,实现各自战略目标。在时任日本首相安倍晋三看来,印度洋、太平洋"两洋交汇"相连接,与日本"自由与繁荣之弧"相吻合,将印度洋和太平洋整合于"自由开放的印度洋太平洋战略"框架下,正好与日本的海上通道叠加,也是日本海洋国际战略的侧重点。[1]因此,自安倍 2006 年组阁伊始,便开始着手实行印太战略,力图将本国政治、军事势力自西太平洋投放至印度洋,在牵制中国的同时,助力日本大国梦想的实现。而澳大利亚作为横跨印太两洋的中等强国,近年来渴望凭借先天地缘优势,在印太两大区域左右逢源,提升本国国际地位。因此,澳从官方到民间对印太概念都极为热衷,频频炒作。澳在 2016 年《防卫白皮书》中将本国战略防卫框架明确为三大层次——澳本土及临近的海上通道安全;与澳相邻的巴布亚新几内亚、东帝汶、东南亚海域及南太平洋区域安全;印太区域的稳定与基于规则基础上的全球秩序。[2]对于第三层次,澳尤其给予了高度重视,指出本国大部分贸易活动集中于印太区域,其是否稳定对维持本国国家安全与经济繁荣具有至关重要的意义。[3]

可以说,日澳国家战略从亚太到印太的升级拓宽了两国共同利益范围,进一步深化了两国海洋安全合作。具体而言,以实施印太战略为契

---

[1] 吕耀东:《从内罗毕宣言看日本在非洲利益的深化及其战略意图》,《西亚非洲》2016 年第 6 期。

[2] Australian Government Department of Defense, "2016 Defence White Paper", p. 68, February 25, 2016, http://www.defence.gov.au/WhitePaper/Docs/2016-Defence-White-Paper.pdf.

[3] Australian Government Department of Defense, "2016 Defence White Paper", p. 39, February 25, 2016, http://www.defence.gov.au/WhitePaper/Docs/2016-Defence-White-Paper.pdf.

机,两国在以下领域的海洋安全合作获得了推动。其一,维护印太海上通道安全。自东亚各国经东南亚海域至印度洋的海上通道,不仅是印太区域的基轴,也是日澳两国的海上生命线。然而,沿线传统与非传统安全威胁日益加大,除了海上武装冲突风险日趋上升,还面临着海洋犯罪、海洋环境以及海洋灾害等各类非传统安全问题。在应对海上通道安全方面,日澳存在较强的互补性。日本不仅在打击海盗、人道救援、海上救灾等非传统安全领域经验丰富,而且拥有世界上规模最为庞大、技术最为先进的海上扫雷编队与反潜驱逐舰。而澳大利亚则具备明显的地缘优势,在东印度洋沿岸遍布港口、机场,向印度洋腹地进行辐射的能力较强。因此,两国存在着明显的战略互补。澳大利亚期望与日本进行各类装备、技术、人员培训等方面的合作,以便更有效地应对印太海洋事务。而日本在维护印太沿线海上通道安全的过程中,往返印、太两洋的军事补给、后勤保障问题已成为其一块心病,这也逐渐成为日本进一步扩大自身军事、政治影响力的掣肘。日本虽于2011年6月在吉布提开设首个海外军事基地,但由于距离本土过于遥远,其一直在印太海上通道沿线寻找新的补给基地。与澳大利亚合作将便于日本自卫队在澳印度洋、南太平洋港口与军事基地获得有效补给,将对其在印度洋的活动起到重要支撑作用。

其二,作为一个印度洋域外国家,日本也需借助印度洋沿岸各国,特别是澳大利亚、印度等主要国家的协作才可望更深入地介入印度洋事务,这也倒逼了日本加速深化与澳、印的海洋安全合作。对于印度洋沿岸中小国家,如第二章所述,日本政府展开了"印度洋外交"攻势。而对澳、印等国,日本则投入了更多的资源,以期在参与印度洋事务上获得对方的支持。特别是,日本为了进一步扩大在环印度洋区域合作联盟(IOR-ARC)、印度洋海军论坛(Indian Ocean Naval Symposium,简称IONS)等印度洋代表性安全机制中的影响、增加对印度洋事务的话语权,需要与机制核心成员国澳、印等强化合作,以获得对方的协作。因此,近年来日本着力推动与澳、印在各大领域,特别是海洋安全事务中的合作。一个最明显的佐证在于,澳、印两国是日本继美国后,第一、第二个签订安保联合宣言的国家,这在冷战后的日本外交中是罕见的。

第三节　日澳海洋安全合作的前景

总体而言，2007年以来，在日本印太战略酝酿、实施的大背景下，日澳海洋安全合作机制日趋成熟，在一些重点领域（军事技术与装备、海军联合演习与训练）的合作也取得了较大进展，逐渐成为美国亚太盟国间安全合作的典范。究其原因，除了美国主导的旧有亚太安全架构发生调整等外部因素，日本印太战略的前身——海洋国家联盟构想、日澳印太战略的正式实施也从侧面起到了重要推动作用。

然而，也应该看到，日澳海洋安全合作的前景并非坦途，存在一定变数，本书第二章对此已有所分析。不难发现，相较于日本，澳大利亚在合作立场上具有一定的摇摆，其原因主要有以下两点。首先，最重要的原因在于，作为一个体量有限的中等国家，澳与东盟部分国家、韩国等一样面临着在经济上日益仰仗中国、在国家安全上严重依赖美国的现状，在国家对外战略的选择上处于较矛盾的状态。

一方面，美国因素仍是澳安全政策的起点。长期以来，澳大利亚的安全政策都以跟随美国为基础，这种强烈的依附性既是传统结盟政策的延续，又是一种由地缘劣势带来的自助反应。[1] 澳大利亚拥有漫长的海岸线，且国土四周缺乏缓冲地带，极易遭受来自海洋的攻击，仅凭自身有限的军事实力难以保证广袤领土的安全。[2] 澳政府曾公开表态"如果排除美国，我国在'印太'地区所追求的安全与稳定水平是断难实现的。美国对盟友、伙伴国承诺了会继续强化彼此合作"。[3] 因此，作为美国的传统盟国，澳在国家安全战略上仍会继续以美澳同盟关系为基轴，配合美国对旧有亚太安全架构的改造。美国为了减轻自身的亚太安全压

---

[1] 肖洋：《一个"中等强国"的战略空间拓展——"印太战略弧"视阈下的澳大利亚战略安全重构》，《太平洋学报》2014年第1期。

[2] 肖洋：《一个"中等强国"的战略空间拓展——"印太战略弧"视阈下的澳大利亚战略安全重构》，《太平洋学报》2014年第1期。

[3] Australian Government Department of Defense, "2016 Defence White Paper", p.42, February 25, 2016, http://www.defence.gov.au/WhitePaper/Docs/2016-Defence-White-Paper.pdf.

力、增加遏制中国的砝码，力图将日本扶持为"轴辐体系"的次轴心国家[1]，对日澳合作自然乐观其成。除了美国因素，日本在澳大利亚对外战略中也具有举足轻重的地位。因此，澳大利亚对日澳海洋安全合作给予了相当程度的重视，希望在通过安全机制建设、密切具体安全领域的合作等举措呼应美国的同时，借助日本扩大在亚太事务中的话语权，为本国印太战略的推进蓄力。而拜登在上台后，逐步回归到奥巴马时代的外交路线，修复与日澳等盟国的关系，强化美国与盟国、伙伴关系国之间的双多边合作成为美国新的政策取向。在此背景下，日澳、美澳及美日澳双多边安全合作将会持续推进。

另一方面，与安全领域不同，在经济上对华依赖程度日益加深也是澳当局必须正视的事实。首先，与中国的经济合作对澳日趋重要。据统计，2017 年澳洲对外贸易总额共计 7633 亿美元，其中中国作为澳洲第一大贸易伙伴，中澳贸易额达到 1834 亿美元，所占比例为 24%；日本、美国分列第 2 位和第 3 位，日澳、日美贸易额分别为 719 亿、685 亿美元，所占比例分别为 9.4%、9%。[2] 而从外国对澳投资总额来看，澳大利亚外资审查委员会（FIRB）近日发布的数据显示，2015 年、2016 年中国连续两年成为澳第一大海外投资来源国，中国投资者对澳投资高达 473 亿澳元（约 351 亿美元），而同期美、日对澳投资约为 310 亿澳元（约 230 亿美元）、52.9 亿澳元（约 39.3 亿美元），分列第 2 位和第 7 位。[3] 可以发现，中澳在经贸上的密切程度已明显超越美澳、日澳，维持与中国正常、良好的双边关系对于澳洲经济持续、稳定发展具有重要意义。尤其是 2013 年阿博特上台后，澳大利亚开始大力推行实用主义外交，倡导"经济优先"，中澳双边关系重要性更趋上升。其次，与中澳经贸合作日趋密切形成反差的是，特恩布尔执政后，因对华长期推行强

---

[1] 中国学者信强较早地提出了这一观点。参见信强《"次轴心"：日本在美国亚太安全布局中的角色转换》，《世界经济与政治》2014 年第 4 期。

[2] Australian Government Department of Foreign Affairs and Trade, "Composition of Trade Australia 2017", p. 5, July 2018, http：//dfat. gov. au/about-us/publications/Documents/cot-cy-2017. pdf.

[3] Australian Government Department of Foreign Affairs and Trade, "International Investment Australia 2016", p. 87, July 2018, http：//dfat. gov. au/about-us/publications/Documents/international-investment-australia. pdf.

硬政策，中澳关系遇冷并直接影响到了两国经贸合作。2016年以后，受中澳关系恶化影响，中国对澳投资连续3年出现急剧下降。2019年，中国对澳洲的投资规模为25亿澳元（约18.5亿美元），与2018年的48亿澳元（约35.5亿美元）相比，暴跌约47%。[1] 2020年则再次暴跌61%，仅为10亿澳元（约7.4亿美元）左右。[2]

不可否认，特恩布尔、莫里森两任总理执政时期，澳大利亚对华态度日趋强硬，中澳关系明显遇冷，中澳经贸关系也降至冰点。但从长远看，出于自身国家利益的考量，澳大利亚未来仍将顾及到中国反应，对华政策将有可能出现反弹。因此，未来澳政府对日澳、美日澳、美日印澳等双多边海洋安全发展难免也存在一定的疑虑与不确定性。

其次，日澳安全关系裂痕的修复以及如何定位则是另一个影响因素。2007年以后两国在海洋安全合作上取得重要进展，开始了长达近十年的蜜月期，形成了"准同盟"关系。然而，2016年4月，日本在潜艇竞标中败北使双边安全合作热度骤降，显示了"准同盟"关系的脆弱性，也给双边未来的合作前景蒙上了一层阴影。安倍、特恩布尔执政期间，两国虽致力于弥补潜艇竞标事件给双边合作关系带来的裂痕，但效果有限。未来，如何进一步修补日澳裂痕仍将是摆在岸田文雄、阿尔巴尼斯内阁面前的一个棘手难题。此外，日澳安全关系如何定位也将对两国海洋安全合作前景产生很大影响。日澳双边合作在初始阶段实际是对旧有"轴辐体系"的一个补充，故未来仍将不可避免地受到拜登政府印太战略走向、美日澳三边安全合作机制调整的影响。日澳安全合作未来是具备更多独立性，还是依附于美日澳三边机制已成为日澳两国高层需慎重考虑的问题。日澳安全关系最终如何定位，也将在很大程度上决定未来两国对海洋安全合作的资源投入力度。

---

[1] 搜狐网：《暴跌47%！中企对澳大利亚投资已连续3年下降，更糟糕的还在后面?》，2020年9月14日，搜狐网（https://www.sohu.com/a/418278962_334198）。

[2] 环球网：《2020年中国对澳投资断崖式下降，外交部：其中原因值得澳方认真反思》，2021年3月1日，环球网（https://world.huanqiu.com/article/4284S93kQsd）。

本章小结

通过回顾、梳理、剖析印太战略视阈下日澳海洋安全的合作历程，大体可发现以下两大特征。一方面，除了美国因素的影响，日澳在印太战略的实施背景下，两国经过多年的积累与协调，海洋安全合作取得了重要进展，成为了日澳关系的重要依托。另一方面，鉴于海洋安全政策为日澳印太战略的核心支点之一，日澳海洋安全合作反过来也为两国协调推动印太战略提供了较强动力。

总体而言，日澳合作具有多重战略意涵。第一，其是亚太安全架构变革过程中，两国在美国鼓励下采取的主动决策。两国合作既是为了对美进行呼应，也是基于自身国家利益进行的战略谋划。第二，日澳合作是日本为了构建海洋国家联盟而拉拢澳大利亚的一个重要手段。在这一层面上，日本明显更为积极，而彼时的澳大利亚政府虽给予了一定的回应，但仍持保留态度。第三，日澳合作是两国印太战略驱动下，在安全领域的重要互动与成果。其中，第二、第三层面具有较明显的内在联系。海洋国家联盟构想、价值观外交等是日本印太战略形成过程中披上的理论外衣与阶段性折射。经过数年的理论与实践淬炼后，前两者最终成为了日本印太战略的核心组成部分，并为更有效地推动印太战略服务。

展望日澳海洋安全合作前景，一方面，两国未来合作虽存在一定变数，但在较长一段时期内仍将持续发展。第一，日澳同处美国亚太同盟体系中，与美国的同盟关系为两国制定对外政治、安全政策的核心考量。在拜登时代，由于美实力相对下降、中美对立持续，需要盟国间加强合作以分担其亚太安全压力，故美对日澳安全合作将会持鼓励态度，这也在很大程度上决定了日澳合作会继续深化发展。第二，日澳在以与美国的同盟关系为基轴的同时，近年来追求自主性的趋向明显，印太战略即是这一趋向的重要表现。两国为了实现彼此的国家战略目标，会继续发挥各自优势，在印太区域携手合作，这也为未来日澳海洋安全合作的发展奠定了基础。

另一方面，日澳合作也有其限度，两国难以发展成为真正意义上的安全盟友。首要原因在于两国对华战略认知与政策模式存在一定的偏差。日本认为中国直接取代了其亚洲第一大国地位，且在地缘政治上对日产生了较大压力，对华零和思维严重。尽管近年来中日关系总体上缓和向好，但总体而言两国关系仍然脆弱，存在潜在的对抗风险。而澳大利亚虽对华持续采取强硬措施，但总体上仍将中国发展视为本国较大的机遇，且两国并不存在根本性利害冲突。正如中国学者刘卿所言"日本在防范中与华接触，而澳大利亚则是在接触中对华防范，两者心态迥异"。[①] 此外，如前文所述，中澳经贸关系的密切程度远超日澳。近几年澳因奉行对华强硬政策已严重殃及了中澳经贸合作，损害了本国利益。因此，奉行现实主义外交路线、国家体量有限的澳大利亚很难为迎合美日长期对华施行强硬政策、过度刺激中国，承受国家利益的损失。2020年11月，莫里森政府公开向中国示好、对华态度明显软化即是一个明显表现。除了中国因素，日澳文化差异、历史记忆、海洋军事合作项目受挫等同样使两国难以发展为真正盟友。因此，在亚太安全架构转型进程中，日澳海洋安全合作存在限度，仍然只是对旧有"轴辐体系"的一个补充力量，独立发挥作用的能力有限。

---

① 刘卿：《日澳关系新发展及限制性因素》，《国际问题研究》2016年第5期。

第四章

印太战略视阈下美日印海洋安全合作探析

安倍 2006 年第一次组阁以后,印太主要国家间力量此消彼长、彼此互动日趋密切,印太地区的国际格局发生着深刻的变化。在此背景下,日本在印太战略驱动下,发展双边安全合作关系的同时,也希望发展小多边安全合作关系。在日本与其他国家互动形成的多组小多边机制中,美日印三边合作机制尤为引人注目。一方面,美日同盟对传统亚太地区秩序的形成与塑造具有重要的影响力,而印度则长期主导着南亚乃至印度洋地区的安全事务,直接形成了该地区非对称性安全格局[1],二者的接近无疑耐人寻味。另一方面,2017 年美日印澳四国安全合作机制(QUAD)重启以来,以上四国借海洋安全合作打造自西印度洋到阿留申群岛、南太平洋的对华"印太包围圈"的战略指向日渐清晰。而美日印作为 QUAD 的主要成员国,其安全合作的现状与演进趋势将直接决定 QUAD 的发展方向与战略前景。

因此,美日印安全合作已成为日本在印太战略驱动下参与的最具代表性的小多边安全合作机制之一,其不仅使中国周边乃至印太海洋的安全环境恶化,也对中国海洋强国战略、"一带一路"倡议等造成了较明显的消极影响。分析美日印海洋安全合作的最新进展、动因与影响,不仅对剖析印太战略视阈下日本对外安全政策的内涵与走向具有重要

---

[1] 刘鹏:《南亚安全格局的重塑与"一带一路"的推进》,《南亚研究季刊》2018 年第 3 期。

意义，也有利于中国更精准地研判美日印等国印太战略、安全政策的实施路径与未来走向，对维护中国周边乃至印太海洋安全、保障中国海洋权益等具有重要意义。基于以上因素，本章将美日印海洋安全合作作为印太战略视阈下日本对外小多边安全合作的代表性案例加以研究、阐述。

当前，国内外学界围绕美日印海洋安全合作的研究尚处于起步阶段，现有成果多以某一特定视角对其进行理论或政策分析。如托马斯·林奇（Thomas F. Lynch）、詹姆斯·普里斯特（James J. Przystup）围绕日印在印太地区的战略互动对美国印太战略以及美日印安全合作的生成作用进行了分析。一方面，林奇、普里斯特提出小布什时代以来美国不断释放出鼓励日印合作的战略信号，并将自身"嵌入"了日印的战略合作框架，逐步形成了美日印安全合作机制；另一方面，林奇、普里斯特表示三国合作最重要的动力在于，印度不断增长的实力将使新德里能够为印度洋安全承担更大的责任，允许美日分配更大比例的资源来对抗中国在南海和东海的"冒险主义"。[①] 何琛梳理了美日印二轨、一轨等多层次合作的进程，并提出美日印强化海洋安全合作主要基于印度洋的地缘价值上升、遏制中国的共同认知以及三国实现各自国家目标的战略需要。[②] 张薇薇、余芳琼以美日印三边合作的缘起为着眼点，认为三国开展海洋安全合作的动机为在亚太地区建立起开放与广泛包容的地区架构。[③] 许娟以彼得·卡赞斯坦（Peter J. Katzenstein）的新地区主义研究为基础，提出印太作为当下最受瞩目的地缘架构，是美日印开展安全合作的前提与基础，并结合新地区主义，以印太为视角探讨了美印日合作的形成、发展及影响。[④] 而荣鹰则以"马拉巴尔"演习为切入点进行了案例研究，

---

① Thomas F. Lynch III and James J. Przystup, "India-Japan Strategic Cooperation and Implications for U. S. Strategy in the Indo-Asia-Pacific Region", *Institute for National Strategic Studies Strategic Perspectives*, No. 24（March 2017）.

② 何琛：《美日印三边合作升温的背景与前景》，《现代国际关系》2013年第2期。

③ 张薇薇：《美日印三边合作：议题与意义》，《国际资料信息》2012年第6期；余芳琼：《美日印三边对话：缘起、发展与前景》，《东南亚南亚研究》2013年第2期。

④ 许娟：《印太语境下的美日印海洋安全合作》，《南亚研究》2017年第2期。

第四章　印太战略视阈下美日印海洋安全合作探析

详细阐明美日印海上军演乃至海洋安全合作总体趋势与前景。①

应当说，学界既有研究从理论与政策层面对美日印海洋安全合作进行了较深入的探讨，对进一步剖析、研判该课题具有重要的启示意义。然而，既有研究在以下方面仍有改进空间：一方面，既有成果在论述美日印海洋安全合作的动因时，一般都会从三国均面临中国的发展这一共同地缘政治压力、各方希望实现自身海洋战略等角度展开分析，较少论及亚太地区安全架构的变革，特别是美日同盟与印度的互动对小多边安全合作机制的形成产生的影响。另一方面，既有成果基本集中于2018年以前，动态性跟踪有所欠缺，较少论及中美日印等大国关系的最新演进及美日印印太战略等变量对各方开展海洋安全合作的影响。2018年以后，尤其是2020年进入后疫情时代、拜登时代以来，美日印印太安全政策均处于快速重构之中，有较多新的变量需予以关注并引入学术分析框架中。本章希望在吸收、借鉴学界既有成果的基础上，着眼于以上几点展开研究，期望能较全面、客观、深入地探讨日本在印太战略驱动下与美印开展小多边海洋安全合作的进展、路径、动因与前景。

第一节　美日印海洋安全合作的若干进展

近十几年来，作为印太地区最为重要的小多边安全合作机制之一，美日印海洋安全合作取得了若干进展。具体而言，三国合作机制逐渐深化，海上演习与共同训练频度不断提高，海域态势感知、海洋装备与技术合作等海洋安全功能性领域的合作持续推进。以上领域的进展使得美日印成为多组"美日+1"海洋安全合作机制中的范本，并进一步密切了美日印三边关系。

一　合作机制不断深化与完善

近几年美日印海洋安全合作的相关机制不断深化、完善，为三边合

---

① 荣鹰：《从"马拉巴尔"军演看大国印太战略互动新态势》，《和平与发展》2017年第5期。

作提供了制度保障。就特征而言，美日印合作呈现"双多边机制平行发展、以双边促进多边机制"的特征。

一方面，在双边关系层面，美印、日印两组双边合作机制已经基本成型。第一，美印安全合作机制大致经历了两个发展阶段，两国基本构建起完整的合作框架。2005—2016年为美印机制建设的第一阶段。2005年美印签订为期十年的《防务关系框架协定》，初步奠定了两国安全合作的整体框架。2009年，美国国务卿希拉里访印，两国决定开启年度部长级战略对话。在此背景下，美印逐渐构建起防务政策小组（Defense Policy Group）、政治军事对话（Political-Military Dialogue）及防务贸易和技术倡议（Defense Trade and Technology Initiative）等安全合作机制；除了传统机制，美印间近年来根据需要也开始构建一些新的机制，如2015年1月美国国防部成立"印度快速反应小组"（India Rapid Reaction Cell），专责推动落实防务贸易和技术倡议下的各项合作项目；2016年1月，设立专门的美印"海上安全对话"机制等。[①]

2016年下半年以后，美印海洋安全合作机制进一步完善，进入了第二个发展阶段，相继签订了深化彼此防务合作的三大关键协议[②]，即《后勤交流备忘录协定》《通信兼容与安全协议》《地理空间合作基本交流与合作协议》，并构建了两国"外长+防长"定期对话机制，形成了美印"3+1"防务合作框架。2016年8月，印度防长帕里卡尔访问美国，两国正式签订《后勤交流备忘录协定》。依据此协议，美印将可使用对方陆海空军基地，美国军舰与战机需要时将可使用印度港口与机场，这也将大大扭转美国在印度洋的地缘劣势，方便其将军事力量投放至印度洋，对美印海洋安全合作的深化具有重要意义。

继第一个协议签订后，2017年6月，莫迪访美之际，与特朗普达成构建"外长+防长"定期对话机制（即"2+2"对话机制）的共识，并于2018年9月成功举办了首次美印"2+2"对话。在这一机制内，美印

[①] 参见楼春豪《美印防务合作新态势评估》，《国际问题研究》2017年第1期。
[②] 也有较多学者认为《一般军事信息安全协议》《后勤交流协定备忘录》《通信兼容与安全协议》为两国三大防务合作协议。由于第一个协议时间较为久远（2002年），本书为了体现两国安全关系的动态性演进，未将其列入。

两国得以充分进行海洋安全政策的宣示与沟通，较大程度地解决了两国信息不对称的问题。美印也由此减少了彼此间的战略误判，协调了两国安全政策的制定与实施，美更是明显提升了印在其全球安全合作体系中的地位。一个最明显的佐证在于，美国在2018年末出炉的《亚洲再保证倡议法案》中，对印度的地位给予了高度评价，并在法案中对与印度的安全合作予以重点关注。美国政府提出，美认识到美印之间的战略伙伴关系在促进印太区域和平与安全方面的重要作用；致力于落实2015年1月25日发布的《印度——太平洋和印度洋区域联合战略远景》，并正式将印度定位为主要防务伙伴，这也是美国诸多双边关系中的独有特征；将美印间的国防贸易和技术合作提高到与美国最密切的盟友和伙伴相称的水平；促进美国和印度之间的技术分享，包括在考虑到国家安全问题后免费使用各种双重用途技术；支持美印防务合作，包括促进美印联合演习、协调美印防务战略与政策、美印军事交流和港口停靠等。[①] 与此同时，首次"2+2"对话中，美印达成了安全领域第二个重要协议——美印《通信兼容与安全协议》，印度将可望购买美国一些敏感度较高的安全装备，并促进美印提升两国军队装备的兼容性，在一定程度上解决了美印防务装备难以兼容的痼疾。

进入2020年以后，随着中美对立趋于激化，中印边境局势日益紧张，拥有共同"假想敌"的美印加速了安全机制的完善，并不断扩大合作领域。2020年10月27日，美国国务卿蓬佩奥（Mike Pompeo）、国防部长埃斯珀（Mark Esper）与印度国防部长辛格（Rajnath Singh）、外交部长苏杰生（S. Jaishankar）展开第三次美印"2+2"对话，并签订美印间第三个重要协议——《地理空间合作基本交流与合作协议》（BECA），该协议将允许印度使用美国提供的全球地理空间数据，以提高印导弹系统、飞机等打击目标的准确性；此外，海洋安全领域依然是两国对话的核心议题，美印就强化两国海军海事信息共享、海域态势感知合作达成

---

① U.S. Congress, "S. 2736-Asia Reassurance Initiative Act of 2018", U.S. Congress, December 31, 2018, https://www.congress.gov/bill/115th-congress/senate-bill/2736/text#toc-H1736A89135404258AFF1BC4E7A5555D0.

共识，对两国海军开展的"交汇演习"（PASSEX）行动给予了肯定。[①] 可以说，美印间三大协议指向清晰，均瞄准了困扰两国安全合作的一些关键问题，对美印强化海洋安全合作具有深远影响。三大协议与"2＋2"对话机制也形成了美印海洋安全合作的完整框架与机制体系。

第二，日印海洋安全合作机制构建大体起始于2005年，并在2008年以后明显提档升级。2005年以后，日印首脑间互访趋于频繁，为促进两国海洋安全合作签订了多个官方文件。仅在2006—2007年，《日印走向全球伙伴与战略关系联合声明》（2006年）、《日印海岸警卫队合作备忘录》（2006年）、《日印战略与全球伙伴关系新维度路线图的联合声明》（2007年）[②] 等双边文件便相继敲定，日印得以初步构建起海洋安全合作机制。而2008年签署的《日印安全保障合作宣言》（以下简称《宣言》）则成为两国深化合作的关键契机。《宣言》签订后，日印海洋安全合作机制实现了提档升级。两国在海洋安全领域建立起了三大类别的合作机制，即战略性合作机制、防卫合作机制与海上安保合作机制。[③] 战略性合作机制的主要目的在于呼应两国首脑互访，在国家战略层面协调两国海洋安全政策，构建从政府到著名智库的一轨、一点五轨、二轨对话机制，重在进行两国海洋安全合作的顶层设计；而防卫合作机制则具体包括日印国防部长（防卫大臣）定期会晤机制、国防部副部级官员年度防务对话机制、国防部局长级官员年度协调机制、各军种负责人定期交流机制等，意在强化日印国防部（防卫省）及其辖下的各级部门、军种间的合作，构建从国防部长（防卫大臣）到国防部门各司局级、军种的多层级对话渠道，将海洋安全合作具体化；海上安保合作机制与前两者相比，更趋于海上非传统安全领域的功能性合作，着眼于协调日印

[①] U. S Department of States, "Joint Statement on the Third U. S. -India Ministerial Dialogue", October 27, 2020, https://www.state.gov/joint-statement-on-the-third-u-s-india-22-ministerial-dialogue/.

[②] 以上各大双边文件主要内容参见赵国军、赵朝龙《日印海上安全合作转向及前景探析》，《南亚研究季刊》2015年第3期。

[③] 以下关于各机制具体情况参见日本外务省「日印間の「安全保障協力に関する共同宣言」に基づく安全保障協力を促進するための「行動計画」（骨子）」、2008年10月22日、日本外务省网站（http://www.mofa.go.jp/mofaj/area/india/visit/actionplan_09.html）。

两国打击海盗、海上恐怖主义、海洋环境保护等方面的政策。[1] 进入2020年以后，随着"后疫情时代"印太局势趋于紧张，日印为了共同应对新的地区局势，开始加速完善海洋安全合作机制。2020年9月，日印正式签订了《相互提供物资与劳务协定》（ACSA），这意味着日印两国包括海军在内的各军种将可望在联合军演、训练中互相提供战略物资与后勤服务，标志着两国海洋安全合作机制进一步完善，进入了一个崭新的阶段。

另一方面，除了双边层面，美日印三边机制也在不断提档升级。第一，早在2006年，美日印二轨层面对话机制就正式确立。2006年至2015年12月，美日印具有代表性的智库与民间机构——美国战略与国际研究中心、日本国际问题研究院以及印度工业联合会发起了11次非正式圆桌对话[2]，海洋安全合作是关键议题之一。

第二，在官方层面，自2011年以来，美日印三方举行了七次副部长级对话。2015年9月，美日印合作机制进一步升级，构建了三国外长会谈机制，并确认海洋安全合作为最优先议题之一，为美日印未来一段时期的海洋安全合作重点指明了方向。如在2015年9月首次美日印外长会谈中，三国共同应对南海安全保障成为中心议题；在2017年9月举行的第二次美日印外长会谈中，时任日本外相河野太郎提及中国在印度洋港口建设等方面的动向，表示作为应对之策，美日印应达成强化在印太主要港口"战略性停靠"、美国加入日印两国合作推进的港口建设项目等共识。

美日印部长级会谈机制具有重要意义，其可谓将奥巴马标榜的"亚太再平衡"战略、莫迪提出的"东向行动政策"以及安倍晋三倡导的"积极和平主义"外交路线协调在一起[3]，对三国海洋安全合作政策的走向进行了缜密谋划。而以上三国的外交路线，实则是各国印太战略的阶段性成果，故美日印彼此印太构想的交叉、重合实则成为了三国高层会

---

[1] 参见王竞超《日印海洋安全合作的新发展与制约因素》，《现代国际关系》2018年第5期。
[2] 许娟：《"印太"语境下的美印日海洋安全合作》，《南亚研究》2017年第2期。
[3] 许娟：《"印太"语境下的美印日海洋安全合作》，《南亚研究》2017年第2期。

晤的根本性原因。而在实务层面，三国海军"马拉巴尔"军演机制成为了美日印海洋安全合作的重要载体。由于下文将对此予以详细探讨，故此处不予展开。

以上对美日印双多边海洋安全合作机制的构建情况进行了简要梳理。可发现，伴随着2005年以后印太区域地位的提升，美日印双多边海洋安全合作成为了三国优先发展的合作领域。与此呼应，合作机制也从无到有、逐步提档升级，体现出"以双边促多边、双多边机制平行发展"的特征，为美日印小多边合作奠定了基础。

二 美日印小多边海上演习的密度与强度不断提升

除了合作机制不断深化、完善，美日印海上军事演习或共同训练的强度、频率也在不断提高，"马拉巴尔"军演则是其合作的主要载体。"马拉巴尔"军演始于1992年，原为美印双边海洋安全合作机制。2007年日本首次以非永久性参与者的身份参加该军演，2015年日本海上自卫队首次作为"马拉巴尔"联合军演的一个固定成员参加演习，是美日印加速提升小多边海洋安全合作水平的重要标志。

表4-1对近五年三国的演习情况进行了简要梳理。对比"马拉巴尔"军演创立之初，近年来三国的演习情况出现了两大变化，即演习强度日趋提高，演习所涉海域日趋扩大。首先，从演习强度来看，2017年、2018年美日印对演习的重视程度较以往明显提高，尽遣本国精锐参与其中。在2017年举行的第21次"马拉巴尔"演习中，美日印三国首次同时派遣航母战斗群参演，演习强度明显加大：美国参演的是核动力航空母舰"尼米兹"号，印度派出了俄罗斯制造的"超日王"号航空母舰，而日本也出动了其2万吨级的直升机母舰"出云"号驱逐舰。[①] 对于此次演习，时任美国国务卿蒂勒森给予了高度评价，认为"来自美印日海军的最大军舰首次在印度洋展示了它们的力量，为这三个印太民主

---

① 荣鹰：《从"马拉巴尔"军演看大国印太战略互动新态势》，《和平与发展》2017年第5期。

第四章 印太战略视阈下美日印海洋安全合作探析

国家（未来）如何联合发挥实力提供了清晰的样板"。① 2018 年，美日印则延续了此前的演习强度，参与演习的军舰基本都代表了本国的最高装备水平。美国参演军舰包括"里根"号核动力航母、"提康德罗加"级导弹巡洋舰"安提坦"号、"钱瑟勒斯维尔"号、"阿利·伯克"级导弹驱逐舰"麦肯"号、"本富尔德"号以及"洛杉矶"级核潜艇"帕萨迪纳"号；日本参演军舰包括"日向级"直升机母舰"伊势"号、"高波级"驱逐舰"凉波号"、"秋月"级驱逐舰"冬月"号和 1 艘"苍龙"级潜艇；印度参演军舰包括"卡摩尔塔"级轻型导弹护卫舰"卡摩尔塔"号、"什瓦里克"级隐身多用途护卫舰"沙亚德里"号和"沙克蒂"号油轮。② 2019 年、2020 年美日印也基本保持了此前的演习强度，并在 2020 年正式邀请澳大利亚参与演习，"马拉巴尔"演习未来似乎有成为美日印澳四国安全合作机制主要载体的趋势。从演习海域来看，2014—2017 年三国演习海域基本在日本九州、冲绳至东印度洋一线变化，这也从侧面显示了美日印正在协同推进印太战略，并开始在印太核心区构建完整的军事链条。而 2018 年三国则直接在南太平洋的关岛展开演习，突破了此前在太平洋第一岛链的地理格局，标志着美日印海洋安全合作开始由印太核心区扩展至第二岛链、南太平洋等印太地区东缘，从侧面折射出美日印印太战略的进一步拓展。2019 年、2020 年三国则再次移师日本九州海域、印度周边海域进行演习，也体现出东海至印度洋一线为美日印海洋安全合作的重点区域，而以上区域也基本覆盖了中国最重要的海上通道。

综上，可发现三国海上军演具有强度次第提升、范围逐渐扩大的总体趋势。不难判断，美日印最终目标是不断提高彼此联合反潜、水面作战、海上封锁等趋近实战的能力，且意图将演习区域逐步覆盖西印度洋至南太平洋、阿留申群岛的印太主体区域。尽管三国一致对外声称"马拉巴尔"联合演习不针对任何国家，但这一表态无异于自欺欺人。从该

---

① U. S. Department of State, "Remarks on 'Defining Our Relationship With India for The Next Century'", October 18, 2017, https://www.state.gov/secretary/remarks/2017/10/274913.htm.

② The Diplomat, "India, US, and Japan Conclude 'Malabar' Military Exercise", June, 2018, https://thediplomat.com/2018/06/india-us-and-japan-conclude-malabar-military-exercise/.

军演的趋势与特征不难发现，美日印以军演在印太遏制中国海洋强国战略、压缩中国海军国际生存空间、迟滞中国发展进程的战略指向已日渐清晰。

三　美日印海洋装备与技术合作持续推进

美日印海洋安全领域的装备与技术合作也是三边合作的一个重点领域。当前，三边在统一框架下的装备与技术合作方兴未艾，同时美印、日印双边合作有了充分进展。

（一）美印海洋装备与技术合作

应当说，美印在海洋技术与装备的合作在较长一段时期内都发展缓慢，这与印度自冷战时期以来一直优先发展与苏联（俄罗斯）军事技术与装备合作的政策取向直接相关。相对于苏（俄）印合作关系，美印安全合作起步相对较晚。1947—2005 年，印度向美国采购并得到美国同意出口的军事装备总额仅为 4 亿美元。[①] 2005—2018 年，美印军事装备合作进入快车道，印度与美签订的军事装备采购额达到 150 亿美元。[②] 2005 年是美印安全合作关系的重要转折点，两国签订了十年期的《美印防务关系框架协定》，自此美印军事装备合作迅速发展。2013 年两国发表的《美印防务合作联合宣言》进一步提升了美印合作水平。该宣言提出，美国和印度拥有共同的安全利益，并将彼此视为最亲密的伙伴；这一原则适用于国防科技转让，国防产品和服务的贸易、研究、开发、合作生产，包括最先进、最尖端的技术；美印将努力改进许可程序，并在适当情况下加快许可批准程序，以促进（安全）合作，两国同样也致力于保护彼此的敏感技术和信息。[③] 2017 年 8 月 22 日，印度国防部发布了一份军购清单，计划斥资 50 多亿美元为印度海军采购 234 架海军直升

---

①　蔡鹏鸿：《美印 2 +2 对话和安全合作对印太安全的影响和挑战》，《当代世界》2018 年第 6 期。

②　Rakesh Sood, "India And The U. S. —It's Complicated", Aug 31 2018, https：//www.thehindu. com/opinion/lead/india-and-the-us-its-complicated/article24835445. ece.

③　The White House, "U. S. -India Joint Declaration on Defense Cooperation," September 27, 2013, https：//obamawhitehouse. archives. gov/the-press-office/2013/09/27/us-india-joint-declaration-defense-cooperation.

第四章 印太战略视阈下美日印海洋安全合作探析

表4-1 2014—2021年美日印"马拉巴尔"海上联合演习情况

演习名称及时间	演习海域	演习内容	美日印参演军舰情况
马拉巴尔-14海上联合演习（2014年7月24—30日）	日本四国南部至冲绳以东的太平洋海域	救援、直升机互降、航行途中补给、炮击和反潜演练、登舰搜索与抓捕以及联合反舰网络官方面的演练和登船方面的演练	美国（"乔治·华盛顿"号核动力航母、"夏伊洛"号提康德罗加级巡洋舰、"阿利·伯克"级驱逐舰、"约翰·麦凯恩"号海上巡逻机、"鞍户座"号海上巡逻机P-3猎户座）；日本（"矶风"号导弹驱逐舰、"什瓦里克"号导弹驱逐舰及"夏克提"号补给舰）
马拉巴尔-15海上联合演习（2015年10月14—19日）	印度金奈附近海域	各国海军间的协作、反潜战、防空演习以及水面作战演练等	美（"西奥多·罗斯福"号导弹巡洋舰、"冬月"号）级驱逐舰、"洛杉矶"级核动力攻击潜艇及"莎蒂"号）；日本（F39）、"拉吉普特"级驱逐舰"雅鲁藏布江"级驱逐舰、"贝特瓦"（A 57）、"蓝维杰"（D 55）、"海洋之吼"级、"辛都拉耶"级柴电潜艇（57）及"什瓦里克"号柴电潜艇]
马拉巴尔-16海上联合演习（2016年6月10—17日）	冲绳以东海域、菲律宾海	反潜战、水面作战、防空作战、海上搜救训练等	美（"西奥多·罗斯福"号导弹巡洋舰及"冬月"号）级驱逐舰、"洛杉矶"级核动力攻击潜艇；日本（"秋月"级驱逐舰）；印度（"基洛"级常规潜艇四艘主力舰艇等综合补给船1艘）
马拉巴尔-17海上联合演习（2017年7月10—17日）	孟加拉湾附近海域	联合反潜、海上防空、海上搜救、海上封锁、海上射击等	美国（"尼米兹"号核动力航母、"超日王"号航母）；日本（"出云"号直升机驱逐舰）；印度

105

续表

演习名称及时间	演习海域	演习内容	美日印参演军舰情况
马拉巴尔-18海上联合演习（2018年6月6—15日）	关岛附近海域	反潜、防空、水面作战、反恐和海上搜救等	美国（"里根"号核动力航母、"钱逐勒斯维尔"号、"提康德罗加"级导弹巡洋舰"安提坦"号、"阿利·伯克"级导弹驱逐舰"麦肯·富尔德"号及"洛杉矶"级核潜艇"帕萨迪纳"号）；日本（"伊势"号直升机母舰、护卫舰和"苍龙"级潜艇各一艘）；印度（"卡摩尔塔"级轻型导弹护卫舰"卡摩尔塔"号、"什瓦里克"级隐身多用途护卫舰"沙德里"号及"沙克蒂"号油轮）
马拉巴尔-19海上联合演习（2019年9月27日—10月4日）	日本佐世保至关东南部海域	反潜、海上对抗、海上射击、防空、海上补给等	美国（"阿利·伯克"级导弹驱逐舰"麦肯"号、P-8A反潜巡逻机）；日本（"五月雨"号、"加贺号"直升机驱逐舰、"鸟海号"宙斯盾驱逐舰及P-1海上巡逻机）；印度（"什瓦里克"级隐身多用途护卫舰"沙亚德里"号、"基尔丹"号护卫舰及P-8反潜巡逻机）
马拉巴尔-20海上联合演习（2020年11月3日—11月6日）	孟加拉湾、印度西岸阿拉伯海	驱逐舰、护卫舰训练；提高以航空母舰为中心的综合作战能力	美国（"尼米兹"号核动力航母、"大波"号驱逐舰、"迪帕克"号补给舰）；日本（"超日王"号、"伯克"级导弹驱逐舰"约翰·麦凯恩"号和"钦农"号驱逐舰"加尔各答"、隐形护卫舰"塔尔瓦尔"号及其搭载的SH-60直升机）；印度（"拉吉普特"级护卫舰及P-8I反潜巡逻机及MH-60直升机）
马拉巴尔-21海上联合演习（2021年8月26—29日、10月12—15日）	菲律宾海、孟加拉湾	海上联合作战、反潜作战、空中作战、海上补给、武器发射训练等	美国（"阿利·伯克"级导弹驱逐舰"巴里"号、"卡尔·文森"号核动力航空母舰、"尚普兰湖"号巡洋舰、"斯托克代尔"号驱逐舰及P-8A反潜巡逻机）；日本（"加贺号"直升机母舰、"村雨"号驱逐舰、"萨特普拉"号护卫舰、"巴蒙拉"号护卫舰、"巴拉特普尔"号护卫舰）；印度（"拉吉普特"级"蓝维杰伊"号驱逐舰、P-8I反潜巡逻机及"瓦"号护卫舰）；澳大利亚（"巴拉特普拉"号护卫舰、"巴拉特普尔"号护卫舰）

资料来源：Ministry of Defense, Government of India; Ministry of External Affairs, Government of India; The Diplomat; 日本外务省、日本防卫省、产经新闻、环球网、光明网等。

机，其中包括123架具备打击潜艇能力的海军多用途直升机和111架战舰上使用的海军轻型通用直升机，而美国洛克希德·马丁公司、贝尔直升机公司均是印度海军的重点采购对象。[①] 2019年12月举行的第二次美印"2+2"会晤中，两国签署的《工业安全附件》（The Industrial Security Annex，ISA）不仅将允许美国公司与印度国有企业合作，而且允许它们与印度私营公司分享敏感的专有防务技术[②]，这标志着两国在深化海洋技术与装备合作上又迎来了一个重大进展。依据ISA，印度企业将有望在本土生产先进的美国海洋武器装备，这对强化美印安全合作、印度海军实力无疑具有重要的现实意义。

（二）日印海洋技术与装备合作

首先，日印近年来将反潜技术与装备作为双方合作的重点。日本反潜技术、潜艇制造能力处于世界顶尖水平，尤其是海上自卫队"苍龙"级潜艇被公认为世界最先进的常规潜艇之一。[③] 2015年1月，莫迪邀请日本三菱重工及川崎造船公司参与"印度75号工程"，即在印度建造6艘"苍龙"级潜艇，价值81亿美元。[④] 同年3月，印度防长帕里卡尔访日时表示，防务技术合作是双边防务关系的关键支柱，日本是实现印度装备"印度制造"的优先伙伴，印度对和日本联合开发和生产防务装备有浓厚的兴趣。[⑤] 其次，除了反潜技术与装备，日本将"US-2"水陆两用救援飞机（以下简称"US-2"）作为日印开拓海洋安全装备合作的开拓方向。2013年5月，日印首脑会谈后决定将专门设立两国"US-2"联合工作小组，至今已召开三次工作会议。[⑥] 日方为推进该项目做出了较大让步，除了向印方人员提供了"US-2"性能、操作要领、制造、

[①] 《印度拟斥资50多亿美元购买234架海军直升机》，《现代军事》2017年10月。
[②] 澎湃新闻：《美印2+2对话再签重要防务协议，扫清印度生产美国武器障碍》，2019年12月20日，澎湃新闻网站（https://www.thepaper.cn/newsDetail_forward_5294680）。
[③] 王竞超：《日印海洋安全合作的新进展与制约因素》，《现代国际关系》2018年第5期。
[④] 宋海洋：《论印日特殊的战略全球伙伴关系及其对中国的影响》，《东北亚论坛》2017年第3期。
[⑤] 宋海洋：《论印日特殊的战略全球伙伴关系及其对中国的影响》，《东北亚论坛》2017年第3期。
[⑥] 王竞超：《日印海洋安全合作的新进展与制约因素》，《现代国际关系》2018年第5期。

组装等详细情报，也与印方商议了"US-2"技术转让及在印国内生产等相关事宜。①

第二节 美日印海洋安全合作的动因

那么，近十余年来，美日印海洋安全合作动因何在？不可否认，美日印在海洋安全诸多领域存有共同利益，但仅凭共同利益是否必然促成合作？长期以来，国内外学界关于国际安全合作的动因与路径曾有过诸多理论探索。如罗伯特·基欧汉认为，尽管共同利益是合作的前提，但仅凭共同利益难以保障合作的达成，其原因在于不确定性较强，以及行为者接触信息的能力存在差别时，集体行动和战略估测的障碍也许会阻止它们认识到彼此存在的共同利益。因此，必须要有制度（机制）的存在才行，这些制度（机制）可以减少不确定性，并能限制信息的不对称性。②苏浩、李学保等学者则表示，国际安全合作是指有关国家之间为了实现相似的安全目标，维护自身的安全利益，缓解彼此的矛盾和冲突，通过协调、对话、联合、结盟和集体安全等方式，在特定的安全领域进行正式的或非正式的安全安排，并采取相应的安全行动。③

以上关于国际安全合作的相关论述分别剖析了国家间合作的动因与实现路径。不难发现，在无政府状态的国际体系中，国家间安全合作的动因在于管控彼此安全分歧、降低外部安全威胁、获得共同安全收益。而在结盟、集体安全等手段不太现实的情况下，实现以上目标的路径在于，国家间通过协调、对话或联合，在特定安全领域构建制度或机制加以推进。美日与印度的海洋安全合作也同样如此，双方并非没有矛盾冲突，而是相信彼此通过构建合作机制可缓解彼此间信息的不对称性，减

---

① 日本防衛省防衛装備庁「防衛装備、技術協力について」、2017年、日本防衛省网站（http：//www.mod.go.jp/atla/soubiseisakugijutu.html）。

② 参见［美］罗伯特·基欧汉《霸权之后：世界政治经济中的合作与纷争》，苏长和等译，上海人民出版社2001年版，第12—13页。

③ 参见苏浩《从哑铃到橄榄：亚太安全合作研究》，世界知识出版社2003年版，第21页；李学保《当代国际合作的探索与争鸣》，世界知识出版社2006年版，第68页。

少彼此战略误判，并获得更大的安全收益，实现本方在印太的战略诉求。以下将围绕美日印合作动因展开具体分析。

一 美国亚太同盟体系变革、稳定亚太安全格局的需要

关于美国亚太同盟体系的构建与缺失，在日澳海洋安全合作案例中已有详细阐述，故此处不再赘述。

在美国相对衰落、中国加速发展、同盟体系缺失日趋明显的背景下，奥巴马政府开始对亚太同盟体系进行大刀阔斧的改革。一个重要表现在于，美国为了分担自身压力，重点提高了日本在亚太同盟体系中的地位，并引导日本与印度、越南等美伙伴关系国加强安全合作。在此背景下，"美日＋1"的多组小多边安全合作机制逐渐形成，美日韩、美日澳、美日菲、美日印等均是其中的典型代表。

在多组小多边合作机制中，与印度的合作被美日高度重视。总体上来看，美日印的小多边海洋安全合作能明显强化美国亚太同盟体系的整体实力。一方面，美日通过与印度合作不仅进一步深化了美日、美印、日印等双边安全合作关系，也将美日印小多边合作作为印太区域安全合作的样本予以确立。美日同盟可借此完善自西印度洋至太平洋的海洋安全保障体系，印度同样得偿所愿，将军事触角向西、南太平洋充分延伸。另一方面，美日印合作对印太中小国家有较强的影响力。基于印度在南亚、印度洋的巨大影响力，美日与印度的接近将对孟加拉国、斯里兰卡、塞舌尔、毛里求斯、马尔代夫等印度洋中小国家产生较强的示范效应，间接提升了美日在以上国家的军事与政治存在感。而印度借与美日携手也将强化本国在东南亚、南太诸国中的政治与军事影响力。

二 美日印互为倚助，共同推进印太战略的需要

如前文所述，日本在印太战略驱动下，努力构建多维度、多层次的印太安全合作体系。在这一体系中，美国为日本最重要的合作伙伴，美日同盟为日本对外政策的基轴。而印度被日美均视作推进印太战略、遏制中国的重要砝码与支点之一。因此，美日印海洋安全合作实际上也是美日联合印度共同推进印太战略的主要路径与载体。

与美日稍有不同，印度并未明确提出印太战略。本书之所以认为印度也具有印太战略，其原因有以下几方面：第一，印度"东向行动"政策实施的主要范围是印太地区，其在事实上已开始实施印太战略；第二，莫迪上台后，在多个场合和公开文件中，尤其是与美日等国家的会谈与战略声明中多次提及"印太"概念，虽未正式提出印太战略，但是印度与印太国家间的合作具有浓厚的地缘战略意义；第三，印太概念是美国在构建地区战略的过程中建构起来的，本身具有地缘政治色彩，莫迪政府在外交场合提及并肯定"印太"就代表了印度认可其自身在印太地区实施相关外交政策、行动的战略意义。① 2014年11月，莫迪在第12届东盟—印度峰会上正式宣布印度的"东向政策"（Look East Policy）转变为"东向行动政策"（Act East Policy），显示了印度已将印度洋与亚太事务作为整体进行战略谋划，其印太战略的框架逐步开始形成。在近几年的印度国防报告中，也明确显示出以上战略意图。在2015—2016年国防报告中，印度提出亚太持续的和平与稳定符合印度战略、经济与商业利益②；而2016—2017年国防报告则表明印度将在战略、经济、文化以及军事等多个层面持续推动"东向行动"政策，以保证印度在地区安全中扮演一个负责任的利益攸关方角色。③ 印度渴望通过"东向行动"政策，提高自身在亚太安全、经济事务中的存在感，助力其冲出南亚次大陆与印度洋的地理限制，构建真正意义上的印太大国。除了向东挺进的"外向性"，印度政策也具备"内向性"，即进一步稳固自身在南亚、印度洋事务中的优势。2015年3月，莫迪访问毛里求斯、塞舌尔、斯里兰卡期间，提出"萨迦"倡议（SAGAR）④，阐明了印度海洋安全战略的五个层次：（1）保卫印度本土与岛礁安全；（2）与印度洋沿岸伙伴国家（毛里求斯、塞舌尔、斯里兰卡、马尔代夫等）深入开展包括海域态势感

---

① 参见王丽娜《印度莫迪政府"印太战略"评估》，《当代亚太》2018年第3期。
② Ministry of Defense, Government of India, "Annual Report 2015–2016", p. 3, https://mod.gov.in/sites/default/files/Annual2016.pdf.
③ Ministry of Defense, Government of India, "Annual Report 2016–2017", p. 4, https://mod.gov.in/sites/default/files/AnnualReport1617.pdf.
④ SAGAR，全称是"地区所有国家的安全与增长"，缩写后的印地语意为"海"或"湖"。参见楼春豪《战略认知转变与莫迪政府的海洋安全战略》，《外交评论》2018年第5期。

第四章 印太战略视阈下美日印海洋安全合作探析

知、近海巡逻、基础设施连通等方面的合作；（3）着眼于打击恐怖主义、海盗和应对自然灾害等课题，构建印度洋多边海洋安全合作机制，争取毛里求斯、塞舌尔等国加入印度、马尔代夫、斯里兰卡的三方安全倡议；（4）关注海洋经济安全，提出可持续的海洋经济发展；（5）放弃印度长期以来不愿与其他域外大国在印度洋合作的态度，特别强调了与美国的防务关系，提出印美将扩大在印度洋和亚太地区的（海洋安全）合作范围。①

因此，莫迪上台以后，印度国家战略兼具内、外两大向度，其主要特点就是立足印度国家利益，更加积极、主动地运筹外交关系，稳住周边、拉住美国、走向印太乃至全球。② 具体到海洋安全层面，印度政策则呈现为从"战略自主"到"战略影响"、从"本土防御"到"力量投射"、从"聚焦印度洋"到"展望印太两洋"、从"侧重军事斗争"到"服从服务国家战略"的转变。③

在此背景下，美日印在协同推进印太战略上具有利益一致性，而海洋安全合作则是三国协同推进该战略的主要路径之一。一方面，美日印合作将弥补彼此的地缘劣势。应当说，对于美日来说，尽管两国及澳大利亚等盟友在印度洋具有相当的的军事存在，但依然受困于地缘的相对劣势。美国在印度洋沿岸国家中，与阿曼、巴林、肯尼亚、索马里等国缔结了相关协议，在一定条件下可使用所在国军事基地。除此以外，美国在印度洋腹地拥有迪戈加西亚军事基地，这也是美日介入印度洋安全事务的重要跳板。美国之外，日本也于2011年建立了吉布提军事基地，并在2015年对其进行了扩建，已在西印度洋具备一定的活动能力。除此以外，日本对印度洋沿岸国如斯里兰卡、孟加拉国、莫桑比克、马达加斯加、肯尼亚等国的港口基础设施投资规模逐年递增④，在印度洋的存

---

① C. Raja Mohan, "Modi and the Indian Ocean: Restoring India's Sphere of Influence", June 18, 2015, https://amti.csis.org/modi-and-the-indian-ocean-restoring-indias-sphere-of-influence/.
② 参见 C. Raja Mohan, *Modi's World: Expanding India's Sphere of Influence*, Harper Collins Publishers India, 2015, 转引自楼春豪《战略认知转变与莫迪政府的海洋安全战略》，《外交评论》2018 年第 5 期。
③ 楼春豪：《战略认知转变与莫迪政府的海洋安全战略》，《外交评论》2018 年第 5 期。
④ The Maritime Executive, "Japan's Plan to Build Free And Open Indian Ocean", May 29 2018, https://maritime-executive.com/editorials/japan-s-plans-to-build-a-free-and-open-indian-ocean.

在感逐年增强。然而，由于印度洋距离美日两国本土过于遥远、安全局势复杂多变，总体来看美日在印度洋纵深区域仍然存在地缘劣势，军事投放与后勤补给能力受限。

而印度则拥有美日所不具备的地缘优势。印度著名学者、外交家潘尼迦曾有如下精妙论断："印度洋和太平洋、大西洋不同，它的主要特点不在于两边，而在于印度大陆的下方，它远远深入大海一千来英里，直到它的尖端科摩林角。正是印度的地理位置使得印度洋的性质起了变化。"[1] 因此，印度半岛"楔入"印度洋达1600余公里，且是印度洋重要海域（孟加拉湾、阿拉伯海、中印度洋）"唯一可行的联结"。[2] 此外，除了在印度洋的"纵向优势"，印度也具备相当的"横向优势"。一方面，在东印度洋，印度的尼科巴·安达曼群岛控马六甲海峡西北口，且靠近印度洋主航道，是沟通印太两大洋的关键枢纽，设置有印度唯一的三军联合司令部，下辖5个海空联合基地、1个军用港口和1座军用机场；另一方面，在西印度洋，印度已正式获得伊朗恰巴哈尔港的运营权，得以扼守波斯湾咽喉。可以说，印度凭借其先天的地缘优势与后天的苦心经营，已构筑起横贯印度洋的战略链条，国际地位日益凸显。

美日通过发展与印度的海洋安全合作，不仅可以弥补自身在印度洋地缘上的相对劣势，也可借助印度的防务实力进一步完善美国自西印度洋至太平洋第二、第三岛链的军事力量部署，强化军事投放、后勤补给与护航能力。而印度由于传统上并不属于亚太国家，印度"东向行动"政策客观上同样需要亚太传统大国予以支持。相对于与本国关系微妙的中国，印度认为美日等与自身并不存在根本矛盾与利益冲突，成为其着力争取的合作对象。通过与美日合作，印将有望以尼科巴·安达曼群岛为跳板，更深入地参与亚太事务，将海军力量投放至南海等西太平洋海域。

另一方面，美日与印度合作也是彼此参与对方区域海洋安全机制的

---

[1] ［印］潘尼迦：《印度和印度洋：略论海权对印度历史的影响》，德隆、望蜀译，世界知识出版社1965年版，第14页。

[2] 楼春豪：《战略认知转变与莫迪政府的海洋安全战略》，《外交评论》2018年第5期。

需要。当前，美日两国在印度洋的主要安全机制如印度洋海军论坛（IONS）、环印度洋联盟（IORA）[①]、环孟加拉湾多领域经济技术合作倡议（BIMSTEC）等机制中仍然只是对话伙伴国或观察员国，议题设置能力有限。而印度则是以上机制的主要创始国与核心成员国之一，具有较强话语权与决策权。美日通过印度将有望更深入地参与印度洋安全机制的运行。而在亚太地区，美日则是东盟防长扩大会议（ADMM＋）、东盟地区论坛（ARF）、亚太安全合作理事会（CSCAP）、香格里拉会议（SLD）等机制的核心成员国，具有较强的议题设置能力。印度作为亚太域外国家，通过与美日的合作，也将明显提升本国在以上机制中的存在感与话语权。美日印合作将覆盖印太地区主要海洋安全机制，为彼此借相关机制更顺利地推进印太战略打下坚实基础。

三 迟滞中国海上力量发展，构建美日印澳伙伴关系国（QUAD＋）印太地区秩序的需要

除了美国改革亚太同盟体系、美日印协同推动印太战略的需要外，美日印海洋合作的另一战略目的在于构建新的的印太地区秩序。在美日印三国看来，当前中国"一带一路"倡议、"海洋强国"战略等政策的目标之一即是颠覆印太"自由开放"的地区秩序，并在未来构筑以中国为核心的新秩序。因此，美日印合作在某种程度上来说，是为了在印太秩序的构建上钳制中国，树立以美日印澳（QUAD）为核心，以越南、印尼等核心伙伴关系国为辅助（QUAD＋X）的印太地区秩序。在美日的战略设计中，一方面，QUAD无疑将在新秩序的构建进程中发挥主导作

[①] 环印度洋联盟前身为环印度洋合作联盟（The Indian Ocean Rim Association for Regional Cooperation-IOR-ARC），成立于1997年，原目的为促进印度洋沿岸各国经济往来与科技交流。其后，IOR-ARC逐渐扩大至海洋安全领域：2011年环印联盟第12届部长理事会会议通过了《德班公报》，新成立了海上安全、蓝色经济和妇女经济赋权3个工作组；2012年环印联盟第12届部长理事会会议决定于2013年召开印度洋航运安全会议，研究建立印度洋航运安全信息交换和海上形势监控机制；2017年环印联盟第17届部长理事会会议通过了《德班公报》，新成立了海上安全、蓝色经济和妇女经济赋权3个工作组。参见中国外交部《环印度洋联盟》，2009年1月，中国外交部网站（https：//www.fmprc.gov.cn/web/wjb_673085/zzjg_673183/fzs_673445/dqzzhzjz_673449/hydydq_673507/gk_673509/）。

用,故稳定、强化与其他三国的关系成为了美国的政策重心。另一方面,在QUAD内部,澳由于国力受限,美将其置于从属地位,美日印实际上发挥着"压舱石"般的作用。基于以上考量,美与日印澳分别采取了不同的互动模式。在日印澳三国中,日澳均为美国重要盟友,被称为美国亚太同盟体系的"北锚"与"南锚",美主要采取了安抚等举措,以强化同盟关系。而印度则长期对QUAD有所保留,且战略地位相较于日澳更为重要。因此,美国将更多资源与精力投放到印度方面,意图通过美日印海洋安全合作,吸引印度长期留在QUAD框架以内。印度基于与中国陆地边界的争端有进一步激化的趋势,也希望借助美日等在海上牵制中国。因此,印度尽管对QUAD存在一定的保留,但也未表示明确反对,与美日澳的安全合作日趋频繁。

在印度的积极参与下,QUAD已开始有效运作,机制化程度逐步提高,成为美日印主导印太未来安全秩序构建的重要依托。可以说,QUAD+X框架已浮出水面,并将对未来印太安全局势产生越来越重要的影响。而作为体系"压舱石"的美日印而言,海洋安全合作将是深化彼此关系的重要"黏合剂"。美日印通过打造双多边合作机制、开展海上联合军演、强化海洋军事技术与装备合作等路径,有效地在印太地区投放、对接了各自海上军事力量,成为三国进一步完善QUAD+X框架、争取印太地区秩序主导权的重要依托。

第三节 美日印海洋安全合作的未来前景及其对中国的影响

回顾美日印近十余年的海洋安全合作历程,可发现以上三国在机制建设、海上军演、海洋装备与技术合作等方面取得了长足进展。对美日印海洋安全合作的未来走向,需一分为二地看待。一方面,未来较长一段时期内,由于若干制约因素,美日印海洋安全合作难以一帆风顺,面临着诸多挑战。另一方面,美日印基于美国亚太同盟体系变革、协作推进印太战略、迟滞中国海上力量发展、构建地区秩序等战略需要,以及拜登政府强化与盟国、伙伴关系国家关系的政策取向,三国在"后疫情

第四章　印太战略视阈下美日印海洋安全合作探析

时代"仍将推动海洋安全合作深入发展。因此，在拜登执政期间，美日印海洋安全合作仍将是美恶化中国周边安全环境、迟滞中国和平发展进程的重要抓手，将对中国海洋维权、"一带一路"倡议沿线安全环境、中国在印太地区秩序所处地位等产生较大影响。

一　美日印海洋安全合作的制约因素

（一）印度左右摇摆的态度成为最大变数

尽管印度对美日的拉拢给予了积极回应，但其未来立场仍然存在不确定性，在积极合作与消极应对间摇摆将成为印度的常态。首先，印度不结盟的外交传统将使新德里与华盛顿、东京保持一定的距离。尽管美日与印度已构建起较完整的安全合作框架，双方基本形成了"准盟友"关系，但印度与美日军事勾连过程中存在明显底线，双方难以发展为真正的盟友。其历史原因在于，印度作为不结盟运动创始国之一，其历届政府均严守这一外交路线，短期内印度立场较难发生根本性改变。其现实原因在于，印与美日发展安全合作存在明显底线，即不能允许美军在印拥有军事基地、长期在印驻军。可以说，驻军权是由"准盟友"关系跃升为盟友关系的核心条件之一。印度对不允许外国军队进驻本国这一底线的坚守，将是制约美日印进一步提升海洋安全合作水平、成为盟国的关键因素。

其次，印度争当大国的雄心，使得其仍然对与美日的海洋安全合作有一定保留。早在独立前夕，印度国父尼赫鲁就提出印度要做一个"有声有色"的大国。[1] 在冷战时期，印度尼赫鲁与埃及纳赛尔、南斯拉夫铁托等是"不结盟运动"的主要领导人。当前，印度与美日进行安全合作，所谋者仍然是其国家长远目标，即在维持南亚次大陆、印度洋沿岸霸主地位的同时，成为印太乃至全球大国。[2] 除了受外交传统影响，印度受其大国雄心驱使，力图在当下国际体系的建章立制上拥有更多话语权。在过去五年中，莫迪力求将印度在国际社会中的角色，从重要的参

---

[1]　张炜主编：《国家海上安全》，海潮出版社2008年版，第298页。
[2]　王竞超：《日印海洋安全合作的新发展与制约因素》，《现代国际关系》2018年第5期。

与者转变、提升为国际体系中制定重要议程的行为体。① 而美日则力图主导地区乃至世界秩序构建，仅仅希望印度是个"好的协作者"，不会赋予其过大的话语权。因此，从根本上来看，印度与美日间关于未来国际秩序的构建、主要议程的设定、话语权的分配等方面存在较大分歧。

最后，印度在防范、制衡中国的同时，基于中印不断扩大的共同利益，印度也不愿过度刺激中国，这就决定了当前印与美日（特别是美国）在针对中国的海洋安全合作上存在一定的温度差。一方面，印度在当前国际格局剧烈演变、权力转移进程加速、中印边界争端加剧、中国在印度洋沿岸影响力日益扩大的背景下，希望对中国发展加以制衡，这也是印接受美日伸出的"橄榄枝"、强化彼此海洋安全合作的主要动因之一。另一方面，印度也不愿过度刺激中国。印度的外交具有较鲜明的现实主义色彩，具有较大的弹性，其会依据国家利益得失不断调整对华政策。应当看到，近年来中印关系日趋重要、共同利益日趋扩大，在新冠疫情后经济严重衰退的印度不太可能过分刺激中国，从而损害本国利益。据统计，2019年中印双边贸易额达到928.1亿美元②；截至2019年末，中国已累计在印直接投资约82亿美元。③ 与中印相比，2019年美印双边贸易额约为1460亿美元，2000—2019年美国对印直接投资额累计为270.1亿美元④；2019年日印双边贸易额为176.3亿美元，2000—2019年日本对印直接投资额累计为307.46亿美元。⑤ 以上数据尽管时间节点有所不同，但仍可以总体比较、研判印度与中美日的经济合作情况。

---

① Harsh V. Pant: "Rise of China requires a balancing act for India", Feb 13th, 2019, https://spectator.clingendael.org/en/publication/rise-china-requires-balancing-act-india.
② 中国商务部：《2019年中国—印度经贸合作简况》，2020年7月29日，中国商务部网站（http://yzs.mofcom.gov.cn/article/t/202007/20200702987826.shtml）。
③ 参照以下网站2018年、2019年的统计数据，估算后所得结果。中国商务新闻网：《中印双边投资表现活跃》，2019年5月，中国商务新闻网（http://www.comnews.cn/article/ibd-news/201905/20190500004135.shtml）；中国商务部：《2019年中国—印度经贸合作简况》，2020年7月30日，中国商务部网站（http://yzs.mofcom.gov.cn/article/t/202007/20200702987826.shtml）。
④ Embassy of India, "India-US Trade and Investment", December 2019, https://www.indianembassyusa.gov.in/pages/MzQ.
⑤ Embassy of India, "India-Japan Economic Relations", December 2019, https://www.indembassy-tokyo.gov.in/india_japan_economic_relations.html.

可以发现，中国相比美日，在对印贸易规模上迅速攀升，已逐步接近美国数据，并保持对日明显优势；在对印直接投资方面，中国距离美日尚有明显差距，但正在加速追赶。总体而言，尽管美日为印传统经济合作伙伴，但中印经济关系大有后来居上的趋势，这也是印度在处理对华事务时必须加以考量的重要因素。

而新冠疫情暴发以来，特别是中印边界冲突事件发生以后，印度对华政策立场实际上在逐步软化。一方面，中印边界冲突事态逐步缓和。在中国积极以对话协商解决问题的背景下，2020年中印相继举行了4轮军长级会谈、3次边境事务磋商和协调工作机制会议，并于同年9月实现两国外长在莫斯科的会晤，达成尽快脱离接触等五点共识①，中印冲突事态也得以明显降温。当前，中印边境事务磋商和协调工作机制正在有效运转，两国争端已基本处于有效管控状态下。另一方面，在后疫情时代，印在疫情防控、恢复经济、改善民生等领域对华合作需求日趋迫切。与此同时，印度也急切需要通过对华合作，恢复因疫情受到重创的经济。因此，未来一段时期，在疫情下经济严重衰退、对华存有诸多依赖的印度很难投入过多资源，配合美日开展海洋安全合作遏制中国，从而损害本国利益。

（二）美日安全领域仍存分歧，为海洋安全合作带来消极影响

除了印度立场摇摆不定，美日间也绝非铁板一块。尤其是，由于美日在安全领域较严重的分歧，美日乃至美日印安全合作未来仍会受到较明显的消极影响。

一方面，美对日军售频频受挫，两国安全关系面临着现实考验。2020年6月，日本政府正式宣布取消在本国秋田、山口两县部署陆基"宙斯盾"反导系统的计划。而继陆基"宙斯盾"后，日本原计划向美国采购的"全球鹰"无人侦察机项目也有可能搁浅。在疫情暴发后，对外军售已成为美国缓解国内经济危机的重要一环，日本连续拒绝高价采

---

① 中国外交部：《中印外长发表联合新闻稿，双方达成五点共识》，2020年9月11日，中国外交部网站（https://www.fmprc.gov.cn/web/gjhdq_676201/gj_676203/yz_676205/1206_677220/xgxw_677226/t1814001.shtsh）。

购美军事装备，表现出对美外交少有的强硬态度，也为日美关系投下了阴影。另一方面，驻日美军基地搬迁问题也是困扰当下日美安全合作的重要因素。据悉，将冲绳驻日美军普天间基地迁往相对偏远的边野古地区，不仅将可能到2030年才可完成，且费用可能飙升至9300亿日元（约87.7亿美元），这对于当前深受疫情影响、经济持续衰退的日本来说，无疑是沉重的经济负担。尽管拜登已取代特朗普执政，但美驻日基地搬迁问题仍困扰着两国政府。日美对军事基地搬迁费用与分摊比例的明显分歧意味着两国将面临着旷日持久的谈判，且势必将产生新的外交风波，将对两国在美军基地最为集中的"西南诸岛"一线的海洋安全合作造成较明显的消极影响。

（三）美日与印海洋装备结构差异较大、技术兼容问题突出

除了国际局势、大国间关系的影响，技术兼容问题同样困扰着美日印合作。在海洋安全领域，苏联/俄罗斯一直是印度的关键合作伙伴，在加强印度海军力量建设，诸如舰船建造、海军基础设施建设和人员培训等方面起到了至关重要的作用。[1] 据统计，自1965年9月1日苏联同印度签署第一份海军装备供应合同以来，苏/俄已经为印度海军建造了70多艘军舰，目前印度海军装备约80%来自苏/俄，正是苏/俄军舰奠定了现代印度海军的基础。[2] 由于印度与苏/俄合作的传统，印主要作战舰艇平台、武器系统以及相关技术如航母、舰载战斗机、预警直升机、驱逐舰、护卫舰、攻击型核潜艇、常规潜艇等大多来源于俄罗斯。[3] 比如当前印度海军中的一些核心力量，诸如"戈尔什科夫"号（维克拉玛蒂亚号）航母、"塔尔瓦"级护卫舰、Project－971I/ Akula核潜艇、AK－630 30mm舰炮[4]等均进口自俄罗斯。此外，印度并未因为发展与西方国家的安全合作而冷落俄，当前印俄海洋装备合作依然保持着较高热度。2018

---

[1] 中新网：《印度海军与苏联/俄罗斯合作50年：购70多艘军舰》，2015年9月17日，中新网（http://www.chinanews.com/mil/2015/09-17/7529840.shtml）。

[2] 中新网：《印度海军与苏联/俄罗斯合作50年：购70多艘军舰》，2015年9月17日，中新网（http://www.chinanews.com/mil/2015/09-17/7529840.shtml）。

[3] 韩啸、杨文韬：《印度海军装备引进及其影响浅析》，《现代军事》2017年10月。

[4] 罗豪：《新世纪俄印军事合作初探》，《国际研究参考》2017年第9期。

年初，印度国防部与俄罗斯达成协议，将斥资 30.8 亿美元引进四艘俄罗斯克里瓦克 III 级护卫舰。①

然而，印度海军在俄式装备占据主流的情况下，也大力采购西方各国的海洋军事装备，吸收对方的军事技术。如美国的动力系统、反潜巡逻机以及舰载反潜直升机，日本的 US-2 水陆两栖飞机，法国的舰载雷达系统、声纳等设备，以色列的防空导弹系统，德国的潜艇以及潜射鱼雷，意大利的舰炮，加拿大的作战指挥系统等②均是印海军采购或学习的对象。然而，印海军装备与技术来源的多样性，增加了其技术调整、兼容、后续保养与维修等工作的复杂性，也导致印海军装备故障率长期居高不下，客观上大幅增加了军购成本。近年来，印国内各界对以上问题颇为关注，甚至开始追责印国防部门。尽管美印通过在 2018 年签订的《通信兼容与安全协议》，一定程度上缓解了两国海军装备的兼容性问题，但印短期内难以改变海军装备"百花齐放"、难以协调的特征，仍面临对美日等国装备与技术的兼容、调适成本过大等问题。因此，印在发展与美日海洋军事技术与装备合作时，必然会对以上问题有所顾虑。

二 拜登时代美日印安全合作的利好因素

以上对美日印合作面临的若干制约因素进行了分析。然而，从长远来看，拜登时代美日印安全合作也存在诸多利好因素，仍会持续发展。一方面，美日印基于美国亚太同盟体系变革、协作推进印太战略、迟滞中国海上力量发展、构建地区秩序等战略需要，不会放弃美日印合作机制这一重要战略依托。由于前文已有详细论述，故此处不再展开。

另一方面，拜登政府强化美国与盟国、伙伴关系国家的政策取向将成为未来美日印合作持续发展的新动能。拜登执政以后，修复、升级与日本等盟国关系，进一步深化与印度等伙伴关系国家合作将可能成为美国国策。特朗普执政期间，美日尽管持续推动海洋安全合作，但贸易摩

---

① Daily Defense News, "Navy Agrees to Buy Four Russian Frigates for \$3 BN", February 26, 2018, https://www.dailydefencenews.com/navy-agrees-buy-four-russian-frigates-3-bn/.
② 韩啸、杨文韬：《印度海军装备引进及其影响浅析》，《现代军事》2017 年 10 月。

擦、驻日美军费用及基地搬迁问题等使美日关系受到了较大的负面影响，美日同盟也出现了明显裂痕。因此，拜登政府在对外政策方面的首要任务的便是修复与日本、澳大利亚及相关欧洲盟友的关系。美国战略与国际问题研究中心（CSIS）在2020年12月出炉的第五份"阿米蒂奇－奈"报告中提出，日本已成为美国重要且更为平等的盟友，美日同盟正从"协同工作"型同盟转向"相互依赖"型同盟，双方在应对危机和长期挑战方面越来越需要对方的支持；联盟面临的最大安全挑战是中国，未来美国应强化对日本海上、空中行动的支持，重申《美日安保条约》第5条适用于钓鱼岛，并实施联合计划以加强日本"西南诸岛"的军事能力，这些都是联盟应对措施的关键部分。[①] 在此背景下，拜登政府将在弥合美日关系裂痕的基础上，进一步升级两国同盟关系。而强化美日海洋安全合作，特别是进一步提升两国在日本"西南诸岛"的防卫合作水平，以更好地应对中国威胁将是未来两国的核心议题之一。

而对于印度等伙伴关系国，拜登政府则较有可能延续特朗普政府的政策取向。其主要原因在于，基于当前国际局势，拜登将会继续实行印太战略，而印度将是美国完善印太安全布局的关键所在，需美国继续拉拢。美国兰德公司亚洲政策高级专家德里克·格罗斯曼（Derek Grossman）近日便撰文指出："拜登可能会扭转特朗普政府诸多政策，但很可能会保留的一项政策是'印太战略'。拜登和他的顾问同意特朗普政府的观点，即美国必须继续通过加强盟国和伙伴关系国来对抗中国的威胁性行动。如果印太战略有任何改变，那很可能只是形式上的，而不是实质性的。"[②] 可以说，在印太战略可能成为美长期国策的背景下，拜登政府仍将高度重视印度及印度洋区域的战略地位，并将继续强化美印、美日印等双多边海洋安全合作，以协同推进印太战略，更有效地牵制中国。

[①] CSIS, "The U.S.-Japan Alliance in 2020: An Equal Alliance with a Global Agenda", December 2020.

[②] Derek Grossman, "Biden Administration Could Benefit from Keeping an Indo-Pacific Focus", November 30, 2020, https://www.rand.org/blog/2020/11/biden-administration-could-benefit-from-keeping-an.html.

三 美日印海洋安全合作对中国的影响

美日印海洋安全合作作为印太最为重要的小多边安全合作机制之一，对中国领土主权与海洋权益的维护、"一带一路"海洋安全环境、未来印太海洋安全秩序的走向等产生着较大影响。

首先，美日印海洋安全合作将会使中国领土主权与海洋权益的维护更为艰难，并将对"一带一路"倡议造成较明显的负面影响。一方面，美日印通过海洋安全合作打造的东海、台海、南海与印度洋"三海一洋"联动机制将使中国"三海"问题更趋复杂。东海、台海为美日同盟长期关注的对象，美日通过强化"西南诸岛"防御、明里暗里地开展与台安全合作等路径介入，使之成为中国解决中日东海划界、钓鱼岛争端，完成祖国统一的主要障碍之一。尤其值得注意的是，美日针对中国日趋增强的反介入/区域拒止能力[①]，突破了传统海洋安全合作的局限，正以"空海一体战"理念为指引，在东海、台海一线融合海、陆、空各军种，综合运用太空、网络、电磁波等"新疆域"作战力量，构建多维度、跨领域作战体系。而印度近来也呼应美日，借"马拉巴尔"演习等机会将军事力量投放至日本"西南诸岛"至菲律宾一线。可以说，美日印的军事联动将使东海、台海问题更趋复杂。南海则更是美日印共同介入的焦点区域，其在后疫情时代也是动作频频。美日印通过启动联合军演、开展海洋装备与技术合作、构建自安达曼群岛至菲律宾的海域态势感知体系、援助越南等声索国能力建设等举措将使缓和的南海局势再度紧张，并影响南海沿岸国多边合作的发展。另一方面，"三海一洋"不仅是中国传统的海上贸易与能源运输通道，也是"21世纪海上丝绸之路"核心组成部分。美日印军舰巡航、密集军演与训练等合作，既对中国船舶航行安全造成了较大威胁，也不利于中国与沿线国家的正常贸易合作，对"海丝路"合作的顺利推进产生了明显的负面影响。

其次，美日印海洋安全合作显著恶化了印太海洋安全环境，加大了

---

① 通常指中国综合运用海空非对称性武器装备，隔离美国优势海空力量，拒止对方在中国周边的军事活动，以避免美国对相关国家（地区）实行军事援助。

中国在未来印太地区秩序中边缘化的风险。如前文所述，在未携手印度以前，尽管美日在亚太地区长期进行密切安全合作，但在印度洋基本局限于参与区域非传统安全问题治理。而美日通过拉印度"入伙"，间接获得了更深入参与印度洋安全事务的机遇与客观条件。印度不仅具备良好的地缘条件，易于将军事力量向印度洋纵深投放，同时也是印度洋主要安全机制的创始国之一。此外，印度还通过与印度洋诸岛国构建双多边安全机制，比如印度—斯里兰卡—马尔代夫海上安全合作倡议、印度—马尔代夫海军参谋对话、印度—斯里兰卡防务对话、印度—塞舌尔"沿海监视雷达系统网络"等[1]，在印度洋安全事务中获得了举足轻重的地位。美日通过与印携手，将从两大层面对华产生影响。从现实层面来看，美日印有效对接了双方海军力量，协调了彼此在印太的海上军力部署，最大程度扩展了三国海军活动范围，构建起自西印度洋至阿留申、夏威夷群岛一线的安全合作网络，使中国面临的印太安全环境进一步恶化。同时，中国海上力量发展将面临更多阻碍，海洋活动空间将受到进一步挤压。从未来地区秩序层面来看，美日印为主体的 QUAD + X 框架已逐步成型，未来可能对印太地区秩序的重构产生越来越大的影响，而中国在未来地区秩序中被边缘化的风险则日益加大。

本章小结

美日印小多边海洋安全合作已成为当前印太地区乃至国际社会最引人关注的小多边合作机制之一。美日印除了海洋安全合作机制不断深化，海上军演、海洋装备与技术合作等各大领域合作也在持续推进。美日印海洋安全合作并非是偶然出现的现象，其是多重战略动因共同推动的结果。首先，美国需借助印度改良、强化亚太同盟体系，构筑"美日同盟＋印度"的合作框架，以强化其亚太同盟体系，应对中国的快速发展。其次，美日印之所以接近，其原因在于彼此需相互借助，共同推进

---

[1] 李恪坤、楼春豪：《印度洋安全治理：挑战与发展路径》，《国际问题研究》2019 年第 1 期。

第四章 印太战略视阈下美日印海洋安全合作探析

印太战略。美日有西进印度洋的战略意愿，印度则有"东向"参与西、南太平洋事务的利益诉求，彼此在地缘、安全机制的互相"准入"、提供支持与便利方面达成了共识。最后，美日印海洋安全合作最终目标在于迟滞中国海上力量发展，构建美日印澳伙伴关系国（QUAD + X）主导的印太地区秩序。美日印将中国海洋强国战略、"一带一路"倡议，以及在东海、南海的正当维权行为等视作破坏现有印太"自由开放"地区秩序、构建以自身为核心的新地区秩序的重要举措。因此，QUAD + X 成为了以上多重战略考量驱动下形成的综合性、长期性框架，其既是当前美日印联合其他伙伴关系国实施印太战略、维持亚太现有安全局势的重要载体，从长期来看，也是美日印防止未来地区秩序被中国主导的关键谋划。

然而，美日印海洋安全合作当下及未来也面临诸多挑战。第一，印度摇摆不定的立场将是三国合作最大的变量。印基于不结盟的外交传统、争当大国的雄心、不愿过度刺激中国等战略考量，对与美日的合作仍有较多保留。第二，自特朗普时代起，美日围绕军购问题、基地搬迁等安全议题分歧严重，拜登政府与岸田文雄内阁仍将面临以上棘手问题，对美日在"西南诸岛"等印太重点区域海洋安全合作将产生较大的负面影响。第三，美日与印海洋装备结构差异较大、技术兼容问题突出。从海洋军事装备与技术来源来看，印度海军装备呈现"以俄为主，百花齐放"的特征，客观加大了其与美日海军技术兼容、后续保养与维修等工作的复杂性，也在一定程度上影响了印与美日开展海洋安全合作的积极性。同时，应该看到的是，美日印海洋安全合作尽管存在诸多变数，但基于美日印在印太利益诉求、战略目标有诸多重叠，以及拜登政府对修复美日关系、深化美印关系高度重视等多重因素，三国未来仍将促使海洋安全合作深入发展。

美日印海洋安全合作既是印太最为活跃的小多边合作机制之一，也是日本在印太战略驱动下具有代表性的对外小多边安全合作案例。不论是安倍晋三、菅义伟还是当前的岸田文雄内阁，均对美日印海洋安全合作给予了高度重视，并将其视作"美日同盟 + 1"小多边安全合作模式的重要模版。

日本与美印开展海洋安全合作对中国维护国家领土主权与海洋权益、印太海洋安全局势以及中日关系等均带来了较明显的消极影响。首先，美日印海洋安全合作将会使中国对东海、台海、南海领土主权与海洋权益的维护更为艰难，并将对"一带一路"倡议造成较明显的负面影响。其次，美日印海洋安全合作使印太海洋安全局势更为动荡，且美日印为主体的 QUAD + X 体系意欲主导未来印太地区秩序，加大了中国在地区秩序中被边缘化的风险。最后，拜登执政以后，借助日印澳等国继续推动印太战略将可能成为美国国策，这也从侧面使中日关系、中印关系有可能再次面临波折。因此，从长远来看，拜登时代美日印安全合作仍会对中国带来持续性的负面影响，中国维护海洋权益、保障海洋安全、确保海外利益等核心关切均将面临严峻挑战。

第五章

印太战略视阈下日本面向中小国家（区域）的安全政策探析

除了美印澳等全球、区域大国与中等强国外，为了完善自身印太战略覆盖范围、构建完整的安全合作网络，日本对越南、印尼、南太平洋岛国等地理位置重要、战略意义较高的印太中小国家（或区域）也颇为重视，并通过各种渠道开展安全合作、介入区域安全事务。

第一节 印太战略视阈下日越海洋安全合作探析

日本印太战略酝酿、实施以后，日本当局鉴于东南亚位于印太核心区域，力图提升东盟国家在日本外交谱系中的地位，并将东盟划定为日本对外战略的重点目标区域。日本与越南双边关系的发展即是其对东盟国家开展"印太外交"的经典案例。近十余年来，日越政治互动日趋密切，已成为亚太不同社会制度、不同规模的国家间推进双边关系的样板。尤其值得关注的是，日越在海洋安全领域的合作进展迅速，对亚太海洋安全局势产生了不容忽视的影响。

目前，国内外学界以印太战略为视阈论述日越海洋安全合作的成果还较为少见，既有研究大体可分为以下几大类别。首先，平田庆子（Keiko Hirata）、邓仕超、乔林生等学者总体梳理了日本与东盟、越南战后双边关系的发展历程，分析了日本与越南由经贸合作扩展至安全合作的原因及具体进展。① 其次，DTH Luong、于向东、丁山、邓应文、张继业等学者以日越"战略伙伴关系"为背景，论述了两国开展安全合作的现状、路径与影响。② 最后，近年来的日本《防卫白皮书》及常思纯、唐奇芳等学者专门剖析了日越近年来海洋安全合作的战略考量、发展现状与趋向，并分析了两国合作对亚太安全局势的影响。③

综上，国内外学界围绕日越关系的发展与安全合作的源起、两国海洋安全合作的进展及对亚太安全格局的影响等已形成了一定的研究成果，具有较高的参考价值。当然，既有研究在下列方面仍有改进空间：第一，专门研究日越安全合作，特别是海洋安全合作的成果仍然偏少；第二，既有成果在论述日越海洋安全合作的动因时，一般都从日越均面临中国发展这一共同地缘政治压力、两国希望实现自身海洋战略等角度展开分析，较少论及亚太安全架构变革等因素对两国产生的影响；第三，既有成果较少论及中日越三边关系的最新演进对日越海洋安全合作的影响。本书希望在吸收、借鉴学界既有成果的基础上，着眼于以上缺失展开研究，期望能较全面、客观、深入地探讨日本在印太战略驱动下与越南开展海洋安全合作的历史源起、进展、动因与前景。

一 战后日越关系发展历程与安全合作的发端

日本对越南等东盟国家的政策是一个递进发展、逐步充实的政策体

---

① Keiko Hirata, "Japan as a reactive state? Analyzing Japan's relations with the socialist republic of Vietnam", *Japanese Studies*, Vol.18, No.2, 1998；邓仕超：《从敌对到全面合作的伙伴——战后东盟—日本关系发展的轨迹》，世界知识出版社2008年版；乔林生：《日本对外政策与东盟》，人民出版社2006年版。

② DTH Luong, "Vietnam-Japan Relations in the Context of Building an East Asian Community", *Asia-Pacific Review*, Vol.16, No.1, 2009；于向东、彭超：《浅析越南与日本的战略伙伴关系》，《东南亚研究》2013年第6期；丁山：《越南与日本广泛战略伙伴关系下的安全合作》，《东南亚之窗》2014年第2期；邓应文：《渐行渐近的日越关系：动因及前景》，《当代世界》2015年第11期；张继业、钮菊生：《日越关系新发展：动力与前景》，《国际问题研究》2017年第1期。

③ 日本防衛省『防衛白書』（各年版），日経印刷出版社；常思纯：《安倍政府对越安全合作：路径、动因及影响》，《日本问题研究》2018年第4期；唐奇芳：《日本越南加强海洋安全合作》，《世界知识》2014年第17期。

第五章 印太战略视阈下日本面向中小国家（区域）的安全政策探析

系①，其与日本国家战略的走向息息相关。总体来说，日本与东盟国家的双边关系一般会历经以下四个阶段：首先，日本意图通过经济开发与合作，确保自身在东盟国家的资源与市场；其次，加强外交力度，争取东盟各国对日本的政治支持；再次，日本期待与东盟各国扩大安全交流，实现军事安全作用的突破；最后，日本期望开展区域合作，力求充当地区大国。②回顾战后历史，在20世纪60年代以后，日本通过战争赔款等手段逐渐打入东南亚市场，东南亚地区成为日本商品出口、对外投资和资源进口的重要地区。③ 1960—1970年，日本已成为东盟最大的贸易伙伴、外资来源国与经济援助国。1977年，福田主义形成，日本与东盟各国的关系开始超越单纯的经济领域，向政治、文化等各领域延伸。④ 冷战结束以后，伴随着日本摆脱战后体制束缚，提升自身国际政治地位目标的确立，日本开始着重与东盟各国发展安全关系。基于此，日本除了对东盟地区论坛（ARF）、亚太安全合作理事会（CSCAP）、香格里拉对话事务（SLD）等涵盖东盟的亚太多边安全机制积极参与、介入，也开始逐渐推进与东盟各国的双边安全合作。2000年以后，日本在既有的经济、政治、安全等领域合作的基础上，开始借与东盟开展区域合作谋求大国地位。2003年12月，日本、东盟双边特别首脑会议召开，发表《东京宣言》，标志着日本—东盟"10+1"合作框架的初步形成。

以日本对东盟国家政策体系演进规律为视角，可对日越安全合作的历史脉络稍作梳理。回顾战后日越关系史，可发现两国关系发展模式同样沿袭了以上阶段，大致经历了经济—政治—安全—区域合作等数个发展阶段。尤其是近年在日本—东盟"10+1"等区域合作机制停滞不前的背景下，安全领域已成为日本与越南等东盟国家合作的重心。1973年，日越正式建立外交关系。然而，不久后两国关系即因越南对柬埔寨

---

① 乔林生：《日本对外政策与东盟》，人民出版社2006年版，第5页。
② 邓仕超：《从敌对国到全面合作的伙伴——战后东盟—日本关系发展的轨迹》，世界知识出版社2008年版，第71—72页。
③ 邓仕超：《从敌对国到全面合作的伙伴——战后东盟—日本关系发展的轨迹》，世界知识出版社2008年版，第79页。
④ 关于战后日越关系发展历程参见于向东、彭超《浅析越南与日本的战略伙伴关系》，《东南亚研究》2013年第5期。

的出兵而降至冰点。1991年柬埔寨问题得以和平解决后，越南与包括日本在内的各西方大国的外交关系得以恢复。[①] 1992年11月，日本经过官方和民间的一些前期工作，最后决定向越南提供官方发展援助。[②] 1992—2005年，伴随着越南实行革新开放，日本对越直接投资、经济援助热情高涨，日越经济合作发展迅速。

2006年以后，随着日本开始构建印太战略，日本着力与东南亚国家发展政治、安全关系。在此背景下，经济合作高速发展多年的日越两国逐步向政治、安全领域拓展双边关系。2006年10月，日越两国发表联合声明，提出要赋予双边合作以政治内涵，两国战略伙伴关系由此发端。[③] 继日越定位为战略伙伴关系后，2007年11月两国首脑会谈后的联合声明首次涉及安全、防卫领域的合作，标志着日越合作由经济、政治正式拓展到安全领域。[④] 可见，日越合作关系也遵循了经济—政治—安全合作渐次发展的递进规律。

因此，日越海洋安全合作既是日本发展东南亚国家双边关系的规律性产物，也是其在印太战略驱动下面向东南亚国家着力打造的标杆性双边合作机制。以2007年为原点，日越在海洋安全合作方面取得了重要进展，对亚太乃至印太海洋安全局势产生了较大影响。

二 日越海洋安全合作的具体进展

从总体来看，日本与越南力图构建从多边到双边的合作框架。在多边框架下，日本与越南在东盟地区论坛（ARF）、东盟国防部长扩大会议（ADMM+）等多边安全机制下开展安全合作。而在双边合作框架下，日

---

① 邓仕超：《从敌对国到全面合作的伙伴——战后东盟—日本关系发展的轨迹》，世界知识出版社2008年，第119页。
② 参见丁山《越南与日本广泛战略伙伴关系下的安全合作》，《东南亚之窗》2014年第2期。
③ 参见丁山《越南与日本广泛战略伙伴关系下的安全合作》，《东南亚之窗》2014年第2期。
④ Bộ Ngoại giao Việt Nam, "Viet Nam, Japan Lift Bilateral Relations to New Height", March 18, 2014, http://www.mofa.gov.vn/en/nr040807104143/nr040807105001/ns140319172043.

第五章　印太战略视阈下日本面向中小国家（区域）的安全政策探析

越不断完善首脑、高官互访机制，在实务部门与海洋安全能力建设等方面的合作也在稳步推进。

（一）多边框架下合作领域持续扩大

日本与越南在多边框架下海洋安全合作领域持续扩大，逐步涵盖了非传统与传统海洋安全合作领域。日越两国在 ADMM+、ARF、日本—东盟国防次长会晤机制、东京防务论坛等机制内围绕海洋安全保障各问题领域开展了广泛对话与合作。值得注意的是，以上各大安全机制侧重点各有不同，ADMM+ 主要设置关于海上救灾、海上人道主义救援等海上安全功能性领域的议题；而 ARF 则强调打击海盗、海上恐怖主义、跨国犯罪等海上非传统安全合作，每年都会举行反恐与打击跨国犯罪会间会、海上安全会间会等；日本—东盟国防次长会晤机制多着眼于海洋安全多边训练、能力建设等实务性项目；东京防务论坛则将重点放在日本与东盟各国海洋安保政策的常态化沟通、建立互信等方面。因此，在多边框架下，日越围绕海洋安全合作，呈现出合作领域广、合作项目高度细化的特征。从合作领域看，涵盖了非传统与传统海洋安全的主要核心问题领域；而从具体合作项目看，包括了海洋政策协调、能力建设、海上搜救、多边训练等方方面面。

需要指出的是，多边框架下日越海洋安全合作尽管取得了一定进展，但存在较明显的局限。其根本原因在于，ADMM+、ARF 等多边框架下产出的合作成果具有鲜明的东盟色彩，多是不具备较强约束力的宣言、倡议、声明等，机制化水平较低，能否有效落实存疑，这也影响了日越合作的成效。

（二）双边框架下首脑与高官互访、对话机制不断完善

近年来，日越海洋安全合作机制日趋完善，除了首脑互访机制外，已搭建起国防领域各层级高官互访与对话机制。

首先，日越首脑互访机制趋于固定，逐渐为两国强化海洋安全合作划定了路线图。2012 年末安倍第二次组阁后，不仅将越南作为首访国家，且在任期间于 2013 年 1 月、2017 年 1 月、2017 年 11 月三次访问越南。而继任首相的菅义伟也遵循了安倍外交路线，在 2020 年 10 月将越南作为"外交首秀"的舞台。同一时期越南总理或国家主席则六次访

日，两国首脑互访密度在战后日越关系中是罕见的。2013 年，安倍将越南作为外访第一站，海洋安全为双边首脑会谈重要议题。2014 年 3 月，安倍与来访的越南国家主席张晋创举行首脑会谈，确认两国关系定位由"战略伙伴关系"升格为"为了亚洲安全与繁荣"的"广泛战略伙伴关系"，并通过双边首脑宣言确认了日越未来安全、防卫合作发展方向。① 其中，海洋安全合作被着重提出，日本承诺将援助越南海上执法机构能力建设。

2015 年 9 月，阮富仲作为越共总书记首次访日，日越签署《日越关系共同愿景声明》，在高度评价两国"广泛战略伙伴关系"建设取得实质性进展的同时，将海洋安全合作方向作为重点专门提及，并达成以下若干共识：（1）两国表示将通过访问、交流、人才培养等方式促进海洋安全合作，特别指出海上搜救、打击海上恐怖主义及海盗等合作项目；（2）继 2014 年首脑会谈后，日本再次承诺将对越南海上执法机构能力建设等提供援助；（3）对南海局势表示担忧，强调南海航行自由的重要性，要求各当事国按照国际法特别是联合国海洋法公约解决彼此争端等。②

2016 年以后，随着越共十二大后越南领导层更替，安倍政府与越南新领导层开始积极互动。越南新总理阮春福受邀参加 2016 年 5 月在日本举行的西方七国集团领导人扩大会议。在同年 7 月举行的亚欧会议、东盟外长会议上，日越领导人就"南海仲裁案"协调政策立场、对华施压，并就日方增加对越援助以尽快提升越南海上执法能力达成共识。③ 2017 年 1 月，安倍访问越南，与越南总理阮春福进行会谈，确认了海洋安全合作方向及重点。具体而言，两国首脑就以《万象宣言》为准绳推进日越安全合作达成共识。④ 2018 年 5 月时任越南总理陈大光访日，日越海

---

① 参见日本外务省「アジアにおける平和と繁栄のための広範な戦略的パートナーシップ」、2009 年 4 月 20 日、日本外务省网站（http://www.mofa.go.jp/mofaj/files/000031618.pdf）。
② 日本外务省「日越関係に関する共同ビジョン声明（骨子）」、2015 年 9 月 15 日、日本外务省网站（https://www.mofa.go.jp/mofaj/files/000099705.pdf）。
③ 张继业、钮菊生：《日越关系新发展：动力与前景》，《国际问题研究》2017 年第 1 期。
④ 日本外务省「日・ベトナム首脳会談」、2017 年 1 月 16 日、日本外务省网站（https://www.mofa.go.jp/mofaj/s_sa/sea1/vn/page4_002682.html）。

第五章 印太战略视阈下日本面向中小国家（区域）的安全政策探析

洋安全合作再次成为重要议题。安倍在会谈后的联合记者会上表示，将在"自由开放的印度太平洋战略"视阈下推动日越海洋安全合作进一步具体化，陈大光则对安倍以上倡议表示了赞同。2020年10月菅义伟上任后不久便访问越南，与越总理阮春福就日本印太战略与东盟印太展望的对接、日海上自卫队护卫舰等停靠越金兰湾、对越援助海洋军事装备等达成共识。2021年3—5月，两国更是举行了4次首脑电话会谈，基本都涉及印太战略与日越海洋安全合作等议题。2021年10月，岸田文雄执政后，于同年11月在英国参加《联合国气候变化框架公约》缔约方大会第26次会议（COP26）期间与越南总理范明政举行会晤；同年11月，范明政正式访日，与岸田举行首脑会谈。岸田执政后的日越两次首脑会谈中，再次重申了在印太战略下开展海洋安全合作的重要性，日本也承诺将继续援助越南巡逻船、海上搜救设备，帮助越强化海洋安全能力建设。[1]

通过对历次日越首脑互访主题的简要梳理，可发现其体现出以下三大核心要义。首先，日本强调日越同为海洋国家，日本与东盟的印太构想具有共通性，应共同维持基于法律支配的自由开放的海洋秩序。[2] 日本通过首脑互访机制，刻意塑造日越共同的海洋国家属性，以此强化两国海洋安全合作的理论基础。其次，重申了两国一些传统领域的合作关系。如日本支援越南海上执法机构能力建设、继续提供全新或二手巡逻舰艇、海上搜救、装备合作等。最后，拓展了一些新的合作领域。越南将允许日本海上自卫队军舰、海上保安厅船舶停靠本国港口，邀请海上自卫队船舰访越以强化两国海军合作等。[3]

---

[1] 日越历次首脑会谈具体内容参见日本外务省「ベトナム社会主義共和国」、2021年12月13日、日本外务省网站（https：//www.mofa.go.jp/mofaj/area/vietnam/index.html）。

[2] 日本外务省「クアン・ベトナム社会主義共和国国家主席の国賓訪日の際の日ベトナム共同声明」、2017年1月16日、日本外务省网站（https：//www.mofa.go.jp/mofaj/files/000368991.pdf）。

[3] 日本外务省「クアン・ベトナム社会主義共和国国家主席の国賓訪日の際の日ベトナム共同声明」、2017年1月16日、日本外务省网站（https：//www.mofa.go.jp/mofaj/files/000368991.pdf）；日本外务省「日・ベトナム首脳会談」、2020年10月19日、日本外务省网站（https：//www.mofa.go.jp/mofaj/s_sa/sea1/vn/page1_000888.html）。

除了首脑互访机制，围绕海洋安全合作，日越两国防长、副防长、总参谋长、陆海空各兵种参谋长等国防领域各层级高官也基本构建起互访与对话机制（参见表5-1）。日越两国利用以上机制，就双方共同关心的印太地区形势与国防政策交换意见，以求增信释疑、信息共享，努力落实首脑会谈达成的合作意向。如2015年11月两国防长会谈中，两国就日本海上自卫队在金兰湾的停靠、日越联合国维和行动合作、海上救援、海军装备与技术合作等安全合作事宜达成了共识。

表5-1　　　　　　2014—2020年日越国防高官互访情况

时间	互访情况
2014.6	日越防长会谈（第13次香格里拉会议）
2014.7	越南副防长访日
2015.2	日本防卫审议官①访越
2015.2	越南海军司令访日
2015.9	越南国防部副部长访日
2015.10	越南人民军副参谋长访日
2015.11	日本防卫大臣访越
2016.7	日本统合幕僚长访越
2016.8	日本防卫审议官访越
2016.9、11；2017.6；2018.7	越南国防部副部长访日
2018.4	越南国防部长访日
2019.5	日本防卫大臣访越
2020.11	日越防长会谈（线上）
2021.6	日越防长会谈（线上）
2021.9	日越防长会谈
2021.11	日越防长会谈

资料来源：日本2017年《防卫白皮书》、日本防卫省公开资料。

---

① 2014年日本参议院外交防卫委员会凭借自民党与在野党的多数赞成票通过《防卫省设置法》修正案，决定在防卫省内设置副部长级的"防卫审议官"一职，负责在海洋安全、防卫装备研发等方面与外国进行沟通协调。

第五章　印太战略视阈下日本面向中小国家（区域）的安全政策探析

（三）实务部门多维度合作日趋完善

除了首脑、高官合作机制，日越在海洋安全相关的实务部门开展了多维度合作（参见表5-2）①。第一，日越国防司局级官员进行定期会晤、对话，落实防长高层级互访、对话机制所确定的合作项目，制定日越具体海洋安全合作政策。第二，日越海军间积极开展人员往来、舰队互访、海上搜救等功能性合作，努力密切两国海军协同能力，建立相互信赖。2016年4月，日本海上自卫队驱逐舰"有明"号和"濑户雾"号停靠在越南金兰湾国际港，为日本海上自卫队舰船首次停靠在金兰湾；2017年5月，日本海上自卫队的"出云"号直升机航母和"涟"号驱逐舰在与美军舰艇完成在南海的演习后抵达越南金兰湾；2018年9月，日本"亲潮级"潜艇SS-596"黑潮号"前往越南金兰湾对越进行访问。第三，日本对越设立留学生接收机制。越南定期向日本防卫研究所、防卫大学、海上自卫队干部学校、统合幕僚学校等派遣留学生，大大深化了日越对彼此海洋安全政策的理解，构筑起了人员交流网络。第四，日越积极在海洋安全领域开展共同研究工作。日本防卫研究所与越南外交学院等研究机构积极开展二轨交流，就海洋安全等领域的相关课题进行共同研究。

表5-2　　　　　　　　日越实务部门多层次合作机制

类型	主要举措	意义
国防实务部门定期协议机制	国防司局级官员定期协商；陆海空各兵种实务部门对话	落实国防部长高层级对话机制，制定日越具体安全合作政策
部队间交流机制	人员往来；舰队互访；海上搜救等共同训练	通过共同训练、军队互访，增进不同军种间的相互信赖
留学生交换机制	越南定期向日本防卫研究所、防卫大学、陆海空自卫队干部学校、统合幕僚学校等派遣留学生	促进民间防卫人员的交流，深化日越对彼此安全政策的理解，构筑人员网络

---

① 以下日越具体合作情况参见2017年日本『防衛白書』，第373页。

续表

类型	主要举措	意义
共同研究机制	防卫研究所与越南军事研究机构的交流	加强安全研究人员间的相互理解，深化二轨交流

资料来源：参见 2017 年日本《防卫白皮书》，第 373 页。

（四）海洋安全能力建设合作加速发展

除了以上诸方面，日越海洋安全能力建设方面的合作力度不断加大。第一，日本对越南提供了以二手、全新海上巡逻船为代表的大批海洋安全装备，帮助越南提高海上执法能力。2014 年 8 月，日越外长会谈后，日本外相岸田文雄宣布日本将赠送越南六艘二手海上巡逻船和相关装备，并向越南海巡部门提供必要训练项目，以提高越南海上执法的能力。① 作为具体落实，2015 年越南海警接收了 3 艘 725 吨的日本 "Teshio 级"巡逻艇（CSB6001、CSB6002、CSB6003），而越南渔监部队则接收了另外三艘日本巡逻船（Hayato 号、Fukuei 号、Koei 号）。② 而在 2017 年 1 月安倍、阮春福首脑会晤后，特意强调日越应强化在防卫装备上的合作。在此背景下，日本在 2014 年的援助基础上更进一步，提供给越南 6 艘新造的 "雄山丸"号巡逻艇③，进一步优化越南海上执法的装备水平。第二，日越在海域态势感知方面的合作进展迅速。日本为掌握印太海上通道沿线海洋即时态势、监控印太关键海域海洋安全状况，自 2013 年开始构筑海域态势感知机制。日本在 2018 年 5 月公布的《第 3 期海洋基本计划》中公开表示，日本将与盟国、"友好国家"、印太海上通道沿线国家联动，与各国协作强化海域态势感知能力。④ 在日本看来，越南兼具

---

① 联合早报：《日本送六巡逻船助越提高海上执法能力》，2014 年 8 月 2 日，联合早报网站（http://www.zaobao.com/special/report/politic/southchinasea/story20140802-372652）。

② 参考消息网：《日本送给越南武装渔监船巡逻北部湾？或配备 2 挺重机枪》，2017 年 4 月 6 日，参考消息网（http://www.cankaoxiaoxi.com/mil/20170406/1849778.shtml）。

③ 日本外务省「日・ベトナム首脳会談」、2017 年 1 月 16 日、日本外务省网站（https://www.mofa.go.jp/mofaj/s_sa/sea1/vn/page4_002682.html）。

④ 日本首相官邸「第 3 期海洋基本計画（案）」、2018 年 5 月、日本外务省网站（http://www.kantei.go.jp/jp/singi/kaiyou/dai17/shiryou1_1.pdf）。

第五章 印太战略视阈下日本面向中小国家（区域）的安全政策探析

"友好国家"、印太海上通道沿线国家双重身份，且南海海域是海域态势感知的重要着眼点之一，故日本对越南在海域态势感知中的作用非常重视。为了获得越南的协助，日本对其援助了海域态势感知的相关装备与技术，积极与越南在情报共享、海洋观测与调查等领域深化合作。第三，日越为了维护两国印太海上通道安全，在沿线开展了海上搜救、海上救灾、打击海上恐怖主义及海盗等领域的合作。日越印太海上通道绝大部分高度重合，海上跨国犯罪、海洋灾害等非传统安全问题的威胁日趋严重，两国开展以上合作正是为了确保西南太平洋至印度洋这一核心海上通道的安全。

三 印太战略视阈下日越海洋安全合作的战略考量

在日本印太战略酝酿、实施的大背景下，日越海洋安全合作存在着多重战略考量。

（一）日本印太战略实施背景下两国推进各自海洋安全政策、固化既得非法海洋权益的需要

在日本印太战略实施背景下，日越合作是两国推进各自海洋安全政策、固化既得非法海洋权益的需要。2006年安倍组阁后，伴随着日本开始构建印太战略，其海洋安全政策的对象区域开始由亚太向印太升级。2007年8月，安倍在印度国会发表题为"两洋的交汇"的演讲，尽管未直接言及印太概念，却清晰地描绘了日本构建印太海洋大国的战略目标，提出国际社会应重点维护印、太两洋的海上通道安全，并呼吁具有共同利益取向的国家通力合作。[1]

无独有偶，越南与日本几乎在同一时期开始谋划、升级本国海洋安全政策。2006年，越南政府制定了"新全民国防军事战略"，提出了"积极防御"的战略方针，要求军队建设必须服从和服务于国家的经济建设，并将保卫海洋领土与海洋资源作为新军事战略的重心。[2] 以此为

---

[1] 日本外务省「二つの海の交わり」、2007年8月22日、日本外务省网站（http://www.mofa.go.jp/mofaj/press/enzetsu/19/eabe_0822.html）。
[2] 成汉平：《越南海洋安全战略构想及我对策思考》，《世界经济与政治论坛》2011年第3期。

发端，越南海洋安全政策走向开始趋于明晰。2007年1月，越共十届四中全会通过《至2020年越南海洋战略》，第一次明确地将海洋经济发展与海洋安全问题提升到国家战略的层面[1]，标志着越南海洋安全政策基本成型。

对比日越海洋安全政策的发展进程，可发现如下若干特点。首先，两国海洋安全政策形成时间具有高度重合性。两国均经历了前期酝酿、积累，并在2007年前后相继标榜了自身的战略特征与路线。其次，日越海洋安全政策内涵既有较高的一致性，也存在一定的区别。两国均强调了维护既得非法海洋权益、意图应对外来挑战等核心目标。日本希望维护目前在东海、钓鱼岛中获得的利益，并促使未来局势按本国设计的路线发展；而越南则希望维持对大量南海岛礁的非法窃据、继续大规模开发南海资源，固化本国在南海的既得非法利益。不同之处则在于，由于两国国力、体量差别较大，相较于越南，日本海洋安全政策具有较明显的扩张性，并服务于本国印太战略，最终为构建横跨印太的海洋大国，并联合沿线国家围堵中国的战略目标服务；而越南更多的是采取积极性防御政策，战略目标锚定于维护既得非法利益，并希望不断发展本国海军实力，抵御来自中国的外部压力。因此，就海洋安全政策内涵与特征而言，日本是"攻守兼备"，越南则是"以守为主，伺机挑衅"。

在以上背景下，日越在海洋安全政策上可谓互为倚重。第一，日越需要彼此在东海、南海牵制中国，分担各自压力，确保既得非法海洋权益。在中国海洋强国战略加速推进、维护本国领土主权与海洋权益决心日益坚定的背景下，日越都希望彼此能牵制中国的战略资源。第二，日本在推进印太战略、构建印太海洋大国的进程中，需要以越南为代表的印太核心区域国家的协助与认可。日本为了控制印太海上通道，2011年6月以打击索马里海盗为借口在吉布提开设首个海外自卫队专属基地，建立起常态化机制。[2] 2015年初，日本政府开始扩充位于吉布提的军事

---

[1] 成汉平：《越南海洋安全战略构想及我对策思考》，《世界经济与政治论坛》2011年第3期。

[2] 吕耀东：《从内罗毕宣言看日本在非利益与战略意图》，《西亚非洲》2016年第6期。

第五章 印太战略视阈下日本面向中小国家（区域）的安全政策探析

基地，意图使之成为日本海上自卫队在非洲和中东的多用途基地。然而，日本吉布提基地位于西印度洋沿岸，距离其本土过于遥远，海上军事补给困难，这也成为日本实行印太战略、强化与印度洋沿岸国家安全合作的掣肘。因此，日本政府一直希望在印太海上通道沿线寻求若干战略支点。越南及其邻近的南海位于日本构想的"亚洲民主安全菱形"核心位置，其南部的金兰湾更被誉为亚洲第一军港，距离马六甲海峡仅咫尺之遥，扼印太两洋的咽喉，为日本觊觎已久。而越南也乐于将日本等域外大国安全力量引入东南亚地区，以平衡中国在东南亚日益增长的影响力。第三，海域态势感知等功能性领域也是日越重要的利益交汇点。日本需要借助越南构筑印太海域态势感知机制，越南也一直期待升级自身远程对海警戒雷达等装备，强化对南海等海域的监控力度。因此，日本的装备与技术优势、越南的地缘优势成为吸引双方强化海洋安全合作的关键原因。日越希望通过合作，在推进彼此海洋安全政策的同时，共同分化来自中国的外部压力，以此固化各自在东海、南海的既得非法海洋权益。

（二）日本呼应日美同盟变革的需要

日越加强海洋安全合作也是日本呼应日美同盟变革、协助美国维护现有印太安全局势的需要。小布什执政后，为了增强对亚太乃至全球安全事务的掌控能力，开始着手对日美同盟进行升级。其中，最重要的改革支点即在于强化日美同盟的行动范围与职能，力图将同盟由区域性机制上升为全球性机制。2003年5月，日美两国首脑明确将同盟定位为"世界中的日美同盟"，标志着该同盟的适用范围将随之扩展至全球层面。[1] 2006年5月，日美两国外长和防长"2+2"会谈后提出"日美同盟新阶段"的概念，宣称日美同盟具有"全球意义"，强调两国要在包括亚太地区在内的"全球范围"进行合作。[2] 而此时美国出于打击恐怖主义的需要，安全战略的重心放在了中东地区，将较多的亚太地区安全事务委托日本分担。在美国战略转移期间，日本政府以构建"世界中的

---

[1] 信强：《"次轴心"：日本在美国亚太安全布局中的角色转换》，《世界经济与政治》2014年第4期。

[2] 廉德瑰：《浅析日美同盟的深化》，《国际观察》2011年第6期。

日美同盟"为口号，积极强化与亚太相关国家，特别是东盟国家的安全合作关系。因此，日本获得了较多与东南亚国家开展安全合作的空间，这也在侧面说明了这一时期为何日越较正式的海洋安全合作发端于2007年前后。

(三) 美国亚太同盟体系变革的推动

与日澳、美日印海洋安全合作类似，美国对亚太同盟体系的变革是日越强化海洋安全合作的主要动因之一。关于美亚太同盟体系的形成背景及缺失，前文已有详细分析，故此处不再展开。奥巴马执政后，在亚太同盟体系改造背景下，美国希望赋予日本更高的战略地位，促使其承担部分美国亚太安全事务。美国鼓励日本不仅与韩、澳、菲、泰等美国盟国，也与印、越等美国所选定的重要伙伴关系国家发展安全合作，以增强"轴辐体系"的实力，应对中俄等国的威胁与挑战。美国的这一改造举措也成为了日越进一步强化海洋安全合作的重要外部推动力。2011年，美国国务卿希拉里对日美同盟给予了高度赞赏，表示"日美同盟是亚太地区和平与稳定的基石"，将与日本扩大"联合情报、监视和侦察活动"以威慑、快速应对地区安全挑战；而谈到越南，希拉里则将其和印度、印尼、新西兰等国列为主要的"战略伙伴"国家，表示"正如我们为了新的需要升级同盟一样，我们也会构建新的伙伴关系去解决彼此之间共有的问题"。[①] 因此，希拉里对以日本为代表的盟国与越南、印度为代表的伙伴关系国都给予了高度重视，并期待看到二者的接近与合作。而在特朗普、拜登时代，美国在《东亚和太平洋联合地区战略》《2018年亚洲再保证倡议法案》《印太战略报告》等重要官方文件中均强调应强化美国盟国与伙伴关系国间的安全合作，日越合作则是美国政策的导向之一。因此，自奥巴马时代以来，日本获得了与越南发展安全合作新的动力。

在此背景下，日本以呼应美国同盟体系变革为名，得到了与越南等东南亚国家进一步深化海洋安全合作的机会，并获得了美国的默许与鼓

---

① Hillary Clinton, "America's Pacific Century", Foreign Policy, October 2011, https：//foreignpolicy.com/2011/10/11/americas-pacific-century/.

励。日越海洋安全合作不仅强化了同盟体系的实力、遏制了体系"空心化"势头，也扩大了日美同盟在东盟、亚太甚至印太的影响力，顺应了小布什时代以来同盟向"全球化"发展的趋向。

四 日越海洋安全合作面临的挑战与前景

应当说，日本印太战略实施以来，日越在战略层面高度契合、相互需要，两国海洋安全合作也成为日本在东盟构建的最为成熟的双边合作机制。当然，也应看到，日越海洋安全合作同样面临着若干现实挑战。

（一）越南在经济上面临着较严重的"选边困境"

从中日与越南的贸易额、对越直接投资、经济合作态势来看，由于两国对越南经济发展均有着重要的战略意义，故越南在经济上面临着较严重的"选边困境"，这会在很大程度上影响越南与日本发展海洋安全合作的立场。2020年，日越贸易总额为396.2亿美元，同比2019年增长约4.6%[1]。而2020年中越贸易总额达到1330.9亿美元，同比2019年增长13.8%[2]，为同期日越贸易总额的3.36倍，拥有明显的优势。从出口来看，中、日为越南第2、第3大出口目的国；而从进口来看，中、日为第1、第3大进口来源国。从对越投资额度来看，日本在2017年对越投资达到91.1亿美元，超越韩国成为越南第一大外资来源国；而中国同期对越投资达到21.7亿美元，[3] 约为日本的23.8%。然而，2020年日本对越投资急剧下滑至23.7亿美元，而中国则上升至24.6亿美元[4]，完成了对日本的反超。因此，就对越经贸合作规模而言，中国不论是对越贸易额还是投资额均已超越日本，越南经济对

---

[1] 日本外务省「ベトナム社会主義共和国基礎データ」、2021年1月15日、日本外务省网站（https://www.mofa.go.jp/mofaj/area/vietnam/data.html）。

[2] 中国商务部：《2020年中越贸易持续增长》，2021年1月18日，中国商务部网站（http://kmtb.mofcom.gov.cn/article/f/201801/20180102706005.shtml）。

[3] 中国商务部：《中国加快对越投资步伐》，2018年1月4日，中国商务部网站（http://www.mofcom.gov.cn/article/i/jyjl/j/201801/20180102694214.shtml）。

[4] 中国商务部：《2020年新加坡对越投资最多，中国居第三》，2020年12月30日，中国商务部网站（http://www.mofcom.gov.cn/article/i/jyjl/j/202012/20201203027189.shtml）；日本外务省「ベトナム社会主義共和国基礎データ」、2021年1月15日、日本外务省网站（https://www.mofa.go.jp/mofaj/area/vietnam/data.html）。

华依赖程度呈不断上升态势。

从中日两国对越南经济合作态势来看，两国都对越南投入了大量资源，将其作为与东盟进行区域经济合作的战略支点。冷战结束以后，日本是对大湄公河次区域（GMS）合作最为积极的国家之一，除了对域内国家提供无偿资金与技术援助、政府贷款等外，日本也力图建立 CLMV（柬埔寨、老挝、缅甸和越南四国的缩写）的合作机制，旨在加强对次区域东西走廊和南部走廊建设的支持，构筑以泰国和越南为中心的两大经济圈。① 而中越正在推动"两廊一圈"规划和"一带一路"建设有效对接，这将有助于扩大两国及与其他国家之间的经济合作规模，不断开拓市场，吸引更多基础设施建设投资。②

综上，在贸易、投资、经济合作战略等方面，越南都在中日战略谱系中具有较高的地位。作为获益方，越南也乐见其成，对中日开展着等距离外交，对两国都进行了较积极的回应。因此，未来越南仍会寄望在中日间"左右逢源"，相机获取最大收益。一方面，通过与日本开展经济合作，越南希望其继续提供低息贷款、加大直接投资的力度，并获得日本的技术援助。另一方面，越南对与中国的经济合作也日益重视。尤其是中国"一带一路"倡议提出后，越南态度逐渐由疑虑向谨慎欢迎转变，除了期待借助"一带一路"倡议改善本国基础设施尤其是港口运营管理能力外，也希望能更好地将本国"两廊一圈"规划和"一带一路"建设有效对接，促进本国经济发展。

国家间经济密切程度的转换往往会对彼此的安全合作关系产生较明显的影响。尽管日本在对越直接投资总量上相对中国暂时还占据一定优势，但随着"一带一路"倡议的持续推进，中越经济关系密切程度大有后来居上的趋势。因此，越南在经济上面临较严重的"选边困境"。基于越南现实主义、对各大国等距离外交的传统，其会尽量避免与日本过度强化海洋安全合作而刺激中国从而影响中越经济合作大局。

---

① 赵姝男：《日本对大湄公河次流域（GMS）五国合作述评》，《东南亚纵横》2012 年第 12 期。

② 环球网：《访越南国家主席陈大光：推动"两廊一圈"与"一带一路"有效对接》，2017 年 5 月 12 日，环球网（http://world.huanqiu.com/hot/2017-05/10655083.html）。

第五章 印太战略视阈下日本面向中小国家（区域）的安全政策探析

（二）日越意识形态与社会制度的差异将影响双边海洋安全合作

除了越南在经济上对中日"双重依赖"以外，日越意识形态与社会制度的差异也是阻碍两国深化海洋安全合作的重要因素。马克·哈斯（Mark L. Hass）认为，意识形态对于两国发展安全合作、构建盟友关系具有较大的影响。[①] 现实中，国家往往倾向于与拥有相同意识形态的国家结盟，其原因在于：第一，意识形态本身就是国家所要捍卫的目标，即意识形态是国家的根本利益之一；第二，具有相同意识形态的国家可能产生战略互信，而且不会彼此害怕和防范；第三，和具有相同意识形态的国家结盟，可以使本国融入到一个更大的意识形态运动或潮流中，从而增强自身在国内的合法性，对于弱国来说尤为如此。[②] 除了意识形态，社会制度的异同对安全合作同样有较大的影响。建构主义理论等认为，制度化安全合作，从观念上说是建构一种集体身份认同[③]，往往相同社会制度的国家更有意愿深化安全合作。

相较于日越，尽管中越两国在南海存在领土主权与海洋权益争端，但在意识形态、社会制度上具有较高的一致性，在承认争端的前提下有相对较强的认同感，更容易产生战略互信。相较之下，日越间意识形态、社会制度差异较大，两国海洋安全合作的基础仅在于现实及未来可预见的战略收益，具有较明显的投机性与功利性。此外，越南革新开放后，受西方影响与渗透，自由主义、民主社会主义思潮泛起，一定程度上动摇了越共统治的思想基础[④]，这也让越南当局在与美日等西方大国发展双边关系时心存顾忌。因此，日越意识形态与社会制度的差异会影响两国未来战略互信的构建。海洋安全合作敏感度较高，若缺乏较强的战略互信基础，两国合作领域、深度都将受到相当的制约。

---

① Mark L. Haas, "Ideology and Alliance: Britishand French External Balancing Decisionsin the 1930s", *Security Studies*, Vol. 12, No. 4, Summer 2003, pp. 34 - 79.
② 周建仁：《同盟理论与美国"重返亚太"同盟战略应对》，《当代亚太》2015 年第 4 期。
③ 朱立群：《制度化安全合作与权力的自我约束》，《世界经济与政治》2003 年第 11 期。
④ 参见闫杰花《嬗变与趋向：革新以来越南三大社会思潮综观》，《马克思主义与现实》2017 年第 4 期。

（三）越南对华政策趋于缓和，对日合作动机减弱

在印太共同围堵中国、分担来自中国的地缘政治压力是日越接近、开展海洋安全合作的重要外部驱动力。然而，由于近期中越关系出现缓和向好的迹象，在未来一段时期内，这一驱动力似乎有减弱的趋势。越南自越共十二大后，阮富仲再次当选为总书记，再次肯定了越南共产党的领导地位和社会主义法制路线，调整了越南对外关系方向，扭转了对华外交走下坡路的轨迹。[①] 2018年10月召开的越共十二届八中全会中，阮富仲接任故去的陈大光当选为国家主席，标志着越共对国家的掌控能力显著上升，越南多年的多头政治[②]格局呈现权力集中的倾向。而阮富仲是对华政策稳健派代表。因此，外界普遍认为，中越关系在未来一段时期内总体将趋稳向好。

越南并不希望为了迎合日本而影响中越关系的改善势头，进而损害到越南的国家利益。未来一段时期内，越南与日本也许私下仍会互动频繁，但顾及中国的反应，两国海洋安全合作的外在动力势必减弱，各领域合作将会明显放缓。

结语

在日本加速推进日本印太战略的背景下，日越海洋安全合作进入了发展快车道。2007年日越首脑联合声明发布后，两国海洋安全合作路径基本形成。除了在ADMM+、ARF等多边框架开展一系列合作外，日越在双边框架内逐渐完善首脑与高官互访、对话机制，在实务部门与海洋安全能力建设等方面的合作都取得了积极进展。日越海洋安全合作既是两国固化本国既得非法海洋权益、分担来自中国地缘政治压力的需要，也是日美同盟向"全球化"升级、日本协助美国弥补同盟体系缺失所采取的重要举措。日本通过双边合作，既减轻了自身在东海、钓鱼岛一线的战略压力，也借助越南地缘优势有力地推进了本国印太战略。而越南

---

① 岳平：《越南大国平衡外交呈现新特点》，《世界知识》2017年第13期。
② 多头政治（Polyarchy）来自于美国政治学家罗伯特·代尔的"多元主义民主理论"。越南的多头政治指越南政治中由不同政治家担任主席、国家主席、总理、国会主席（即所谓的"四驾马车"）的权力结构。

第五章 印太战略视阈下日本面向中小国家（区域）的安全政策探析

则需要日本这样的域外大国，在东向牵制中国的外交、军事资源。此外，越南提出的"积极防御"的战略方针对本国的海洋军事装备与技术提出了更高的要求。越南期待日本等国能提供更多的巡逻舰船、远程对海警戒雷达等海洋安全装备，强化本国的海上执法能力建设，以更好地掌控南海海域的即时安全状态。

第二节 印太视阈下的日本印尼海洋安全合作探析

除了越南，印尼也是日本在印太重点关注的中等国家。自日本印太战略实施以来，日印尼双边关系不断深化发展，以海洋领域为代表的各类合作得以加速推进。同为海洋大国、群岛国家的日本与印尼在保障海洋安全、维护海洋权益、推进海洋开发、实施海洋战略等方面具有诸多相似之处。除了国家的海洋属性类似，日本与印尼都对印太战略（或构想[①]）给予了高度关注，并都希望通过强化两国海洋安全合作达到国家战略目标。因此，近十余年以来，海洋安全合作成为推动两国关系发展的主要动力之一。以日本印太战略为视角，以海洋安全合作为切入点剖析日印尼关系，不仅可管中窥豹，深入分析两国关系发展历程，也有利于更准确地研判日本面向东盟国家安全政策的未来走向。

应当说，日印尼关系是较新的研究议题，直至晚近才引起学界的关注。目前，国内外学者选题多聚焦于两国伙伴关系、日对印尼公共外交等视角[②]，以印太为视角专门研究日印尼海洋安全合作的成果尚不多见。在既有成果中，伊恩·斯托雷（I. Storey）、佐藤洋一郎（Y. Sato）等学者以历史视角阐述了日本与印尼等东南亚国家进行海洋安全合作的渊源，

[①] 印尼未明确使用"印太战略"这一概念，但2019年6月其主导了东盟版印太构想——《东盟印太展望》的起草，并与印尼"全球海洋支点"战略构想具有较高的一致性。因此，印尼至少已形成了印太构想，文中将对此予以详细阐释。

[②] 较有代表性的有：韦红、李颖：《日本构建与印尼"心心相印"伙伴关系研究：路径与策略》，《东南亚研究》2019年第1期；潘玥：《日本对印尼的公共外交及启示》，《南亚东南亚研究》2018年第3期。

梳理了印尼等国与日本开展海洋安全合作政策立场的演进过程。[①] 而日本《防卫白皮书》则更关注动态性信息，每年均会发布日印尼近年来海洋安全合作的发展现状与趋向。[②] 除了宏观性论述，苏克马（Rizal Sukma）、肯巴拉（Gilang Kembara）、伊斯（Lis Gindarsah）等学者专门围绕印尼海盗、海上跨境走私、海上恐怖主义等具体海洋安全问题开展了案例研究，并论述了日印尼在相关领域合作的现状、问题与未来前景。[③]

综上，国内外学界围绕日本—印尼海洋安全合作的历史演进与现状进行了深入梳理、阐述，也就两国一些具体合作案例予以了详尽剖析，具有重要的学术价值与较强的现实意义。然而，既有成果主要在以下两个方面有待补充与完善。一是综合性研究成果比较缺乏。现有研究较少以综合性视角对两国海洋安全合作的战略考量、限度、走向等进行全面分析。二是相关研究时效性有所欠缺。一方面，对近年两国国家战略的变化及互动关注不够。因印太地区权力转移加速、大国博弈日趋激烈等外部因素，日本、印尼近年来相继形成并不断调整自身的印太构想，并据此重新规划了本国对外海洋安全合作思路，这也成为影响日本—印尼海洋安全合作的重要变量。目前，国内外学者尚未将这一新的变量引入

[①] I Storey, "Japan's Maritime Security Interest in Southeast Asia and the South China Sea Dispute", *Political Science*, Vol. 65, No. 2, 2013; Y Sato, "Southeast Asian Receptiveness to Japanese Maritime Security Cooperation", Asia-Pacific Center for Security Studies, September 2007, https://apcss.org/Publications/Maritime%20security%20cooperation%20Japan-SE%20Asia%20Sato.pdf.

[②] 日本防衛省編『防衛白書』（各年版），日経印刷出版社。

[③] リザール・スクマ「インドネシア—安全保障の展望、国防政策と地域協力」、日本防衛省防衛研究所国際共同研究シリーズ5『アジア太平洋諸国の安全保障上の課題と国防部門への影響』、第3—26頁；Gilang Kembara, "Security Outlook of the Asia-Pacific Countries and its Implications for the Defense Sector: Indonesia", http://www.nids.mod.go.jp/english/publication/joint_research/series16/pdf/chapter01.pdf; Lis Gindarsah, "Indonesia's Security and Defense Outlook: Evolving Low-Intensity Threats and Recalibrated Countermeasures", http://www.nids.mod.go.jp/english/publication/joint_research/series15/pdf/chapter02.pdf; Lis Lis Gindarsah, "Indonesia's Security Review: Complex but Stable", http://www.nids.mod.go.jp/english/publication/joint_research/series14/pdf/chapter02.pdf; Lis Gindarsah, "Indonesia's Defense and Security Outlook: Challenges and Responses in 2014", http://www.nids.mod.go.jp/english/publication/joint_research/series13/pdf/02.pdf; 本名純「インドネシアの海洋安全保障政策カントリー・プロファイル」、日本国際問題研究所編『インド太平洋における法の支配の課題と海洋安全保障「カントリー・プロファイル」』、平成27年度外務省外交・安全保障調査研究事業（総合事業）報告書（2017年5月），第43—52頁；王竞超：《日本对马六甲海峡海盗治理事务的介入进程及模式研究》，《太平洋学报》2017年第6期。

第五章 印太战略视阈下日本面向中小国家（区域）的安全政策探析

到对两国海洋安全合作乃至两国关系的分析框架中。另一方面，对美国的政策转变及其对日本—印尼合作的影响缺乏论证。既有成果在剖析日本—印尼海洋安全合作的动因时，较少论及特朗普执政以后美国政策转变对此产生的影响。需要注意的是，日本为美亚太同盟体系核心成员国，印尼则是美国重点关注的伙伴关系国之一。因此，美国对同盟体系的改革、特朗普乃至拜登政府印太战略的发展等重大政策转变明显影响了日本—印尼海洋安全合作的走向。

本书希望在借鉴学界既有研究成果的基础上，对现有研究予以补充、完善，主要内容由以下几个部分构成：首先，探讨印太语境下日本与印尼对彼此的认知与定位，这是两国合作的前提；其次，以印太为视阈，梳理近年来日本—印尼海洋安全领域的合作进展与具体路径；再次，结合印太国际局势的变迁、日本与印尼国内战略与利益诉求等因素，剖析两国合作的内外动因；最后，阐明两国合作的若干制约因素，并对其前景和未来走势进行研判。

一 印太语境下日本—印尼对彼此的战略认知

日本与印尼在构建、出台印太战略（构想）进程中，对彼此的定位、认知逐步清晰，这为两国在印太语境下开展海洋安全合作奠定了基础。相对而言，日本印太构想更早出现，对印尼在这一构想中的战略意义有较清晰的认知，安倍更是将印尼作为向国际社会阐述日本印太构想的舞台。而印尼对日本印太构想的认知与评估经历了较长的过程，并基于本国利益取向给予了其一定程度的认同。

（一）印太语境下日本对印尼的定位与认知

安倍晋三2006年9月第一次组阁后，日本尚未形成印太战略，却有自身的印太构想[1]，并通过"价值观外交"[2]予以体现。安倍在组阁后的首相演讲中，对"价值观外交"进行了总体阐述。尽管演讲内容未直接

---

[1] 王竞超：《日本印太战略的兴起与制约因素》，《世界经济与政治论坛》2018年第4期。
[2] 所谓"价值观外交"，指日本意图与拥有民主、自由、人权、法治等共同价值观的印太民主国家强化共同认知、深化双多边合作的外交政策，是安倍第一次内阁时期日本印太构想的重要体现。

涉及印尼，但安倍已高度重视东盟的战略地位，表示"日本作为亚洲民主国家，为了将自由社会的范围扩展到亚洲乃至世界，需与东盟进一步深化合作，并与澳大利亚、印度等拥有共同价值观的国家举行首脑级别战略对话"①。2012 年 12 月第二次组阁前夕，安倍提出日本应与美国夏威夷、澳大利亚、印度加强安全合作，形成"亚洲民主安全菱形"②，这标志着他正式开始酝酿印太构想。从地理上看，印尼为代表的东盟国家位于"亚洲民主安全菱形"核心位置。实际上，此时安倍已将印尼作为日本印太构想中的核心对象国之一加以认知。安倍第二次组阁后，进一步凸显了印尼的地位，将其作为本国印太战略（构想）③ 构建与实施的重要一环。安倍上台后首次外访的国家便选定为东南亚三国（越、泰及印尼），并将印尼作为最重要的一站。

在印尼战略与国际问题研究中心（CSIS）的演讲中④，安倍第一次在国际舞台上阐述了日本印太构想的轮廓。他在强调日美同盟作用、重视与印澳合作的同时，特别表示印尼横跨印太两洋，为亚洲海洋国家的代表之一，印尼等东盟国家也是日本对外战略的重要支柱之一⑤。可以说，尽管安倍印尼之行尚未明确使用"印太"概念，但已阐释了其印太构想的大体框架，即以日美同盟为基轴，强化印澳等印太准盟国与伙伴关系国关系，密切与印尼等东盟国家之间的合作，在印太构建海洋国家同盟。由此可见，在日本印太构想谱系中，印尼拥有多重定位：一是"亚洲安全菱形"的核心组成部分，是日本印太多角度、多层次安全合

---

① 日本首相官邸「第 165 回国会における安倍内阁总理大臣所信表明演说」、2006 年 9 月 29 日、日本首相官邸（http：//www.kantei.go.jp/jp/abespeech/2006/09/29syosin.html）。

② 日本国际问题研究所编『アジア（特に南シナ海・インド洋）における安全保障秩序』、平成 24 年度外务省外交・安全保障调查研究事业（综合事业）报告书（2013 年 3 月）。

③ 需指出的是，因时间点不同，日本对"印太战略"或"印太构想"的使用不尽一致。如 2013—2016 年上半年，日本印太战略尚未完全形成，称为"印太构想"可能更为合适。2016 年 8 月—2018 年 10 月，日本官方多称其为"印太战略"。2018 年 11 月以后，日本依据国际局势、对中国及东盟政策立场调整的需要，逐步将"印太战略"改称为"印太构想"。本部分行文中将尽量斟酌使用以上两个概念。

④ 安倍因临时回国处理阿尔及利亚日本人质绑架事件，演讲不得不取消，但其内容仍公开于日本外务省网站。

⑤ 日本外务省「开かれた、海の恵み—日本外交の新たな5原则—」、2013 年 1 月 18 日、日本外务省网站（http：//www.mofa.go.jp/mofaj/press/enzetsu/25/abe_0118j.html）。

第五章　印太战略视阈下日本面向中小国家（区域）的安全政策探析

作体系的重要参与者之一；二是作为东盟领导国家，是日本拉拢东盟共同推进印太构想的着力点；三是处于印度洋与太平洋交汇的关键位置，为连接美日与印澳等印太战略主要参与国的地理枢纽。因此，日本对与印尼在印太开展安全、经济合作给予高度重视。

（二）印太语境下印尼对日本的定位与认知

与日本相比，印尼同样较早地关注到"印太"概念，但提出东盟版印太构想的时间要晚一些。2013年5月16日，时任印尼外长的马蒂·纳塔莱加瓦（Marty Natalegawa）在美国战略与国际问题研究中心发表题为"印尼如何看待印太"（*An Indonesian Perspective on the Indo-Pacific*）的主旨演讲。其表示，印太是指横跨印太两洋的重要"三角"，北控日本，东南延伸至澳大利亚，西南可达印度，而印尼处于印太区域之中心[1]。可见，此时印尼官方就对"印太"概念有清晰的认知，并认识到日本是印太地区主要行为体之一。此外，纳塔莱加瓦的演讲也透露出印尼不仅是印太的地理中心，也需在印太区域合作中起引领作用这一战略诉求。

2013—2018年，印尼处于战略观察期，在认知与评估日本等国印太构想的同时，也在酝酿本国乃至东盟版印太构想的框架[2]。2014年佐科提出的"全球海洋支点"构想[3]实际上是印尼东盟版印太构想的阶段性成果。这一时期，印尼对日本等大国的印太构想主要出于以下考量。第一，印尼认识到日本不仅在地理上，在国际舞台上也是印太构想的重要推手之一，需认真应对。第二，印尼对日本印太构想牵制中国、排他性

---

[1] Natalegawa. M., "An Indonesia Perspective on the Indo-Pacific", CSIS, May 16, 2013, http://csis.org/files/attachments/130516_ MartyNatalegawa_ Speech.pdf.

[2] 关于印尼为代表的东盟国家印太构想形成过程与动机，中国学者刘琳进行了较系统的梳理与研究，参见刘琳《东盟"印太展望"及对"美日"等国印太战略的消解》，《东南亚研究》2019年第4期。

[3] "全球海洋支点"战略大致由五大支柱构成：1. 重建印尼的海洋文化，作为一个由17000个岛屿组成的国家，印尼的未来在很大程度上取决于它如何经略海洋；2. 印尼将维护和管理海洋资源；3. 印尼将优先发展基础设施建设和海上互联互通，在构建深水港的同时，发展航运、物流和海洋旅游业；4. 通过海洋外交，印尼必须根除海洋冲突的根源，例如非法捕鱼、侵犯主权、领土争端、海盗等；5. 作为连接印太两洋的桥梁，印尼有义务建设海上防御力量，维护海洋安全。参见 Veeramalla Anjaiah, "IORA Summit 2017 Jakarta: Jokowi's Global Maritime Axis Doctrine Key to Indonesia's Future", 6 March, 2020, https://www.thejakartapost.com/news/2017/03/06/jokowi-s-global-maritime-axis-doctrine-key-indonesia-s-future.html。

特征持保留态度，故认为需与日本保持一定的战略距离，并不希望日美等国完全主导印太事务。新加坡学者廖建裕（Leo Suryadinata）认为，2017年前后安倍向印尼推销印太战略难以成功，印尼表面上予以积极回应，实则未完全接受。主要原因在于，印尼希望在印太保持中立立场，不希望在中国与日美间"选边站队"[①]。印尼学者巴金达（Beginda Pakpahan）进一步指出，印尼等东盟国家期待自身在缓和中国与日美间日益加剧的大国竞争方面发挥重要作用[②]，并继续保持东盟在地区多边事务中的中心地位。第三，印尼把日本作为平抑中国影响力的重要力量，不希望任何一个域外大国打破东南亚的地缘政治平衡，意图让各大国在东南亚互相牵制。鉴于中国在东盟日益扩大的地缘政治影响力，印尼希望借助日本印太战略对华进行一定程度的制约，这也是佐科政府有限度认可日本印太战略的重要考量之一。第四，日本印太战略强调了打击海盗、海上走私等非传统安全问题，承诺对印太沿线国家提供岸基雷达、海域态势感知设备、巡逻船只等装备与技术，这对于海洋技术与装备相对落后、难以有效管控海上非传统安全问题的印尼来说，具有较强的吸引力。

总体来看，在印太语境下日本与印尼对彼此的定位与认知已较为成熟。日本不仅将印尼作为印太多边安全合作体系的重要组成部分，也将其视为拉拢东盟国家开展海洋安全合作、推进印太构想的着力点，以及密切与印澳联系的枢纽国家。而印尼既将日本视作东盟乃至印太平抑中国地缘政治影响力、保持东盟中心地位的外部助力，也希望通过引进日本先进的海洋技术与装备，维持本国及东盟的海洋安全。不难发现，印太语境下两国对彼此的定位与认知，海洋安全均是主要考量之一，这为两国合作创造了前提条件。

二 日印尼海洋安全领域合作的具体进展

在印太区域重要性不断上升、日本与印尼印太战略（构想）加速构

[①] Leo Suryadinata, "Indonesia and Its Stance on the Indo-Pacific", 23 October, 2018, https://www.iseas.edu.sg/images/pdf/ISEAS_ Perspective_ 2018_ 66@50.pdf.

[②] Beginda Pakpahan, "Indonesia Must Lead in the Indo-Pacific Region", September, 2018, https://www.globalasia.org/v13no3/feature/indonesia-must-lead-in-the-indo-pacific-region_ begindapakpahan.

第五章　印太战略视阈下日本面向中小国家（区域）的安全政策探析

建与实施的背景下，日印尼关系得到了明显的"提档升级"。特别是安倍第二次执政、佐科上台后，两国关系迎来了较长的"蜜月期"。在此背景下，日印尼将海洋安全作为两国优先合作领域，在安全合作机制构建、非传统安全领域功能性合作、共同军演与训练等方面取得了积极进展。

（一）安全合作机制不断发展完善

首先，日印尼首脑、高官互访日趋频繁，并为安全合作机制的构建进行了顶层设计。在首脑层面，自安倍2012年末第二次组阁后，日印尼首脑进行了多次会晤，其密度在战后两国关系史中颇为少见。2013年1月、10月、12月安倍共3次与印尼时任总统苏西洛会晤。在2012年南海争端升级背景下，"维护基于法律规则"的南海海洋秩序成为彼时日印尼海洋安全领域的核心议题。其后，2014年10月，佐科就任总统并开始明确提出"全球海洋支点"战略构想后，日印尼首脑会晤的主题逐步向海洋安全、海洋基础设施建设、海洋事务管理等领域转移。

2014年11月APEC首脑会议期间，安倍与佐科举行了首次首脑会谈，双方在强调彼此拥有海洋国家这一共同属性的基础上，将海洋合作设置为双方的核心议题。[①] 在海洋安全领域，安倍、佐科均强调应以法律规则为准绳，维持印太地区自由开放的海洋秩序。此外，安倍也承诺将强化对印尼海上安保能力建设的援助。2015年3月，佐科执政后首次访日。一方面，与安倍就"进一步强化日印尼基于海洋与民主支撑下的战略伙伴关系"达成共识，并确定将召开日印尼外交与国防部长对话会议（以下简称"2+2"会议），这对两国安全合作水平的提升具有标志性意义。另一方面，两国强调将加速海洋安全以及海洋产业振兴等为代表的合作，并设立"日本印尼海洋论坛"（the Japan-Indonesia Maritime Forum，以下简称"JIMF"）以推进以上领域的

[①] 以下日印尼首脑会晤情况均参照日本外务省公开资料。参见日本外务省「インドネシア共和国」、2022年3月8日、日本外务省网站（https://www.mofa.go.jp/mofaj/area/indonesia/index.html）。

合作。2017年1月，安倍访问印尼期间，佐科正式对日本印太战略予以积极评价；而日本也投桃报李，承诺将通过人才培养、装备提供等强化对印尼海上安保机构的能力建设支援。此外，两国对2016年12月设立的、旨在强化海洋领域合作的JIMF寄予了较高期望。2017年11月、2018年11月在马尼拉、新加坡召开的东盟峰会期间，安倍与佐科再次举行两次首脑会谈，就此前达成的各项海洋安全合作项目予以确认，并表示将加速推进。2019年11月，同在泰国曼谷参加东盟首脑会议的安倍与佐科举行短暂会晤，安倍对刚出炉的《东盟印太展望》表示支持，并表示日本将于2020年开始重点强化对印尼海上安全机构能力建设的援助。2020年10月，菅义伟在上台后不久，即效仿安倍晋三，将越南与印尼作为外访首站。在与佐科的会晤中，两国再次强调了对彼此印太战略（构想）的支持，并将海洋安全作为最优先议题之一加以推进。2021年11月、2022年3月岸田文雄与佐科进行两次电话会谈，除了强调尊重彼此印太立场，也达成在苏禄海、西里伯斯海等区域强化海洋安全合作的共识。

通过回顾佐科上任以来日印尼首脑互访达成的共识，可发现日印尼首脑会晤密度较大，在两国战后关系史中少有。这也体现了在日印尼印太战略（构想）日趋成熟的背景下，两国为了达到各自战略目标对彼此给予了高度重视。2012年年末安倍第二次组阁以后，日印尼国家首脑共举行了14次会谈，而安倍、菅义伟均将印尼作为上任后的首访之地，体现了印尼在日本对外战略谱系中具有不可替代的地位。尤其是2014年10月佐科上任以来，安倍、佐科共进行了多达8次的首脑会谈，不仅建立了良好的私人关系，也为两国海洋安全合作进行了顶层设计，自上而下地推动了两国合作的进展。

其次，除了首脑互访外，海洋安全合作专门机制逐步构建、完善。如上文所述，日本印尼为了推动海洋领域的双边合作，依据首脑会谈达成的共识，专门构建了JIMF与"2+2"会晤机制。2016年12月，时任日本外相岸田文雄与印尼海上统筹部部长鲁胡特·潘贾坦（Luhut Pandjaitan）代表双方政府，就构建JIMF正式签署协议，声称："JIMF对日印尼建立海上合作关系，以及为本地区的稳定、和平与安全做出

第五章　印太战略视阈下日本面向中小国家（区域）的安全政策探析

的贡献都非常重要。"① 总体而言，JIMF 由日印尼部长会议以及若干工作组会议组成，具有促进海洋安全与经济合作的双重职能。在海洋安全领域，一方面，JIMF 有利于日印尼双方就各类海洋安全议题进行具体磋商，推动相关项目的实施。在 JIMF 框架下，两国部长会议及海洋安全工作组将就强化印尼海上执法能力建设、日对印尼海洋安全装备与技术的援助、两国合作打击海上跨国犯罪、双多边海上军演等事宜展开具体磋商，就各类合作项目的实施路径达成一致。另一方面，JIMF 为日印尼提供了较好的对话平台，一定程度上缓解了两国合作中信息不对称、不完全的问题。国家间信息不对称、不完全是困扰国际合作的主要症结之一。印尼在近代饱受包括日本在内的西方列强的奴役，对与日本的安全合作仍心存芥蒂，因此两国信息的沟通遂显得尤为必要。JIMF 作为一个囊括官方、一点五轨、二轨等多渠道的对话交流机制，方便双方进行海洋政策宣示，为日印尼彼此增信释疑、减少误判发挥了重要作用。在 JIMF 的框架下，印尼在较大程度上缓解了对日本的疑虑，为两国合作减少了阻力。

除了 JIMF，日本为了强化与印尼的海洋安全合作水平，在 2015 年安倍与佐科的首脑会晤中确定将启动"2+2"会晤机制。② 值得关注的是，日本在东盟国家中，首先便选择与印尼构建了"2+2"会议机制③，显示了日本对与印尼海洋安全合作的高度重视。同年 12 月在东京召开的首届"2+2"会议上，日印尼首次就防卫装备、技术转移进行商议，并就日印尼共同参与"科摩多-2016"海上联合军演、日本援助印尼海上安全能力建设等议题达成一致。④ 其后，在 2017 年 1 月安倍与佐科首脑会晤后的联合声明中，再次确认两国将强化外交、安保等部门多层次合

---

① Antara, Puspa Perwitasari: "Indonesia, Japan Launch Bilateral Maritime Forum", *The Jakarta Post*, December 23, 2016, https://www.thejakartapost.com/news/2016/12/23/indonesia-japan-launch-bilateral-maritime-forum.html.
② 2018 年日本『防衛白書』。
③ 目前，日本在东盟国家中，与印尼、菲律宾构建了"2+2"机制。
④ 2018 年日本『防衛白書』。

作[1]，重点通过"2+2"会晤机制深化海洋安全合作。2021年3月，时隔5年多以后，日本印尼召开了第二次"2+2"会议，两国间达成诸多重要共识：第一，日印尼正式签署了"防卫装备与技术转移协议"，将允许日本的各类防卫装备出口到印尼；第二，日印尼将强化边远岛屿开发、海上执法能力等方面的合作；第三，日将继续积极参加"科摩多"海上联合军演及双方的共同训练等，以维持和强化"自由开放的海洋秩序"。[2] 不难发现，日印尼本次会议围绕海洋安全合作取得了若干实质性成果，将明显促进两国合作的深化。此外，在分工上，与首脑互访为两国安全合作进行顶层设计、创造外部环境不同，与JIMF类似，次一级的"2+2"会晤机制主要负责协调两国安全政策、规划合作路径、落实具体项目。[3]

最后，在首脑互访、专门性机制外，日印尼在海洋安全领域构建了各类高官互访机制。着眼于海洋安全合作，日印尼防长、副防长、防卫审议官、总参谋长（幕僚长）、各军种高级将领等防卫领域高官间基本形成了常态化的对话、交流机制。表5-3以佐科上台为节点，梳理了2015年4月至2020年两国国防领域高官互访情况。日印尼两国利用以上机制，就双方共同关心的地区形势与安全政策交换意见，以求增信释疑、信息共享，努力落实首脑会谈、JIMF以及"2+2"会晤达成的合作项目。在历次防卫高官互访中，两国更多着眼于对海上搜救、打击海盗与海上恐怖主义犯罪、海上防灾救灾、打击跨境走私、海上军演等海洋安全问题进行磋商，并协商制定具体举措。此外，印尼为了强化对全国岛屿及其附近海域的掌控能力，也希望日本加强对印尼海上执法、海域态势感知、海警业务水平等方面能力建设的援助。

---

[1] 2018年日本『防衛白書』。
[2] 日本防衛省「日・インドネシア外交・防衛閣僚会合（概要）」、2021年3月30日、日本防衛省网站（https://www.mod.go.jp/j/approach/exchange/area/2021/20210330a_idn-j.html）；日本外務省「第2回日インドネシア外務・防衛閣僚会合（「2+2」）」、2021年3月30日、日本外務省网站（https://www.mofa.go.jp/mofaj/press/release/press4_009033.html）。
[3] 这一点与日本与澳大利亚的海洋安全合作情况类似，参见王竞超《日澳海洋安全合作的历史演进、动因与前景》，《太平洋学报》2018年第9期。

第五章 印太战略视阈下日本面向中小国家（区域）的安全政策探析

表 5 - 3　　　　　　佐科执政以来日印尼防卫高官互访情况

时间	日印尼互访情况
2015 年 5 月、8 月	日本防卫审议官访问印尼
2015 年 9 月	印尼国防部副部长访日（出席第 7 届日本、东盟副部长级峰会）
2015 年 9 月	日本陆军幕僚长（总参谋长，下同）访问印尼
2015 年 12 月	印尼国防部长、海军参谋长访日（第 1 届日印尼"2 + 2"会晤）
2016 年 4 月	日本海上自卫队幕僚长访问印尼
2016 年 8 月	日本防卫审议官访问印尼
2016 年 9 月	印尼国防部副部长访日（出席第 8 届日本、东盟副部长级峰会）
2016 年 10 月	印尼空军参谋长访日
2016 年 11 月	日本自卫队总参谋长访问印尼
2019 年 12 月	印尼国防部长、海军参谋长访日
2021 年 3 月	印尼国防部长访日

资料来源：日本防衛省『2018 年日本防衛白書』、https：//www.mod.go.jp/j/publication/wp/wp2018/pdf/index.html；日本防衛省「インドネシア　ハイレベル交流」、https：//www.mod.go.jp/j/approach/exchange/area/s_e_asia/indonesia.html。

（二）海洋非传统安全合作迅速发展

从具体合作领域来看，日印尼海洋安全合作最初发端于海盗治理等非传统安全领域。2000 年以后，印尼群岛水域及周边的马六甲海峡、南海等海域的海盗、海上恐怖主义等跨国犯罪日渐猖獗，对日本传统海上通道安全带来了严重威胁。因此，日本开始尝试与马六甲海峡沿岸三国——印尼、新加坡及马来西亚发展海洋安全合作，以便其参与相关海域海事犯罪的治理。在合作特征上，由于东南亚国家总体国力所限，打击海洋犯罪技术、装备、经验等都较为欠缺，日本成为了援助各国能力建设的主要域外大国之一。

表 5 - 4 对 2000 年以后日本对印尼及东盟相关国家提供的主要海上安全援助项目进行了简要总结。从表 5 - 4 可看出，日本自 2006 年以后与印尼在打击海盗、海上恐怖主义等方面的合作日趋密集并延续至今。日本通过海上犯罪研修与安保机制强化项目、海上安保部门协同训练及

派遣相关专家等举措,帮助印尼及其他东南亚国家强化海上非传统安全问题治理的能力建设。日本这一举措可谓有"一箭双雕"的作用。一方面,日本通过帮助印尼打击海盗、海上恐怖主义等,有效遏制了相关海域的海上犯罪情况,从侧面保障了本国的海上通道安全。另一方面,日本也可通过强化与印尼等国的海洋非传统安全合作,借机在东南亚渗透本国影响力。日本政府认识到,对于印尼等东南亚国家而言,海洋非传统安全合作敏感度较低而迫切程度较高,相对容易为其接受。因此,日本因势利导,通过对印尼等国提供海上非传统安全领域较为实用的功能性公共产品,加大印尼等国对日本的依赖,逐步消除了对方对日本介入本地区海洋安全事务的戒惧。① 更重要的是,日印尼通过在海洋非传统安全领域积累合作成果,为两国将合作领域外溢、扩展至海洋传统安全领域创造了条件。

表5-4　　2000年以来日本对印尼提供的主要海上安全援助项目

援助时间	援助项目	主要受援国
2001年—	东亚打击区域海上犯罪研修	东盟相关国家
2008年5月—2011年5月	印尼海上安保组织体制强化项目	印尼
长期项目	派遣专家提升沿岸各国海上安保系统的防范与管理能力	马六甲海峡沿岸三国
长期项目	海上安保部门的协同训练	东盟各国
长期项目	接收沿岸国家留学生进入日本海上保安大学学习	马六甲海峡沿岸三国
2004年—	亚洲各国海上安保部门主管官员会晤机制	东盟各国
2006年6月	为防止印尼海盗、海上恐怖主义及武器扩散而进行的巡逻船艇建造计划	印尼
2007年3月	日本—东盟港湾安保研讨会	东盟各国

---

① 参见王竞超《日本对马六甲海峡海盗治理实务的介入进程及模式研究》,《太平洋学报》2017年第6期。

第五章　印太战略视阈下日本面向中小国家（区域）的安全政策探析

续表

援助时间	援助项目	主要受援国
2005年2月—2006年8月	印尼主要贸易港安保体制强化计划调查项目	印尼
2009年11月	日本—东盟港口安保信息传递共同训练	东盟各国

资料来源：日本外务省「我が国の途上国に対するテロ対処能力向上支援」、2004年11月、http：//www.mofa.go.jp/mofaj/gaiko/terro/kyoryoku_06_2.html；王竞超："日本对马六甲海峡海盗治理实务的介入进程及模式研究"，《太平洋学报》2017年第6期。

（三）海上军演等传统海洋安全合作日趋频繁

除了非传统安全合作，日印尼海上军演等传统海洋安全合作也日趋频繁。2014年佐科执政后，对国家群岛水域的安全、海军实力的提振日益重视，开始有选择地与域外大国开展海上军演等传统海洋安全合作。而在彼时，安倍政府也希望凭借与印太主要国家发展更深层次的海洋安全合作，推进本国印太战略。在此背景下，日印尼开始将海洋安全合作领域逐步由非传统安全领域逐步外溢至传统安全领域。具体而言，两国合作集中体现于军队间的交流日趋频繁，共同参与的海上军演与训练项目逐步增加等方面。第一，在军队交流方面，日印尼军队间近年来取得了多个标志性突破，如2017年1月，日航空自卫队KC-767空中加油机访问印尼，与印尼空军进行了交流；2017年2月日本海上自卫队访问、停靠于雅加达港等。此外，日本海上自卫队还注重给予印尼海军能力建设的支援。如2014年以来，日本海上自卫队一直对印尼海军提供国际海洋法、海洋科学及国际航空法等课程的培训项目。[①]

第二，日印尼共同参与的双多边演习密度持续加大。表5-5对2015年以来日印尼共同参与的双多边军演进行了简要梳理，可发现两国共同参与的海上军演类别日渐增多，领域日趋扩大。其中，既有扫雷、救灾、海上通信训练、海上搜救等功能性演习项目，也涵盖了烈度较高、趋近于实战的军演，表明两国海洋安全合作的深度与广度均得到了较快

---

① 2017年日本『防衛白書』，第389页。

提升。其中，2016年、2018年日本海上自卫队连续参与了印尼主导的"科摩多-2016""科摩多-2018"海上联合军演，与多国共同实施了海上搜救、海上人道主义支援等训练项目，显著密切了两国海军合作关系。"科摩多"海上联合军演也由此逐步成为日印尼标志性海上军演合作项目之一。

因此，日印尼在印太地区的海洋安全合作发端于敏感度相对较低的非传统安全领域，其后则逐步扩展至传统安全领域，合作广度日渐扩大，合作层级日趋提升，已形成了综合性海洋安全合作体系。

表5-5 2015年以来日本印尼共同参与的双多边军演

军事演习（训练）名称与实施年份	演习（训练）内容	主要参加国
西太平洋海上扫雷训练（2016年、2018年）	在西太平洋海军论坛（WPNS）统筹指导下，各参与国在指定海域由扫雷舰、潜水员等进行扫雷训练	美、日、印、澳、印尼、韩、新加坡等
西太平洋海军论坛（WPNS）多国海上训练（2015年、2017年）	海上目标搜索、救援能力训练	美、日、澳、中、泰、新西兰、印尼、孟加拉国等
"卡卡杜"多边海上军事演习（2016年、2018年）	反潜作战、反水面作战、海上通信能力训练，强化协同作战能力	美、日、澳、泰、新西兰、新加坡、文莱、印尼、马来西亚等
美泰"金色眼镜蛇"联合军演（2015年以来）	强化协同作战配合能力以及人道救援、海上救援、打击跨国犯罪等能力的训练	美、泰、新加坡、印尼、马来西亚、日、韩等
东盟地区论坛（ARF）救灾演习	海上、陆上救灾联合应对能力训练	印尼等东盟国家及中、美、日、澳、新西兰、韩等
科摩多海军联合演习（2016年、2018年）	联合搜救、登临检查、海上拦截等海上人道主义援助、海上灾害救援、反恐、打击海盗及武装抢劫船只等能力训练	印尼、马来西亚、新加坡等东盟国家，中、美、日、俄、法等

资料来源：依据日本防衛省『政策評価書』（総合評価）、2011年2月、日本防衛省网站（http：//www.mod.go.jp/j/approach/hyouka/seisaku/results/22/sougou/honbun/22sougou-03-2takokukann.pdf）；Commander, U. S. Pacific Fleet, "Multilateral Naval Exercise Komodo Kicks Off in Indonesia", April 12, 2016, https：//www.cpf.navy.mil/news.aspx/130006。

三 日印尼海洋安全合作的动因

在亚太乃至印太区域局势剧烈动荡的背景下,日印尼强化海洋安全合作也存在深层动因,其既受到了美国对外政策调整等外部环境的较大影响,也是日印尼基于彼此国家利益、战略取向的主动作为。

（一）日印尼海洋安全合作的外部动因

近年来,印太地区权力转移进程加速,大国博弈日趋激烈。印太地区秩序,尤其是地区安全秩序面临着重构。在此背景下,与前文列举的日澳、日越等案例一样,美国亚太安全政策、印太战略的变化成为了推动日印尼海洋安全合作的主要外部动因。继奥巴马时期加速调整亚太同盟体系,特朗普执政后进而提出了美国的印太构想,并逐渐将其充实为印太战略。美国以上两大政策调整均默许甚至"鼓励"日印尼海洋安全合作,成为推动两国合作的主要外部动力。

首先,美国对亚太同盟体系的变革从侧面推动了日印尼海洋安全合作。奥巴马执政以后,除了以日美同盟为基础开展多边安全合作,奥巴马政府也鼓励盟国之间、盟国与印度、印尼、越南等美国伙伴关系国家加强彼此之间的横向联系。[①] 因此,日本作为美国在亚太最重要的盟友,一方面需配合美国战略调整,强化与澳、菲、泰等"间接盟国"的安全关系,发展双边与小多边安全合作;另一方面,除了"间接盟国",日本也需着力提升与印度、印尼、越南等伙伴关系国的安全合作水平。

更重要的是,与以上伙伴关系国发展安全合作既呼应了美国,也为日本实施本国"抱负"提供了助力。伴随着日本对美战略自主性逐步加强、构建军事大国进程逐步提速,日本希望独立于美国开拓自身的安全合作"朋友圈"。在这一情况下,印度、印尼、越南为代表的伙伴关系国成为日本发展安全合作新的"增长点"。在各伙伴关系国中,印、越等国与日本在海洋安全合作机制建设、海洋军事技术与装备、海上联合训练与军演等多个维度的合作均取得了长足发展。而印尼由于较强的民

[①] 信强:《"次轴心":日本在美国亚太安全布局中的角色转换》,《世界经济与政治》2014年第4期。

族意识，对与域外大国的安全合作一直较为慎重，其也成为日本的"重点攻关对象"。印尼面对美日抛出的"橄榄枝"，也有自身的小算盘。作为东南亚第一大国，为了维持自身在东盟的领导地位，在国力受限的情况下，也需要借助外力强化海洋安全力量。因此，印尼面对日本的拉拢，根据国家利益与自身需要有选择地接受了合作领域与具体项目。

其次，美国印太战略在近几年逐步成型，进一步激发了日印尼安全合作的活力。特朗普政府近两年相继发布《2018年美国国防战略报告》《2018年亚洲再保证倡议法案》《2019年印太战略报告》等重要官方文件，在印太安全、经济领域重要政策不断出炉，逐渐构建起美国印太战略的骨架，"脱虚入实"趋势明显。[1] 拜登执政后，进一步夯实了美印太战略的架构。在安全上，美国印太战略意图囊括美日印澳及印尼、越南等主要伙伴关系国，以在印太多边海洋安全合作为抓手，将东海、台海、南海与印度洋作为一个整体，促进"三海一洋"安全联动，携手沿线国家钳制中国，通过恶化沿线安全环境颠覆"21世纪海上丝绸之路"。[2] 在美国的战略视野中，印尼沟通南海与东印度洋、为连结印太两大次区域的桥梁，战略地位极为重要，在美国"三海一洋"的战略谱系及其印太安全秩序的未来构想中均占有不可替代的位置。因此，美国除了积极与佐科政府发展安全关系，也希望日本从旁协助，利用战后在东南亚长期经营积累的政治、经济、社会资源，发展与印尼的安全关系，争取强化美印尼、日印尼、美日印尼双多边海洋安全合作。

因此，不论是奥巴马时期对亚太同盟体系的变革，还是特朗普对印太战略的推动，本质上都期望日本配合美国，与印尼等伙伴关系国强化安全合作。拜登上台后，更是着力修复、强化与盟国、伙伴关系国的关系。日印尼的安全合作，一方面可望为日美同盟强化在南海、东印度洋的军事存在提供便利，有利于其构建"三海一洋"的对华遏制体系；另一方面，在美国谋划的 QUAD + X 框架中，印尼将是重要一环，日印尼

---

[1] 参见王竞超《美国印太战略的演进及对地区局势的影响》，《华东理工大学学报》（社会科学版）2019年第3期。

[2] 参见王竞超《美国印太战略的演进及对地区局势的影响》，《华东理工大学学报》（社会科学版）2019年第3期。

第五章 印太战略视阈下日本面向中小国家（区域）的安全政策探析

强化海洋安全合作将有利于以美日印澳为核心的印太安全秩序的构建。当然，也应指出的是，美国作为最大外因固然推动了日印尼合作，但日本对构建"正常国家"、强化安全事务战略自主性的意图与美国的"期望"完全耦合也是其主动强化与印尼海洋安全合作的重要因素。

（二）日印尼海洋安全合作的国家安全动因

除了受美国政策转变等外因推动，日印尼海洋安全合作也是两国为了维护国家安全、实现彼此印太安全战略目标所采取的重要举措。印尼群岛水域及邻近海域为全球海洋非传统安全问题最为严重的地区之一，而南海、印尼与周边国家的海洋划界争端也显著恶化了地区海上安全局势。以上非传统与传统海洋安全问题叠加，既使日本海上通道沿线安全风险骤增，也使印尼国家安全面临着严重威胁，成为两国需共同应对的课题。不仅如此，日本与印尼在印太均持有长期安全战略目标，也亟需获得对方的支持才有望达成。

首先，日本与印尼需共同应对非传统安全问题。日本作为一个资源极度匮乏、国家生存与发展严重依赖海外市场的国家，从波斯湾到本国的海上通道安全无疑对其具有极为重要的战略意义。从历史来看，1973年第一次石油危机后，日本海上通道开始频遭各种传统安全与非传统安全威胁，安全环境错综复杂，抗破坏能力弱。尤其是印尼群岛水域及其附近的马六甲海峡、南海以及东印度洋为全球海盗、海上恐怖主义等海上犯罪最为猖獗的区域之一，而日本商船与油轮是海上犯罪团体重点觊觎的对象，频频遭受武装抢劫。对印尼而言，海盗、海上跨境走私、海上恐怖主义、非法捕鱼以及各类海洋灾害已成为阻碍印尼经济发展、危害其国家安全的重要因素。其中，海盗犯罪问题困扰印尼多年。在印尼、马来西亚、新加坡发起的联合巡逻（MALSINDO）、亚洲地区反海盗及武装劫船合作协定（RECAAP）等国际机制启动后，马六甲海峡的海盗犯罪基本得到控制。然而，印尼周边的苏拉威西海、苏禄海其后却成为国际社会海盗犯罪新的高发地区。

其次，日本与印尼高度关注南海争端、印尼与周边国家海洋划界争端等传统海上安全问题。2012年以后南海争端持续发酵，日本海上通道面临的地缘政治风险骤然加大，印尼作为南海沿岸国担心受到地区冲突的牵连。而印尼与周边国家的海洋划界争端悬而未决，这不仅是印尼的安全隐患，也是日本海上通道面临的潜在威胁。经过40多年的努力，印尼虽然与周边多数国家和平地解决了大部分的领海划界问题，但仍未能和马来西亚、新加坡、菲律宾、东帝汶、帕劳等国完成海洋划界，某些划界问题还曾恶化为纠纷，引发相关双边关系的倒退乃至局部地区的紧张态势[1]。其中，印尼与马来西亚之间有关安巴拉特海域的划界争端尤为严重，对印尼海域安全局势产生了明显的消极影响。印尼与邻国存在划界争端的海域多为日本海上通道的核心组成部分，故日本对以上问题也高度关注。

不难看出，日本与印尼共同面临较多的海上安全威胁，主动开展海洋安全合作的内在动力较强。一方面，日本的海洋军事装备与技术对印尼有较强的吸引力。印尼政府为了捍卫国家安全，自2005年开始组建一支由300艘各类舰船以及最少12艘潜艇构成的"最小必要部队"（MEF），计划于2024年完成[2]。佐科政府为了加速推进MEF计划，需强化与域外大国的海洋军演与共同训练，引入新的军事装备与尖端技术，日本是其重要的合作伙伴之一。因此，印尼除了努力密切与日本海上自卫队的军演合作，也迫切希望引入日本常规潜艇、岸基雷达、水上飞机、扫雷、反潜、海域态势感知等装备与技术。日本也期待借此促进对印尼海洋军事装备出口，打破目前防卫装备出口乏力的困局。另一方面，日本所强调的海上执法能力建设、人道主义救援、防灾救灾等议题为印尼高度关注，日本与印尼间的"供需关系"也构成了两国合作的前提条件。日本直接负责以上议题的海上保安厅在实力与规模上均位居全球前列，其在海上执法、海上犯罪治理、海上灾害应对等方面积累了丰富的经验，具备较成熟的海洋管理经验与运营模式，且拥有全球领先的情报、指挥、通信与控制系统。与此同时，日本巡逻舰船数量庞大，其中排水量达6500吨的"秋津洲"号和"敷岛"号巡逻舰更是世界最大的非海

---

[1] 刘畅：《印度尼西亚海洋划界问题：现状、特点与展望》，《东南亚研究》2015年第5期。
[2] 祁斌：《东南亚国家海军的现代化进程》，《船舶与配套》2014年第1期。

第五章　印太战略视阈下日本面向中小国家（区域）的安全政策探析

军型武装船只之一，拥有较强的海上执法、防灾救灾以及海上搜救的能力。对印尼而言，由于多年受国家海洋技术与装备水平、海洋从业人员素质、财力等因素制约，其在海上执法、海上搜救、打击海上犯罪、海上灾害预测与应对等方面的能力严重不足。日本海上保安厅的技术、装备与专业素养无疑是印尼所急需的，这也从侧面推进了两国合作的深入发展。

最后，日本、印尼需互相倚助，实现本国在印太的安全战略目标。日本印太战略实施后，为了应对印太海洋安全问题、遏制中国，着力构建印太地区多维度、多层次的合作网络。而印尼对于日本编织这一网络具有不可替代的地缘政治意义。一方面，印尼北、西、南向分别与中、印、澳等区域大国相邻，且地处印太两洋交汇处，可对日美澳联合印度在印太钳制中国发挥关键的桥梁作用。一旦印尼与中国过于接近，日美等竭力打造的印太海洋安全合作网将失去重要的战略支点。因此，印尼已成为日美继印度、越南后重点争取的对象。另一方面，东盟为日美未来印太秩序构想中不可或缺的组成部分。印尼作为东盟领导国家、印太地区中等强国之一，其政策动向对于域内诸多中小国家具有重要的"标杆作用"。日美期望通过争取印尼，形成"磁场效应"，吸引更多的伙伴关系国参与"印太新秩序"的构建。

而印尼为了实现"全球海洋支点"战略，采取了以下若干举措，也需借助日本之力。第一，密切与东盟域内海洋国家的合作。通过积极开展海洋外交，佐科政府意图在巩固自身东盟领导国家地位的同时，与泰、马、菲、新等邻国共同应对海洋安全问题，强化区域海洋合作。第二，除了东南亚国家，印尼也力求强化与各域外大国的双边关系，在获得"全球海洋支点"战略所必须的资金、技术、装备之余，期望在未来的印太安全秩序构建中获得更强的话语权。日本作为亚太传统大国、印尼的主要外资来源国，也是佐科政府着力争取的对象之一。第三，强化国防（特别是海军）实力，为确保印太两洋安全、实现"全球海洋支点"战略奠定基础。日本海上自卫队实力位居世界前列，其军事装备与技术等都为印尼所看重。鉴于前文已有相关分析，此处不再赘述。

因此，不论是维护国家安全，还是实现在印太的安全战略目标，日本与印尼都需互相倚助，且互补性较强，有较大的合作空间，这为两国发展海洋安全合作奠定了基础。一方面，日本与印尼有着共同的国家安全关切。日本通过向印尼提供海洋军事装备与技术、强化印尼海洋安全能力建设，既可从侧面确保本国海上通道安全，也可借机促进防卫装备的出口。而印尼则可借助日本装备、技术与经验更好地维护国家安全，强化国防建设。另一方面，日本与印尼也需借助对方的地缘政治优势与地区影响力，实现本国在印太的安全战略目标。

四　日印尼海洋安全合作面临的挑战与前景

不可否认，近十几年，特别是佐科执政以来日印尼海洋安全合作不断深化，取得了明显进展。在"后疫情时代"，日本印尼合作既面临着多重挑战，也具有一些有利条件。

就日印尼合作面临的挑战而言，大体有以下若干方面。首先，日印尼对海洋安全合作的设想不完全一致。一方面，日印尼对于传统、非传统安全领域的重视程度不一。日本在安全领域尽管也强调海洋非传统安全问题治理，但核心仍是希望通过积累非传统安全领域合作成果来提升合作层次，进而加强与印太各国传统海洋安全方面的合作，尽可能在印太海域投放自身军事力量。近年来，日本与美、印、澳等大国及越、菲、新、马等中小国家的安全合作已清楚地体现了以上特征。而印尼"全球海洋支点"战略在安全领域则更多地关注海盗、海上恐怖主义、非法捕鱼、跨境走私、海上防灾救灾等非传统安全领域，将海洋军演等传统安全合作定位于稍次要的位置。印尼的主要目的仍在于借助日本等域外大国提升本国海上武装力量的装备水平，打击各类海洋跨境犯罪及分离主义势力，强化对本国广大群岛水域的掌控能力。

另一方面，日印尼各自国家战略尽管在制度设计、主要内容上有相近之处，但指向不尽相同。日本印太战略更多地体现一种外向性与扩张性，意图借此突破战后和平宪法对本国外交、军事活动的束缚，实现"战后外交总决算"，将政治、军事力量更多地投放至西印度洋到南太平洋的广大区域，在构建横跨印太的政治、军事大国的同时，形成对中国

第五章 印太战略视阈下日本面向中小国家（区域）的安全政策探析

的牵制。而印尼更多的是关注本国群岛水域的安全稳定、岛屿间连通水平、主权维护等议题，对外则多希望扮演印太两大区域的海上枢纽角色，巩固自身在东盟的领导地位，更多地体现了一种自我防御与完善的利益诉求，内向性与防御性特征相对突出。

其次，日印尼关于印太安全秩序主导权、安全架构中心地位的主张不尽相同、动因各异，将在一定程度上制约两国海洋安全合作的开展。近年来，印尼"全球海洋支点"战略构想有向"东盟版"印太战略发展的趋向，其关于印太安全秩序主导权等方面的主张与日美等国出现了明显分歧。2018年年初，印尼外长雷特诺在其年初的政策演说中提及印尼视角的印太概念及其基本发展路线。① 其后，印尼版印太构想在东盟各国间经过广泛的讨论与磋商后，2018年5月，雷特诺在雅加达战略国际问题研究所（CSIS）的"全球对话"活动（Global Dialogue）中首次披露了东盟视角下的印太构想概要。② 数月之后，印尼初步完成"印太愿景"（Indo-PacificVision）草案，随后印尼总统佐科与外长雷特诺、海洋统筹部部长鲁胡特等高官在东盟内部将其推介，并获得了认可，奠定了东盟印太构想的主要框架。③ 2019年6月，在曼谷举行的东盟峰会上，印尼正式向大会提交了本国起草的《东盟印太展望》（ASEAN Outlook on Indo-Pacific，以下简称《展望》），并获得了正式通过，形成了东盟版印太构想。④ 因此，《展望》很大程度上代表了印尼对印太未来的谋划，其与"全球海洋支点"战略构想是一脉相承的。在《展望》中，印尼为代表的东盟国家围绕未来印太秩序构建、安全合作路径进行了详细阐述。东盟在《展望》中明确提出："在紧密融合、相互关联的印太地区，东

---

① Retno, Marsudi, "Indonesia: Partner for Peace, Security, Prosperity", Jakarta Post, 11 January, 2018, https://www.thejakartapost.com/academia/2018/01/10/full-text-indonesia-partner-for-peace-securityprosperity.html.
② Jakarta Post, "East Asia to hear about Indo-Pacific idea", 9 May, 2018, https://www.thejakartapost.com/news/2018/05/09/east-asia-hear-about-indo-pacific-idea.html.
③ 参见张洁《东盟正式接受了"印太"概念》，《世界知识》2019年第15期。
④ Ministry of Foreign Affairs of the Republic of Indonesia, "ASEAN Summit Adopt ASEAN Outlook on Indo-Pacific", 23June, 2019, shttps://kemlu.go.id/portal/en/read/388/berita/asean-summit-adopts-asean-outlook-on-indo-pacific.

盟需扮演中心、战略性角色。"① 显示出在大国博弈加剧的背景下,东盟不甘心在地区事务中被边缘化,意图在未来地区安全秩序中继续保持主导地位的决心。作为具体举措,印尼等东盟国家强调将进一步加强、优化东盟主导的东亚峰会(EAS)、东盟地区论坛(ARF)、东盟防长扩大会议(ADMM+)以及东盟海上论坛(EAMF)等地区多边合作机制。②

可见,不论是苏西诺时期的印太战略初步构想,还是佐科政府主导制定、东盟集体发声形成的东盟版印太构想,均有两个显著特征,并与美日印澳等国的印太战略具有较明显的差异。第一,以印尼为代表的东盟国家坚持东盟需在未来的印太战略构想中居于中心位置,继续在地区事务中起主导作用的立场。第二,与美日印澳等国对华牵制、制衡的意图不同,印尼等东盟国家希望将中国纳入印太战略构想中,使其成为印太区域秩序的重要构建者与参与者。东盟不希望在中美对立日益严重的背景下"选边站队",伤及自身利益。因此,一个东盟主导、包容性强、重视经济合作、各国行动协调一致的印太战略最符合东盟预期与利益。而这一印太战略在经济、安全上则应以东盟业已主导的多边合作机制,诸如东亚峰会、东盟防长扩大会议、东盟地区论坛、香格里拉对话(SLD)等框架为基础予以扩展,并逐步在地理上涵盖整个印太地区。可以说,东盟版印太构想对QUAD凭借印太战略主导地区安全事务、地区秩序构建的意图予以了较强硬的回应。因此,日印尼对未来印太地区秩序主导权、安全架构中心地位的主张出现了较明显的分歧。

最后,印尼等距离外交传统与较强的民族主义思潮等国内因素也会抑制日印尼安全合作的发展。一方面,在中国快速发展的背景下,佐科政府延续了印尼的外交传统,对中日美等大国开展等距离外交。印尼除了避免在大国间"选边站队",也力图在中日间"两面下注"(hedging),相机获取最大收益。最明显的表现在于,印尼在与日本开展海洋安全合作的同时,自2015年也与中国构建"海洋发展伙伴"关系,意

---

① ASEAN, "ASEAN Outlook on Indo-Pacific", 23 June, 2019, https://asean.org/storage/2019/06/ASEAN-Outlook-on-the-Indo-Pacific_FINAL_22062019.pdf.
② ASEAN, "ASEAN Outlook on Indo-Pacific", 23 June, 2019, https://asean.org/storage/2019/06/ASEAN-Outlook-on-the-Indo-Pacific_FINAL_22062019.pdf.

第五章 印太战略视阈下日本面向中小国家（区域）的安全政策探析

图深化多领域的合作。此外，在南海争端、印太战略等涉及中国核心利益的海洋安全议题上，印尼均长期保持中立，持较为温和、包容的立场。因此，印尼在深化与日本海洋安全合作的同时，也会避免过度刺激中国，会适度控制日印尼海洋安全合作的强度与密度。

另一方面，基于历史原因，印尼民族主义、自主意识较强烈，对与日本等域外大国持合作中提防的态度。而日本在对外战略方面则有较强的功利主义倾向，这很容易挑动印尼敏感的神经，这一点多年前已在经济领域得到了印证。20 世纪 60—70 年代，经济高速发展的日本为了开拓海外市场，大举向印尼等东南亚国家投资，并取得了较好的回报。然而，由于片面追求经济利益、缺乏社会责任感、享受了过多苏哈托政府给予的优惠政策等因素，日企激发了印尼社会的严重不满，民族主义思潮逐渐高涨。1974 年日本首相田中角度访问印尼时，当地民众爆发了严重的反日游行，[1] 一定程度上阻碍了两国其后的经济合作，成了日印尼两国重要的历史教训之一。而印尼在安全领域的敏感程度更是远超经济领域，故印尼对与日本等大国合作是否会损害主权完整与国家独立性，进而挑起国内民族主义情绪颇为戒惧。正是如此，印尼在与日本的海盗治理、海上军演等安全合作中显得顾虑重重、较为谨慎。因此，未来日印尼海洋安全合作将继续面临印尼国内因素的掣肘，两国安全合作的深度与广度将受到一定的负面影响。

当然，日印尼合作也具有若干有利条件。美国因素将成为日印尼未来合作的主要推动力。当前，全球正处于百年未有之大变局，国际格局面临深层次的重构，2020 年新冠疫情的暴发进一步凸显了这一时代特征。在此背景下，美国以印太战略为抓手，力图强化与盟友及伙伴关系国的安全合作，以形成遏制中国的安全网络，这将成为"后疫情时代"日本—印尼海洋安全合作的主要推动力。

拜登执政以后，不仅明确了将继续推动印太战略的立场，也显示出对盟国与伙伴关系国的高度重视。2021 年 3 月，美国拜登政府正式发布了《国家安全战略临时指南》（以下简称《指南》）（Interim National Se-

---

[1] 杨达：《日本对东南亚的联通政策构想及战略运作》，《云南社会科学》2018 年第 2 期。

curity Strategic Guidance），《指南》多次强调美国要团结盟国与伙伴关系国，构建多边安全合作机制，共同应对挑战①。这表明，拜登政府将在未来努力修复、强化与盟国、伙伴关系国的关系，并期待两者密切彼此安全合作关系。对美国而言，日澳等为其在印太最重要的盟国，印度、印尼、越南等为美极力拉拢、深化安全合作的主要伙伴关系国，对维持美国主导的印太安全架构及"自由开放的国际秩序"意义重大。在美国战略认知中，如日本与印尼建立密切的安全合作关系，则美国亚太同盟体系中的"北锚"（日）与"南锚"（澳）的联系将更为紧密，美亚太同盟体系对印太安全局势的掌控能力也将进一步增强。因此，当前，美对日本—印尼海洋安全合作颇为重视，正在从旁推动，这将成为日本与印尼未来进一步深化海洋安全合作的重要外部动力。

而对日本而言，在美国的外部压力与要求下，以履行盟友义务、深化日美同盟关系等为口号，将进一步拉拢印尼，继续深化两国海洋安全合作，并在合适时机推动美日印尼小多边合作。日本在2020年6月出台的《防卫白皮书》中，明确指出日美同盟将继续深化在印太的海洋安全合作，并特别强调将进一步密切海域态势感知与情报搜集、海洋侦察、海上联合军演与训练等合作项目②。在此背景下，日本将对印尼投其所好，势必长期开展针对印尼的海洋安全能力建设援助，日印尼乃至日美印尼的双多边海上军演与训练也将日趋密集。

结语

在印太区域格局趋于动荡、地区秩序开始重构、日印尼印太战略（构想）日趋成熟的背景下，日本与印尼作为印太重要的区域大国与中等国家，近年来在海洋安全合作上取得了相当进展。两国合作既受美国政策转变等外力推动，也是日印尼在维护国家安全、确保自身利益、实施既定战略等目标驱动下的主动作为。当然，日印尼海洋安全合作未来

---

① The White House, "Interim National Security Strategic Guidance", https：//www.whitehouse.gov/wp-content/uploads/2021/03/NSC-1v2.pdf.

② 参见日本防衛省『2020年日本防衛白書』、时间不详、日本防衛省网站（https：//www.mod.go.jp/j/publication/wp/wp2020/pdf/wp2020_JP_Full.pdf）。

第五章 印太战略视阈下日本面向中小国家（区域）的安全政策探析

仍存在若干制约因素，两国合作前景或将因此受到一定的影响。第一，日印尼关于印太地区秩序主导权、安全架构中心地位的主张不尽相同。在这方面，日本与美国保持了较高的一致性，依然固守日美同盟为核心、美日印澳＋伙伴关系国为主体，主导未来印太地区秩序的立场。在日美构想中，印尼等东盟国家只是未来印太地区秩序中的辅助性角色，是遏制中国获得地区秩序主导权的砝码。而以印尼为代表的东盟国家则不甘于在大国博弈中被边缘化，在东盟版印太构想中强调自身在地区事务中的主导地位，并意图继续强化其主导下的各类区域多边合作机制。这一宏观路线的分歧将对日印尼海洋安全合作产生较明显的消极影响。

第二，日印尼对海洋安全合作的设想不完全一致。日本尽管也对非传统安全议题给予了较高程度的重视，但最终目标在于借参与非传统安全问题的治理更深层次地介入印尼乃至东南亚传统海洋安全问题，将本国军事触角延伸至印太腹地，外向性与扩张性较明显。而印尼更渴望借助日本等域外大国的海洋军事装备与技术、海洋安全事务管理经验强化本国海警等武装力量的能力建设，以更好地应对各类海洋非传统安全问题，有效掌控本国群岛水域，保持国家的安全与繁荣。印尼对与日本等国的传统安全合作尽管也投入了一定的资源，但更多的是着眼于国防需要，内向性与防御性较明显。

第三，印尼等距离外交传统与根深蒂固的民族主义思潮也将掣肘两国海洋安全合作的进一步拓展。长期以来，印尼在发展与各大国关系时，采取了"两面下注"甚至是"多面下注"的策略，在中国与日美等国之间倾向于左右逢源，相机追求最大利益，这也意味着印尼对日海洋安全合作会有所控制，以避免过度刺激中国。此外，印尼部分政治家及民族主义者对域外大国干预东南亚安全事务持高度戒备态度，这也决定了佐科政府在与日本安全合作的同时，会顾及国内反应而有所保留。

第三节　印太战略视阈下日本南太平洋政策研究

20世纪70年代以后，南太平洋岛国[①]相继取得独立，成为一个新的地缘政治板块。由于远离世界政治舞台中心、经济发展长期滞后、国土面积狭小等因素，南太平洋岛国在国际社会中曾严重缺乏存在感。

冷战结束后，南太平洋岛国因其扼守印度洋至太平洋重要海上通道、沟通亚太与北美的地缘优势，一些全球与地区大国开始对其加以重视，日本则是其中的典型代表。日本自20世纪90年代后期开始，通过制度建设、功能性援助、多边安全合作等路径，大力强化与南太岛国的关系，成为在该区域最为活跃的域外大国之一。尤其是2012年年末安倍晋三第二次组阁后，伴随着日本印太战略实施进程加快，作为印太核心组成部分的南太平洋引起了日本政府的高度关注。因此，对日本南太平洋政策的分析，具有以下现实意义。在日本印太战略谱系中，南太平洋岛国是相对容易为学界所忽视的一个板块，亟需强化研究。实际上，日本近年来对南太事务投入了大量资源，其主要目标即在于介入南太安全事务、确立在印太东缘地区的军事存在，进而更好地推动印太战略。因此，日本对南太诸岛国的政策从侧面折射了其印太战略及对外安全政策的意图，对研判日本战略走向、制定因应策略具有重要参考价值。

目前，国内外围绕日本南太平洋政策的前期成果大致集中于以下三个方面。首先，学界已出现日本与南太关系的宏观性研究成果。如日本综合研究开发机构（NIRA）在全面梳理了日本与南太平洋各国（地区）关系变迁的基础上，分析了当前南太的地区局势，并对日本政府提出了

[①] 南太平洋独立国家共有16个，即：澳大利亚、新西兰、巴布亚新几内亚、萨摩亚、汤加、瑙鲁、斐济、密克罗尼西亚联邦、马绍尔群岛、所罗门群岛、帕劳、瓦努阿图、基里巴斯、图瓦卢、纽埃及库克群岛。本书所涉及的南太平洋岛国是指除澳、新以外的14个国家，主要分布于美拉尼西亚、密克罗尼西亚、波利尼西亚三大岛群。

第五章 印太战略视阈下日本面向中小国家（区域）的安全政策探析

相应对策建议。[①] 其次，近年来分析日本南太平洋政策调整与考量的动态性研究逐渐兴起。如梁甲瑞剖析了近期日本南太战略的调整，并深入分析了其对中国可能产生的影响[②]；胡传明、张帅等学者则重点论述了日本介入南太平洋事务的战略考量，即日需要在海洋战略扩张、争取成为联合国安理会常任理事国、牵制中国等方面获得南太平洋岛国的支持等。[③] 最后，关于日本南太平洋政策的一些案例研究也为探讨日南太双边关系提供了较好的切入点。如桑德拉·塔尔特（S. Tarte）、陈艳云、张逸帆等学者对日本对南太渔业与援助政策的特征、模式及战略目的进行了分析。[④]

应当说，国内外学界现有成果对我们理解、把握日本南太平洋政策的特征、发展趋向、战略考量具有重要的意义。然而，日本南太战略是动态性较强的课题，故也应看到当前研究仍有完善的空间。首先，在日本国内层面，除了一些传统因素，近年来日本印太战略日趋成型，其对日本南太政策的影响需加以详细阐明。其次，在国际层面，美国因素、日澳及美日澳安全合作的发展等都成为日本南太战略新的外部变量。以上日本面临的国内外变量在既有研究中尚未充分引入，亟待新的研究成果加以完善。

一 历史视角下的日本与南太平洋

在全球历史长河中，南太平洋区域长期不为外部世界所知悉，直到大航海时代才逐渐向世人撩开其神秘的面纱。1519 年启动的麦哲伦环球

[①] 日本総合研究開発機構（NIRA）助成研究（アジア太平洋研究会）『南太平洋の現実と国際協力』，アジア太平洋研究会 1980 年版。
[②] 梁甲瑞：《日本南太地区战略调整及对中国的影响》，《国际关系研究》2015 年第 5 期。
[③] 胡传明、张帅：《美中日在南太平洋岛国的战略博弈》，《南昌大学学报》（人文社会科学版）2013 年第 1 期。
[④] Sandra Tarte, "Diplomatic Strategies: The Pacific Islands and Japan", *Pacific economic paper*, No. 269, July 1997, pp. 1 - 25; Sandra Tarte, "Japan and the Pacific islands: The politics of fisheries access, aid and regionalism", 7 August, 2015, https://www.researchgate.net/publication/265116258_Japan_and_the_Pacific_islands_The_politics_of_fisheries_access_aid_and_regionalism；陈艳云、张逸帆：《日本对南太平洋岛国 ODA 政策的调整及其特点》，《东北亚学刊》2013 年第 4 期。

航行尽管经过了南太平洋地区，但并未留下太多痕迹。直至18世纪下半叶，在英国著名航海家詹姆斯·库克（James Cook）的三次探索下，南太平洋及散布其间的各大岛群才逐渐为世人所知。而同时期的日本作为孤悬东北亚一隅的岛国，在德川幕府治下长期推行闭关锁国政策，除了中国、朝鲜半岛等少数区域，与外部世界联系颇为有限，故与南太平洋地区基本未产生正式的交集。

自德川幕府末期，日本国内开始萌生对外扩张的思潮，南太平洋遂进入日本的视野。彼时吉田松阴作为日本具有代表性的战略家，提出了"航海雄略论"，意图以东南亚地区为跳板，将澳洲及其附近的南太地区纳入日本的扩张目标，这对此后日本对外扩张路线产生了深远影响。

19世纪末20世纪初，日本正式加入了太平洋地区的争霸，并在1897年美国吞并夏威夷、1898年美西战争和随后的菲律宾独立运动中，表现其态度。[1] 随着日本在太平洋地区扩张加速，其与美国的摩擦逐渐加剧，日美开始寻求确保各自权益的折中方案。1908年11月，日本驻美大使高平小五郎与美国国务卿罗特在华盛顿地区交换了两国关于太平洋地区的换文，规定日美两国在太平洋地区拥有重要的远离本国的岛屿领土，并在该地区有着共同的目标政策和意图。[2] 日美妥协方案的达成不仅意味着两国摩擦暂时缓解，也标志着两国在太平洋平等竞争时代的开端[3]，这对此后数十年南太平洋地区秩序的形成具有重要意义。"一战"期间，日本应英国要求参战，于1914年10月占领了马绍尔群岛、加罗林群岛、特鲁克群岛等赤道以北的原德属南洋群岛。[4] "一战"结束后，《凡尔赛合约》规定，德国丧失所有海外殖民地，其中马绍尔群岛、北马里亚纳群岛[5]与加罗林群岛等德属太平洋岛屿正式归日本托管。自此，日本从现实、法理上实现了近代以来染指南太地区的梦想，并以马

---

[1] ［日］井上清：《日本帝国主义的形成》，宿久高等译，人民出版社1984年版，第70—76页，转引自臧运祜《近代日本亚太政策的演变》，北京大学出版社2008年版，第53页。

[2] 臧运祜：《近代日本亚太政策的演变》，北京大学出版社2008年版，第54页。

[3] 参见刘世龙《美日关系（1791—2001）》，世界知识出版社2003年版，第186页。

[4] 参见胡杰《英国视角下的英日一战海军合作》，《边界与海洋研究》2018年第2期。

[5] 德属马里亚纳群岛不包括美国领有的关岛，为了便于与关岛区分，多称之为北马里亚纳群岛。

第五章　印太战略视阈下日本面向中小国家（区域）的安全政策探析

绍尔群岛等为据点，为"二战"时期全面发动太平洋战争奠定了基础。20世纪30年代中期，进一步向南太地区扩张成为日本的国策。日本高层认为，帝国有三条生命线，第一条是中国东北，第二条是内南洋，第三条是外南洋；中国东北与内南洋已经在握，下一步该是夺占外南洋了。① 在这一方针的指引下，近卫文麿1940年第二次组阁后确定了"大东亚共荣圈"的亚太政策，开始实质上的南进。同年7月，近卫内阁制定《基本国策纲要》，在第二、第三条中详细规划了日本的南进政策，并正式确定了对外南洋等广大南太平洋地区行使武力的路线方针。② 此后，1941—1945年，广大南太平洋地区成为日美殊死搏斗的战场，并以美国的最终胜利而告终。

以上对日本与南太平洋地区的历史纠葛进行了简要梳理。可以发现，首先，自近代以来，日本即将南太地区作为日本对外侵略的主要目标之一，并期望以此为跳板挑战美英等在"一战"后确立的凡尔赛—华盛顿体系。因此，南太地区可谓是日本近现代对外扩张、构建政治与军事大国的关键桥头堡与立足点之一，这对探讨当前印太战略视阈下的日本南太政策具有重要的镜鉴意义。其次，近代以来日本对南太地区的渗透成为了当前其实施南太政策的社会基础。自"一战"开始日本对南太地区苦心经营了三十年，不仅造就了日本与当地千丝万缕的联系，更使南太一些国家、地区在文化、语言、风俗、经济发展模式、社会制度等方面留下了较深刻的"日本印记"。这些"日本印记"既成为20世纪70年代至今日本再次强化与南太诸国关系的社会基础，也酿就了日本一些政治家的"南太情节"，成为日本近20年，特别是印太战略实施以来推进南太政策的"重要动力"。

二　战后日本南太政策的实施路径

"二战"结束以后，日本在南太地区的殖民地丧失殆尽。在漫长的

---

① 内南洋指马绍尔群岛、马里亚纳群岛与加罗林群岛；而外南洋则囊括了内南洋以外的广大南太平洋地区。参见赵振愚《太平洋战争海战史（1941—1945）》，海潮出版社1997年版，第23页。

② 参见臧运祜《近代日本亚太政策的演变》，北京大学出版社2008年版，第260—261页。

171

冷战时期，日本与南太岛国共同被纳入了美国的亚太同盟体系，成为遏制苏联、中国的太平洋三大岛链重要组成部分。日本除了本土四岛、琉球群岛是第一岛链的核心组成部分外，所属小笠原群岛、硫磺列岛与南太平洋的马里亚纳群岛（关岛为中心）、密克罗尼西亚联邦等组成了第二岛链，形成了对社会主义阵营的"新月形包围圈"；而波利尼西亚群岛则与美国阿留申群岛、夏威夷等构成了第三岛链。三大岛链的提出，不仅激化了美苏在亚太的对峙局势，也深刻地塑造了战后亚太安全秩序。

战后较长一段时期内，日本与南太地区除了同处于美国亚太军事体系外，基本没有更多的联系。20世纪70年代以后，日本与南太诸国互动渐趋频繁。一方面，南太多国尽管相继独立，但苦于经济基础薄弱、发展环境恶劣，各国开始寻求日本等发达国家的援助；另一方面，日本经过了高速成长期以后成为世界经济大国，开始寻求开拓新的国际空间与投资目的地，南太地区多国开始进入其视野。在此背景下，日本、南太利益取向高度一致，双方关系明显升温。1985年1月，时任日本首相中曾根康弘出访斐济、巴布亚新几内亚，成为战后第一位访问该地区的日本政府首脑。受此政策激励，1987年日本外相仓成正巡访南太多国，并在斐济发表题为"迈向太平洋未来社会"的主旨演讲，提出了日本南太政策的五大原则：第一，尊重南太各国的独立自主；第二，支援南太区域合作；第三，确保区域政治稳定；第四，扩大日本与南太经济合作；第五，促进人员交流。[①] 以上五原则也被称为"仓成主义"（Kuranari Doctrine），成为日后日本政府发展与南太诸国关系的重要指导纲领。冷战结束以后，南太地区局势进一步缓解，日本也开始经由多重路径深入实施本国的南太政策。特别是日本在构建、推进印太战略后，进一步加大了对南太事务的参与、渗透，使南太安全局势趋于复杂。

（一）构建专门性制度强化对南太事务的介入

20世纪90年代后，在区域经济一体化与经济全球化如火如荼之际，南太岛国发展却举步维艰。一方面，南太岛国面临着国土狭窄分散、远

---

① 日本外務省「日本と太平洋の島国」、2009年3月、日本外務省网站（https://www.mofa.go.jp/mofaj/files/000068954.pdf）。

第五章 印太战略视阈下日本面向中小国家（区域）的安全政策探析

离国际市场、自然灾害与气候变化频仍等严峻课题，在国家生存与发展、安全保障等方面均急需国际援助。另一方面，由于国际社会信息不足问题的存在，南太诸国对与域外国家合作颇为戒惧。对此，中国学者苏长和曾指出："信息的不完善性是国际相互依存中永存的现象。信息不足使原本充满不确定性以及猜疑与疑惧的国际关系变得不可信赖，是国际合作的重要障碍之一。"[①] 就南太诸国而言，由于其在近代饱受大国殖民统治之苦、冷战时期长期处于东西方阵营对峙前线，主权意识格外强烈。更重要的是，南太诸国在信息不足、难以预判各大国战略意图的情况下，对域外大国介入南太事务高度敏感，对与大国的合作也很慎重。

自20世纪70年代以来，日本对南太各国进行了长期关注，对各国的担忧也颇为了解。为了打消南太岛国对日本的疑惧心理，让本国更有效地介入南太事务，日本于1997年创立了"日本和太平洋岛国首脑峰会"（PALM）这一多边制度安排。日本在该制度框架下通过领导人峰会、会间会等与南太各国保持常态化沟通，很大程度上改善了信息不足的问题，消弭了对方对日本介入南太事务的疑虑。此外，日本在该制度框架下对南太各国提供各类援助项目，大大密切了日本与南太各国的关系。从最近几期PALM即可窥见日本介入南太事务的路径与援助重点。如在2003年举行的第三届PALM中，日本与南太岛国确定了5个重点合作领域：强化南太平洋地区的安全保障；构建南太更为安全、可持续发展的环境；改善南太各国教育水平与人才培养质量；改善南太地区的医疗卫生条件；开展更为活跃、具有可持续性的日本—南太贸易合作，促进各国经济发展。[②] 在2009年第五届PALM中，日本承诺将在3年内提供500亿日元（约4.43亿美元）援助，宣布将为南太各国提供海水淡化、太阳能发电等环保技术；以确保"人的安全"为理念，为各国培养总计2000人左右的人才队伍；修建学校、医院等，改善南太各国民生；

---

① 苏长和：《全球公共问题与国际合作——一种制度的分析》，上海人民出版社2009年版，第83页。

② 日本外务省「日・PIF首脑会谈首脑宣言「冲绳イニシアティブ」骨子」、2003年5月19日、日本外务省网站（https://www.mofa.go.jp/mofaj/area/ps_summit/pif_3/declaration_h.html）。

加强日本与各国人员往来，加大接受各岛国留学生的力度，促进日本与南太国家青少年交流等。① 2012、2015 年举行的第六次、第七次 PALM 中，日本分别承诺 3 年内将向南太诸国提供 5 亿美元、550 亿日元（约 4.87 亿美元）的援助。② 2018 年 5 月，在日本福岛举行第八次 PALM，日本在以下方面取得重要进展：与南太各国间就构建印太战略达成共识；双方将加强海上安全能力建设、港口建设与运行等方面的合作；强化人文交流，日本承诺将在 3 年内为南太诸国培养 5000 名各领域人才；南太诸国明确支持日本"入常"等。③ 而因疫情影响，第九次 PALM 于 2021 年 7 月在线上举行，日本与南太诸国围绕印太战略、抗击疫情、应对气候变化等议题开展了磋商。④

可见，日本除了对南太诸国直接提供资金援助，将民生、基础设施、人才培养、环境保护、海洋灾害与气候变化应对等功能性援助作为了合作重点，提供了较多南太各国迫切需要的公共产品。通过各领域合作的深化，日本逐渐获得了南太诸国的好感。一个明显的佐证在于，南太国家除了公开支持日本"入常"，也向日本开放了海上安全、港口建设等敏感度较高的领域。日本也借此为全方位介入南太安全事务、推进印太战略的目标奠定了基础。

（二）促进人文交流，培育日本在南太地区的软实力

日本除了借助 PALM 对南太各国提供功能性援助、深入介入地区事务外，也重视借人文交流培育自身在南太地区的软实力。一方面，日本利用近代以来自身与南太地区（特别是密克罗尼西亚联邦）的"历史渊源"，强化双边的"文化认同"与"身份认同"。明治维新以后，大批日本人为了谋生，奔赴南太地区充当劳工，成为该地区主要外来移民来源

---

① 日本外務省「第 5 回日本太平洋・島サミット」、2009 年 5 月、日本外務省網站，https://www.mofa.go.jp/mofaj/area/ps_summit/palm_05/pdfs/shiensaku.pdf。
② 日本外務省「日本と太平洋の島国」、2009 年 3 月、日本外務省網站，https://www.mofa.go.jp/mofaj/files/000068954.pdf。
③ 日本外務省「第 8 回日本太平洋・島サミット」、2018 年 5 月 23 日、日本外務省網站，https://www.mofa.go.jp/mofaj/a_o/ocn/page4_004028.html。
④ 日本外務省「第 9 回太平洋・島サミット（PALM9）（結果概要）」、2021 年 7 月 2 日、日本外務省網站（https://www.mofa.go.jp/mofaj/a_o/ocn/page3_003070.html）。

第五章 印太战略视阈下日本面向中小国家（区域）的安全政策探析

之一。其后，日本"一战"伊始对北马里亚纳群岛等南太地区苦心经营了三十年，掀起了第二波日本对南太地区的移民潮，不仅使日裔成为南太地区重要的族群，也深刻影响了该地区的文化、习俗、社会制度等。日本利用以上"历史遗产"，对南太各国强调日本与对方的"亲缘"关系，并利用南太国家中上层日裔拓展对各国的宣传渠道，扩大彼此的认同感。

另一方面，日本通过实施"对日理解促进交流项目"（JENESYS），促进与南太各国的民间交流。日本官方公开宣称，希望通过JENESYS，邀请一大批具备外宣能力、在未来可望大有作为的南太国家人才来日交流学习，在政治、经济、社会、文化、历史、对外政策等层面加强对日理解的同时，发掘一批"亲日派""知日派"人士，充实日本的外交基础。[1] 据统计，2015—2018年，通过JENESYS来日访问交流的南太国家人员分别达到3700人次、7300人次、4800人次、3500人次。

JENESYS促进了大批南太国家中上层人士对日本的关注与认同，帮助日本扩大了在南太地区的影响力，有效培育了日本在该地区的软实力。

（三）强化与美、澳等国安全合作，借南太推进印太战略

除了以上传统的路径，在日本印太战略实施背景下，其近年来对南太事务的介入打上了深深的"印太烙印"。日本外务省曾公开表示，在实现"自由开放的印太"的视角下，南太诸国是极为重要的区域。[2] 日本通过与美澳等国在南太平洋开展安全合作，意图借助美澳的区域影响力便利自身对南太地区的渗透，借此与美澳协同推进印太战略，完善自身在印太的安全布局。这也是日本近年来介入南太事务的鲜明特征与主要目的。

一方面，日本与美国在南太平洋的双边安全合作不断深化，并借此获得在南太地区的军事立足点。2012年奥巴马正式提出"重返亚太"后，日美着手修订了1997年《日美防卫合作指针》，以应对亚太乃至全

---

[1] 参见日本外務省「対日理解促進交流プログラム」、2018年3月、日本外務省網站（https://www.mofa.go.jp/mofaj/files/000354851.pdf）。
[2] 日本外務省「第9回太平洋・島サミットの開催日程及び開催方式の決定」、2021年4月1日、日本外務省網站（https://www.mofa.go.jp/mofaj/press/release/press6_000783.html）。

球日趋复杂的安全课题,并期望借此更有效地遏制中国发展。2012年末,两国正式开始讨论具体修订工作,力图通过共同侦查、训练、演习等方式强化日美同盟在西、南太平洋地区的军事存在感与威慑能力,达成"着眼于亚太形势,日美两国在第一线形成战斗力的同时,需具备迅速增强战斗力的能力"这一共识。值得关注的是,2012年年末至日美正式修改《指针》这一时间区间,也正是安倍加速构建印太战略的关键时期。在以上背景下,日美在南太地区动作频频。第一,2013年12月以后,日美在关岛及北马里亚纳群岛的天宁岛设置两国共同使用的军事训练基地,这意味着日本通过日美同盟的"政策红利"在南太地区获得了重要的军事立足点。第二,日美在南太地区的双边军事训练、演习密度加大。两国针对"假想敌"对亚太相关军事目标可能的侵犯,于2016、2017、2018、2020年连续在关岛、天宁岛等地举行"利剑"(Keen Sword)联合军演。可以说,近年来日美两国以南太平洋为重要据点,掌控亚太乃至印太安全局势的战略部署已清晰可见。

另一方面,除了日美双边合作,日澳、美日澳在南太平洋的双多边安全合作也逐渐机制化。澳大利亚作为南太平洋主要国家,对地区安全事务具有较强发言权与重大利益关切。近年来,澳在多个官方文件中都表现了对南太地区的重视,并表示希望与域外大国合作维护该地区安全。澳在2016年《国防白皮书》中将本国战略防卫框架明确为四大层次,即澳本土及临近的海上通道安全;与澳相邻的巴布亚新几内亚、东帝汶、东南亚海域及南太平洋区域安全;印太区域的稳定;基于规则基础上的全球秩序。[1] 可见,南太地区被澳大利亚视为国防上最核心的区域之一。而对于南太地区的安全问题,澳也并不排斥日本等域外大国的介入。如在2012年发布的《亚洲世纪白皮书》中,澳大利亚表示:"澳可以通过与其他国家合作,为支持该地区的可持续安全作出许多贡献。我们将努力通过双边和现有的区域机制建立信任与合作。"[2]

---

[1] U. S. Department of Defense, "2016 Defense White Paper", 2016, http://www.defence.gov.au/WhitePaper/Docs/2016-Defence-White-Paper.pdf.

[2] Eastasiaforum, "Australia in the Asian Century", April, 2014, http://www.eastasiaforum.org/wp-content/uploads/2014/04/australia-in-the-asian-century-white-paper.pdf.

第五章　印太战略视阈下日本面向中小国家（区域）的安全政策探析

日本为了进一步强化对南太地区的渗透，对澳大利亚的作用相当重视。在澳明显表态不排斥和域外国家合作维持南太安全秩序后，日本更是"颇受鼓舞"，在两国海洋安全合作中专门设置了南太岛国的相关议题。2012年日澳第四次"2+2"会晤（即两国外长、防长会晤，下同）中，日澳双方强调通过太平洋岛国论坛（PIF）及PALM等多边机制，在海洋监测、渔业、环境与资源可持续发展方面强化双方在南太平洋广大区域的合作。[1] 此外，澳大利亚主导的"卡卡杜"多边海上军事演习成为日本开展与南太岛国安全合作的绝好平台。日本自2008年开始参与该演习以来，截至2018年已连续参与5次。通过联合军演，日本大大强化了与澳大利亚、南太岛国海军的协同作战能力。

除了日澳围绕南太进行的双边安全合作，美日澳三边在南太地区的安全合作也逐渐步入正轨。2013年10月日美"2+2"会晤中，两国就在亚太地区强化美日澳三边安全合作达成一致。2014年以后，美日澳共同参与的联合演习、训练密度不断加大，如美日澳三国联合海上演习、《防扩散安全倡议》（PSI）海上演习[2]等多次在南太地区进行。近两年来，除了以上传统安全合作项目，美日澳等国在关岛安德森空军基地区域举行的"对抗北方"（Cope North）多国联合军演影响日趋扩大，不仅成为美日澳在南太地区安全合作的重头戏，也逐渐成为遏制中国在南太地区影响力的关键抓手之一。

三　日本推进南太平洋政策的多重战略考量

日本推进南太平洋政策并非一时兴起，实则是日本历届内阁着眼于国内外局势所作出的长期战略部署，蕴藏着多重动因。特别是印太战略实施以来，日本南太政策打上了较深刻的"印太烙印"，成为日本完善自身印太安全布局的重要举措。

---

[1] 日本外务省「日本とオーストラリア：平和と安定のための協力 共通のビジョンと目標」、2012年9月14日、日本外务省网站（http://www.mofa.go.jp/mofaj/area/australia/2plus2/pdfs/1209_gai.pdf）。

[2] 王竞超：《日澳海洋安全合作探析：历史演进、动因与前景》，《太平洋学报》2018年第9期。

（一）日美同盟向全球拓展、遏制中国的支点

南太地区为日美同盟向全球拓展、遏制中国的关键支点。应当说，日美同盟向全球范围拓展是美国遏制中国、维护自身主导的全球安全秩序的需要。究其原因，大致有以下两方面。一方面，随着中国外向型经济的发展，其国家利益布局经历了由亚太、印太至全球的扩展。另一方面，伴随着海洋强国战略的实施，中国海军不断走向深蓝，通过索马里与亚丁湾护航、建立海外保障基地、承担国际维和任务等，在地缘上已跨越了亚太地区，积极参与了印度洋乃至全球安全治理。因此，中国突破第一、第二岛链的趋势日益明显，引起了美日等国的高度戒惧。

在此背景下，日本通过对南太地区的渗透，不仅能扩大同盟在亚太的活动范围，更有望辅助美国，将对华遏制体系实现从"岛链"到"菱形"、由"线"向"面"的战略升级。具体而言，一方面，通过对南太地区的渗透，日美在强化原有两条岛链防御力量的基础上，可大力夯实第三岛链的遏制能力。从地理上看，第二岛链与第三岛链距离较远，为了使二者更为有效地呼应，横跨其间的南太岛国成为了天然媒介。因此，南太地区既是第二、第三岛链的重要组成部分，也是连接二者的桥梁与纽带。日美希望通过强化与南太岛国的关系，更有效地提升两条岛链的遏制能力。

另一方面，日美在岛链遏制体系基础上，希望借助南太地区完善、升级对华遏制能力。如前文所述，安倍在第二次组阁后公开表示日本应与美国夏威夷、澳大利亚、印度加强安全合作，形成"亚洲民主安全菱形"[1]，以达到遏制中国的战略目标。而美国自奥巴马时代就开始重视印、太两大区域的联动，特朗普政府2018年以后更是加快在印太的军事部署。在此背景下，日美围绕印太的安全互动也日趋频繁，南太则是两国重点关注的区域之一。日美通过加强对南太地区事务的介入，可将传统三大岛链进行升级，将遏制形式由"线"上升为"面"，将遏制范围由"新月形"扩大为"菱形"，将遏制方向由东、西扩大为东、南、西三大方向，力图打造一个由西北印度洋至阿留申群岛、夏威夷的对华印太包围圈。而在这个日美打造的包围圈中，南太地区扼守东缘，占据着极为重要的位置。

---

[1] 参见高兰《日本海洋战略的发展及其国际影响》，《外交评论》2012年第6期。

第五章　印太战略视阈下日本面向中小国家（区域）的安全政策探析

在日美同盟向南太地区渗透、打造对华印太包围圈的进程中，日本在较长时期内发挥着重要作用。其原因在于，小布什与奥巴马执政前期，美国战略重心转向中东，日本则肩负了较多的亚太安全事务。正是得益于这一战略环境，日本可借此名正言顺地向南太地区渗透，在夯实岛链防御体系、构建对华印太包围圈之余，可确立自身在该地区的政治与军事存在。

（二）日本对冲"一带一路"倡议的重要平台

除了借助南太地区在军事上遏制中国，日本也希望以该地区为平台，对冲"一带一路"倡议的影响力，而这也是日本印太战略在经济层面的重要政策取向。自"一带一路"倡议提出以来，尽管全球绝大多数国家持普遍欢迎的积极态度，但美日澳印等国则在多个场合表示其怀疑甚至诋毁的立场。在实际举措上，以上四国积极构建双边或多边区域合作机制对冲"一带一路"的影响。日本在 2016 年 11 月伙同印度提出建立"亚非发展走廊"（Asia-Africa Growth Corridor，AAGC），意图构建横跨东亚至非洲的合作圈，促进以上区域基础设施建设与投资，构建日印版的"一带一路"。当然，2017 年以后，随着国内外环境的变化，日本官方对"一带一路"倡议的态度由敌视、消极逐渐转变为积极参与，开始尝试在经济层面将印太战略与"一带一路"倡议进行对接。其标志在于，日本在 2018 年 10 月与中国召开中日第三方市场合作论坛，并达成 52 个合作项目。然而，应当看到，日本当前更多的是期望借参与"一带一路"助力本国企业获得经济收益，从本质上来看，日本仍未放弃借印太战略多维度对冲[1]"一带一路"影响的路线方针。

南太地区作为"一带一路"重要组成部分、"海丝路"两大重点方向之一[2]，对"海丝路"最终成效与发展水平具有至关重要的意义。着

---

[1] 中国学者卢昊提出了此观点。卢昊：《日本对"一带一路"倡议的政策：变化、特征与动因分析》，《日本学刊》2018 年第 3 期。

[2] 2015 年 3 月，经国务院授权，国家发展改革委、外交部、商务部联合发布了《推动共建丝绸之路经济带和 21 世纪海上丝绸之路的愿景与行动》（以下简称"愿景与行动"）。依据"愿景与行动"，21 世纪海上丝绸之路（全文简称"海丝路"）有两大重点方向，即从中国沿海港口过南海到印度洋，延伸至欧洲；从中国沿海港口过南海到南太平洋。中国国务院：《经国务院授权三部委联合发布推动共建"一带一路"的愿景与行动》，2015 年 3 月 28 日，中国国务院网站（http：//www.gov.cn/xinwen/2015-03/28/content_ 2839723. htm）。

眼于南太岛国的战略地位，日本除了传统经济援助、海洋安全合作等领域，力图通过支持南太各国基础设施建设等手段对冲中国"一带一路"倡议的影响力。早在2008年，日本主导下的亚洲开发银行就联合澳大利亚与新西兰的对外事务与贸易部、世界银行等共同成立太平洋基础设施项目集团（the Pacific Region Infrastructure Facility，PRIF），其后日本国际协力机构、欧盟委员会等也相继加入。① 日本等国原本希望借PRIF援助南太岛国基础设施建设的同时，在南太寻觅商机，并伺机扩大本国的影响力。近年来，PRIF却摇身一变，成为日澳等国在南太制衡中国、对冲"一带一路"倡议影响力的重要工具。不仅如此，日澳等国还成功争取到美国的加入。2018年12月11日，美国官方正式宣布加入PRIF，将与日、澳、新、欧盟等共同为南太诸国提供基础设施援助项目，声称美国加入PRIF有助于其每年向南太岛国提供的3.5亿美元援助资金得以更好地管理与协调。② 继加入PRIF后，2018年12月31日，美国总统特朗普正式签署了《2018年亚洲再保证倡议法案》。依据该法案，美国特别强调将努力深化与南太各国各领域的合作，加强对相关各国的援助，促进各国经济发展与国家治理能力的提升等。③ 可见，美日澳等国可谓"醉翁之意不在酒"，以对南太岛国基础设施开发投资、提供经济援助等为名，实质在于对冲"一带一路"倡议乃至中国在南太地区的影响力。

（三）日本推进印太战略的关键依托

安倍晋三2012年底第二次组阁后，开始加速构建、推进本国印太战略，而南太地区在日本这一战略棋局中具有不可忽视的作用。本书第二章就日本印太战略内核已作了详细阐述，日本印太战略的重心为安全层面，而海洋安全问题被日本尤为看重。在印太战略视阈下，日本大体需实现维护本国周边海洋安全、海上通道安全、开展印太域内多边安全合

---

① The PRIF, "About PRIF", https：//theprif.org/about-prif.

② U. S. Department of State, "The United States Joins the Pacific Region Infrastructure Facility to Support Infrastructure Development in the Pacific Islands", 11 December, 2018, https：//www.state.gov/r/pa/prs/ps/2018/12/288003.htm.

③ U. S. Congress, "S. 2736-Asia Reassurance Initiative Act of 2018", 31 December, 2018, https：//www.congress.gov/bill/115th-congress/senate-bill/2736/text # toc-H1736A89135404258AFF1BC4E7A5555D0.

第五章　印太战略视阈下日本面向中小国家（区域）的安全政策探析

作三大层次的目标，而南太对于以上目标的实现具有不可替代的战略意义。第一，印太战略目标之一在于维护日本周边海洋安全，南太地区对这一目标的实现具有重要价值。孤悬于日本本土东南的小笠原群岛、南鸟岛等边境离岛以及日一直竭力保全的冲之鸟礁均与南太诸岛国临近。强化与南太岛国的关系有利于日本密切与边境离岛的联系，也便于其维护边境离岛及附近海域的安全。

第二，印太战略目标之二在于维护西印度洋至西太平洋、南太平洋至日本本土这两条海上通道的安全，南太相关海域是日本重点关注的对象。两大海上通道中，前者为日本传统的对外贸易航线，被认为是其海上生命线，对于维护日本国家生存与发展具有至关重要的意义；而后者则是日本近年来颇为关注的"替代性"海上通道。由于日本传统海上通道沿线的南海、马六甲海峡等饱受地缘政治冲突、海洋划界与岛礁归属争端、海盗与海上恐怖主义等传统与非传统安全威胁，南太地区作为"替代性"海上通道日益受到日本重视。为了维护以上两条海上通道的安全，日本积极推进与海上通道沿线国家建立"海洋国家联盟"，开展"海上通道外交"。除了印、澳等国，印度洋沿岸的亚非各国，越、菲、印尼等东盟国家以及南太岛国都是日本重点争取的对象。

第三，除了以上两大目标，日本希望自卫队参与印太多边安全合作、在印太确立军事存在并借此牵制中国，南太地区则是日本在军事上着力开拓的又一重要方向。如第二章所述，在印太地区开展双多边安全合作、全方位向印太投放军事资源既是日本印太战略的主要支点，也是日本推进该战略的核心路径。冷战结束以后，日本一直渴望破除战后和平宪法专守防卫的限制，积极向海外扩张，确立军事存在。2007年以后，日本借打击索马里海盗成功将自卫队派遣至西印度洋一线，于2011年在吉布提建立了日本战后首个海外军事基地，并在2015年扩充了基地规模。[①]除了向西挺进印度洋，日本也一直努力以"西南诸岛"、小笠原群岛等离岛为跳板，积极向南拓展，意图在南太平洋地区确认自身军事存在。

通过在西印度洋与南太平洋确立军事存在，日本自卫队可望在印太

---

① 王竞超：《日本参与索马里海盗治理的策略》，《西亚非洲》2017年第5期。

区域的西北、东南两端遥相呼应，这将明显拓展日本军事力量的国际活动空间。同时，日本在印太东西两端确立军事存在，也利于配合美国、联合澳印，更广泛、精准地将军事力量投放到印太各区域，以此更好地地构建针对中国的安全合作网络。

四 日本南太平洋政策的挑战与前景

通过冷战以来数十年的"精耕细作"，日本南太平洋政策已趋于成熟。在印太战略实施、"后疫情时代"国际局势错综复杂的大背景下，日本南太政策也面临着挑战，即南太国家对在中国与日美等国之间"选边站队"颇为谨慎。"后疫情时代"南太国家主要关注点集中在以下方面。第一，南太国家经济普遍受到重创，急需借助大国资本与技术恢复经济、保障民生。第二，南太国家深受气候变化等全球公共问题困扰，希望得到各大国援助。第三，在抗疫、基础设施、民生保障等方面南太国家仍然"欠账"较多，亟需国际援助。因此，相较于大国在域内的战略博弈，南太国家对与自身生存与发展的领域更为关注。

与南太国家的核心关切相比，日本南太政策则是印太战略的重要组成部分，有着较明显的遏华色彩，这无疑会引起南太各国的疑虑、担忧。如在2021年7月召开的第九次PALM中，日本再次明确了将在印太战略框架下发展与南太各国包括海洋安全在内的各类合作[①]，鲜明地体现了日本借南太平洋推进该战略的意图。南太国家尽管对日本印太战略及双多边海洋安全合作有所回应，但更多的是期待日本给予相应的资金与技术援助。在中国"一带一路"倡议为南太相关国家带来切实利益的背景下，日本排他性、遏华性明显的南太政策在该地区很难受到广泛认可。

当然，日本也会对南太政策进行若干调整。着眼于南太国家普遍关注的领域，日本将发挥其技术优势，积极提升南太国家对本国的依赖性，以此强化自身在南太的存在感。此外，日本将借助与南太国家开展基础设施、海洋安全合作，继续明里暗里地推进本国印太战略，继续呼应美

[①] 参见日本外务省「第9回太平洋・島サミット（PALM9）（結果概要）」、2021年7月2日、日本外务省网站（https://www.mofa.go.jp/mofaj/a_o/ocn/page3_003070.html）。

第五章 印太战略视阈下日本面向中小国家（区域）的安全政策探析

国，借南太国家完善对华印太遏制体系。

结语

冷战后长期为国际社会所忽视的南太平洋地区，随着日美澳等国印太战略（构想）的出台，正在成为国际政治新的博弈场。日本不仅将南太地区作为日美同盟向全球拓展的主要方向之一，也将其作为对冲"一带一路"倡议影响力的重要平台、实施本国印太战略的关键依托。

本章小结

在印太战略的推进背景下，日本并非仅单纯重视美印澳等全球与地区大国、中等强国，也对印太若干地理位置重要的中小国家（或区域）予以了高度关注。本章选取的三个国家、区域即为日本发展双边关系、推进对外安全合作、介入对方区域安全事务的代表。其中，越南与印尼为安倍晋三、菅义伟上台后的对外首访之地，其在日本对外战略谱系中的地位不言而喻。在日本印太战略框架中，越南与印尼为发展印太双多边安全合作的重点对象，也是美国"钦定"的核心伙伴关系国家。此外，两国均为中国南向重要邻国，越南更是南海争端主要当事国之一，对在印太地区牵制中国具有关键作用。因此，日本借印太战略发展与越、印尼的海洋安全合作可谓"用心良苦"。

而南太平洋国家尽管体量较小，且在国际社会长期处于边缘化地位，但近年来凭借沟通亚太与北美、处于印太东缘核心地带的地理位置，在日本对外战略谱系中的地位明显提升。日本除了利用传统的经济援助、人文交流等手段介入南太事务，在印太战略的推进背景下，近年来与美澳协同介入该地区安全事务、对冲"一带一路"倡议影响力成为了日本南太政策的核心内容。日本凭借强化与南太国家关系、介入区域安全事务，有力地完善了本国印太战略布局，日本政治、军事资源基本得以投放至西印度洋到西南太平洋的印太各大区域。

对于日本发展与印太中小国家（区域）安全合作，应一分为二地看待。一方面，应当看到，印太中小国家在经济上整体发展水平欠佳，而新冠疫情则进一步重创了这些国家的国民经济，急需外界予以援助；而在安全上，此类国家则大多面临海盗、海上恐怖主义、非法捕鱼、海洋环境污染、海上灾害、跨境走私、气候变化等非传统安全问题的困扰。在硬件上，印太中小国家海洋军事技术与装备较为落后；在软件上，海上执法能力、港口管理水平则尚待提升。日本与越、印尼、南太国家在以上领域开展了较深入的安全合作，并取得了较好的效果，有利于印太的安全与稳定，值得肯定。

另一方面，对日本借密切与越、印尼、南太国家海洋安全合作，推进印太战略，完善针对中国的地区安全合作网络，会同美印澳等构建QUAD + X（伙伴关系国家）等战略意图，则需给予高度重视并在国防、战略、经济、外交等层面予以应对。日本强化与越南、印尼的海洋安全合作，积极介入南太地区安全事务等政策动向具有较明显的对华牵制色彩。当然，越南、印尼及南太国家的立场并不完全类似。越作为南海声索国之一，与日具有较多安全共识，在印太战略、牵制中国立场上较为一致。而印尼与南太国家尽管也对日本印太战略予以了回应，但均持有较温和、包容的印太立场，对华态度相对友好，且希望借助"一带一路"倡议继续获得实实在在的收益。因此，日印尼、日南太海洋安全合作的限度相对较大。

第六章

"陆海联动"：印太战略视阈下日本参与联合国非洲维和行动探析

20世纪90年代以后，日本对非洲关注度逐渐提高，日非之间逐渐由纯粹的经济合作发展为囊括政治、经济、安全领域在内的全方位、多领域、多层次的合作关系。① 尤其是近十几年以来，日本构建印太战略步伐加快，并在以下方面对非洲予以特别关注，即强调该战略是"亚洲与非洲两大陆、太平洋与印度洋两大洋"的连结与协作。这一战略内涵意味着位于印太西缘的非洲大陆在日本总体对外安全政策框架中的地位进一步凸显，日本政府在以双多边海洋安全合作为主要支点之余，也希望借参与东非等印太次区域的陆上安全事务，"陆海协同""陆海联动"地推进印太战略。一方面，日本是全球参与索马里、亚丁湾海盗治理最为积极的国家之一，并借此构建了本国首个海外军事基地——吉布提基地，确立了在西印度洋的军事存在。另一方面，日本深入参与了非洲陆上安全事务，为联合国在非维和行动投入了大量资源，并期望以此为突破口进一步提升本国在印太西缘、非洲安全事务中的影响力，助力本国印太战略的推进。因此，日本参与联合国非洲维和行动已逐渐成为当前国际社会关注的热点问题，并从侧面反映了日本在印太战略驱动下对非安全政策的现状、特征与指向。

目前，国内外学者围绕日本参与联合国非洲维和事务已涌现出了不

---

① 张永蓬：《日本对非洲外交：从实用主义平衡到战略重视》，《西亚非洲》2018年第5期。

少研究成果。国内学者方面，张永蓬、罗建波、王丽娟、刘杰等从日本对非整体外交的视角阐述了其参与非洲维和行动的现状与意图，并分析了其对未来日非关系的影响。[①] 吕耀东、黄大慧、吴寄南、徐万胜、赵磊、栗硕等梳理了日本参与包括非洲在内的联合国维和行动的历史脉络，论述了其参与特征与法律构建情况，并阐明了日本借参与维和行动争当安理会常任理事国、修改战后和平宪法以成为"正常国家"的战略目标。[②] 除了国内学者，日本学者与少数欧美学者对日本参与在非维和行动也给予了较多关注。山田满、片冈贞治、远藤贡等日本学者围绕日本参与南苏丹维和等进行了论述，并在此基础上剖析了日本对非安全政策与未来前景。[③] 而日本两大著名智库——世界和平研究所、和平与安全保障研究所也曾投入大量资源对日本参与非洲维和行动进行研究。世界和平研究所主要对日本冷战后参与非洲维和行动的进程进行了梳理，并指出了其中存在的若干问题。[④] 和平与安全保障研究所以日本国家安全战略、防卫计划大纲为蓝本，分析了日本在非洲维和事务中的参与现状与不足，提出未来日本应突破现有机制，在非构建陆海空自卫队协同合作的"综合机动防卫力量"（Dynamic Joint Defense Force），以更好地凸显自身作用。[⑤] 除了日本学者与研究机构，英国学者拉切尔·尤特利

---

① 张永蓬：《日本对非洲外交：从实用主义平衡到战略重视》，《西亚非洲》2018 年第 5 期；罗建波：《日本对非洲外交及其发展趋向》，《西亚非洲》2008 年第 11 期；王丽娟、刘杰：《新世纪日本对非政策及其战略意图》，《国际论坛》2008 年第 5 期。

② 吕耀东：《从内罗毕宣言看日本在非洲利益的深化及其战略意图》，《西亚非洲》2016 年第 6 期；赵磊：《日本参与联合国维和行动的历史脉络及特征分析》，《教学与研究》2012 年第 3 期；栗硕：《论自卫队海外派遣与相关法律体系建设》，《国际论坛》2012 年第 1 期；徐万胜：《冷战后日本海外派兵析论》，《和平与发展》2010 年第 4 期；黄大慧：《冷战后日本的联合国外交》，《教学与研究》2008 年第 3 期；吴寄南：《走向政治大国的跳板——日本通过 PKO 法案的思考》，《国际展望》1992 年第 13 期。

③ 山田満『新たな平和構築論——紛争予防から復興支援まで』、東京：明石書店 2005 年版；片岡貞治「アフリカ安全保障問題の現状」、『国際問題』2016 年 4 月期；遠藤貢「第五回アフリカ開発国際会議（TICAD）」、2013 年 5 月 31 日、日本网（https://www.nippon.com/ja/currents/d00083/）。

④ 日本世界和平研究所「国際平和協力のあり方に関する調査研究 - PKO 参加 20 年を迎えるに当たっての提言」、第 3 頁、2013 年 1 月、日本世界和平研究所网站（http://www.iips.org/research/data/bp341j.pdf）。

⑤ 日本防衛省「平成 25 年度統合幕僚学校委託研究「主要国の対アフリカ戦略に基づく投資・支援に関する調査研究」」、第 96 頁、2013 年、日本防衛省网站（http://www.mod.go.jp/j/approach/others/service/kanshi_koritsu/yosan_shikko/2013_seika_africa_toshi.pdf）。

第六章 "陆海联动"：印太战略视阈下日本参与联合国非洲维和行动探析

（Rachel Utley）在其主编的《大国与维和：军事干预的视角、优先权与挑战》一书中，分析了联合国五个常任理事国及日、德七大国参与、影响联合国维和行动的经典案例，是欧美少数专门关注日本在非维和行动的成果之一。[①] 综上可知，国内外既有研究成果对深入探讨日本参与联合国非洲维和行动的现状、动因与前景等具有重要的借鉴意义。也应看到，既有研究仍有改进和继续深入的空间。一方面，现有研究就日本非洲维和行动与其当前重大战略的结合方面做得尚不够充分。总体来看，除了"入常"、修宪以构建政治、军事大国等传统因素以外，近年来日本参与在非维和行动也与其印太战略的实施等因素息息相关。另一方面，现有研究对日本在非维和行动所面临的挑战尚未给予充分关注。日本修宪前景、非洲国家的态度、美国维和政策走向等内外因素都将对日本在非维和行动的前景产生重要影响。

本章着眼于既有研究存在的一些缺失，在着眼于日本参与非洲维和行动传统考量因素以外，结合日本当前印太战略与联合国非洲维和行动的转变等新的变量，希望在梳理日本参与在非维和行动的历史与现实特征的基础上，阐明其参与的动因、策略与面临的挑战。

第一节　日本参与联合国非洲维和行动的历史与特征

一　联合国在非维和行动的整体情况

联合国维和行动（United Nations Peacekeeping Operations）创始于联合国和平解决国际争端的实践中，是介于《联合国宪章》第六章规定的"和平方法"和第七章规定的"强制方法"之间的一种国际干预手段。[②] 在国际社会，关于联合国维和行动的定义存在争议，尚未形成定论。1985年联合国新闻部出版的《蓝盔——联合国维持和平回顾》较早对维

---

① Rachel Utley, *Major Powers and Peacekeeping Perspectives Priorities and Challenges of Military Intervention*, Hampshire: Ashgate, 2006.
② 贺鉴、蔡高强：《从国际法视角看冷战后联合国维和行动》，《现代国际关系》2005年第3期。

和行动进行了定义，在国际社会接受程度相对较高，即"由联合国统一指挥，在地区冲突中以协助维持或恢复国际和平与安全为目的，有军事人员参与但无强制性的行动"。①

非洲是联合国维和行动的重点行动区域之一。以冷战结束为节点，联合国在非洲维和行动大体可分为两大阶段。冷战前的非洲维和行动仅有三次②，即"联合国刚果行动"、纳米比亚过渡时期援助团和第一期安哥拉核查团。1960年7月至1964年6月开展的"联合国刚果行动"是非洲维和行动的早期代表案例。据统计，联合国最高峰时派出近2万名维和人员进驻，共计有250名维和人员死亡，耗资4亿多美元③。此后直至冷战末期，联合国都未在非洲采取新的维和行动。冷战结束前夕，联合国重启在非维和行动，维和行动先后完成纳米比亚过渡时期援助团（1989年4月至1990年3月）④、第一期安哥拉核查团（1989年1月至1991年5月）行动任务⑤。

冷战结束后，在两极格局终结、全球局势趋于稳定的大背景下，非洲不少国家却陷入了新的动乱之中，发生了举世震惊的大规模血腥冲突，给非洲国家和人民造成了深重灾难，引起了国际社会的广泛关注。⑥ 因此，冷战后非洲成为了联合国维和行动的绝对重点区域。据统计，冷战结束至今，联合国共发起了52项维和行动，其中非洲占了27项，比例

---

① UN Department of Public Information, The Blue Helmets, *A Review of United Nations Peacekeeping*, New York: United Nations Publications, 1985, p.8, 转引自栗硕《日本自卫队参与联合国维和行动的演变及影响》，《国际论坛》2017年第6期。

② 也有学者认为仅有一次，即"联合国刚果行动"，将纳米比亚过渡时期援助团、第一期安哥拉核查团纳入冷战后联合国非洲维和行动范畴。参见孙洁琬《冷战后联合国在非洲的维和行动》，《西亚非洲》2004年第5期。此处拟将苏联解体时间（1991年12月25日）作为冷战结束时点，且限定于冷战结束前已完成的维和任务，故未将1991年4月实施至今的联合国西撒哈拉全民投票特派团、联合国驻安哥拉第二期核查团（1995年2月结束）计算在内，最终将联合国冷战时期在非维和行动统计为3次。特此说明。

③ 联合国网站：《联合国刚果行动》，时间不详，联合国网站（http://www.un.org/zh/peacekeeping/missions/past/onuc/）。

④ 联合国网站：《纳米比亚/安哥拉联合国过渡时期援助团》，时间不详，联合国网站（http://www.un.org/zh/peacekeeping/missions/past/untag/）。

⑤ 联合国网站：《第一期联合国安哥拉核查团》，时间不详，联合国网站（http://www.un.org/zh/peacekeeping/missions/past/unavem1/）。

⑥ 参见孙洁琬《冷战后联合国在非洲的维和行动》，《西亚非洲》2004年第5期。

第六章 "陆海联动": 印太战略视阈下日本参与联合国非洲维和行动探析

高达52%。在以上27项维和行动中，已完成的共计20项。[①]

二 日本参与联合国非洲维和行动的历史进程与主要特征

（一）日本参与联合国非洲维和行动的历史回顾

由于历史原因，日本参与联合国在非维和行动较晚，且在较长时期内都扮演着从属性角色。1954年6月，日本参议院通过禁止自卫队海外出动的决议[②]，决定了在漫长的冷战时期日本自卫队无法参与联合国任何维和行动。冷战后期，日本大国意识日趋强烈，希望通过参与维和行动等获得更大的国际空间，借此突破战后体制。1992年日本国会通过《联合国维持和平活动合作法案》（以下简称《合作法案》），大体奠定了日本参与联合国维和行动的法律基础。《合作法案》生效至今，日本共八次参与了联合国非洲维和行动，维和行动成为日本彰显自身"国际贡献"的一个重要舞台。

回顾日本参与在非维和行动历程，依据其承担任务的情况（参见表6-1），大致可分为三个阶段。第一阶段的维和活动主要集中于20世纪90年代。日本自卫队在安哥拉、莫桑比克、卢旺达等国际维和行动中，主要承担医疗、通信、交通等后勤工作，这也侧面反映了日本在国际维和行动中存在感偏低、自卫队受和平宪法约束较多的时代背景。而以2006年在刚果民主共和国的维和行动为标志，日本在非维和行动进入到第二阶段。在此阶段，日本自卫队开始承担兵站军需物资的调配、情报

[①] 具体为联合国驻安哥拉第二、第三期核查团；联合国安哥拉观察团；联合国奥祖地带观察组；联合国卢旺达援助团；联合国埃塞俄比亚和厄立特里亚特派团；联合国塞拉利昂特派团、观察团；联合国中非共和国特派团；联合国中非和乍得特派团；联合国利比里亚观察团、特派团；联合国乌干达—卢旺达观察团；联合国布隆迪行动；联合国科特迪瓦特派团；联合国莫桑比克行动；第一、第二期联合国索马里行动；联合国苏丹特派团；联合国刚果民主共和国特派团。而尚在推进的在非维和行动则共计7项，分别是联合国马里多层面综合稳定特派团、联合国南苏丹共和国特派团、联合国阿卜耶伊临时安全部队、联合国组织刚果民主共和国稳定特派团、非盟—联合国达尔富尔混合行动、联合国西撒哈拉全民投票特派团以及联合国中非共和国多层面综合稳定团。参见联合国网站：《正在进行的维和行动》，时间不详，联合国网站（http://www.un.org/zh/peacekeeping/operations/current.shtml）。

[②] 日本参议院「自衛隊の海外出動を為さざる事に関する決議」、1954年6月2日、日本参议院网站（http://www.sangiin.go.jp/japanese/san60/s60_shiryou/ketsugi/019-57.html）。

分析室数据库的管理等更为核心的任务，不仅显示了日本自卫队在联合国维和行动中地位的提高，也体现了日本对战后和平宪法的"突破"取得了显著成效。值得注意的是，这一阶段也是日本印太战略开始酝酿的时期，两者在时间上的重叠绝非偶然。此后，以2011年11月日本参与南苏丹维和为发端，日本在非维和进入第三阶段。在此阶段，伴随着国内修宪进程的加快，日本在维和行动中的束缚大为减少，在理论上已可承担维和行动中一些最核心的任务。特别是2016年11月，日本政府开始允许自卫队承担确保维和相关人员安全（以下简称"安全确保"）、驰援护卫[①]两大任务，不仅扩展了自卫队员行动范围，也放宽了武器使用标准，是日本对战后宪法专守防卫原则的重大突破。

其次，从日本具体贡献来看，可发现其大都集中于资金、物资、技术等功能性领域。因日本受战后体制的束缚，即便其在冷战后获得了参与联合国维和行动的资格，但仍面临着较多限制。面对这一实际情况，日本力图从敏感度较低、受限较少的功能性领域入手参与在非维和行动。日本期待通过功能性领域成果的积累，强化在维和部队中的存在感，为更深入地参与维和事务奠定基础。基于以上考虑，日本自上世纪90年代初参与联合国在非维和行动以来，在资金分摊、物资援助、人员培训等方面暗中发力，取得了较大进展，并凭借以上方面的业绩成为了国际社会在非洲维和部队中不可忽视的力量（参见表6-1）。因后文在讨论日本参与维和行动特征时将予以详细介绍，故此处不再展开。

（二）日本参与联合国非洲维和行动的主要特征

通过梳理日本参与联合国在非维和行动的历史，大体可发现其以下若干特征。首先，近年来日本在非洲维和行动中所承担的任务具有较明显的扩大化倾向。如前文所述，日本在非维和活动大体分为三个阶段。从第一到第二阶段，日本承担的任务由医疗、交通等纯粹的后勤工作向数据分析等准核心工作升级。而到了南苏丹维和行动后期，日本自卫队员在理论上已可使用武器，可承担维和行动的一些核心任务。日本之所

---

① 指在别处的联合国及非政府组织（NGO）人士等遭到武装团伙或暴徒袭击时，参与联合国维和行动的日本自卫队可携带武器前去营救。

第六章 "陆海联动"：印太战略视阈下日本参与联合国非洲维和行动探析

表6-1 日本自卫队参与在非维和行动情况

	维和行动名称/任务	主要派遣目的国	派遣时间	任务领域及派遣人数	主要任务
1	联合国安哥拉观察团	安哥拉	1992年9—10月	选举监督观察员3名	监督国会议员及总统的公正选举
2	联合国莫桑比克行动	莫桑比克	1993年5月—1995年1月；1994年10—11月（注）	司令部人员总计10名；运输部队总计144名；选举监督观察员15名	参与维和部队计划制定、安排物资运输方法，辅助报关；监督国会议员及总统的公正选举
3	联合国卢旺达援助团	刚果民主共和国（时称扎伊尔）、肯尼亚	1994年9—12月	难民救援队员共计283名；空运大队118名；联络人员10名	卢旺达难民医疗救助，饮用水净化；运输难民救援队员及救援物资；居中联络各相关机构
4	联合国刚果民主共和国特派团	刚果民主共和国	2006年7—11月	选举监督观察员13名	监督总统的公正选举
5	联合国苏丹特派团	苏丹	2008年10月—2011年9月	司令部人员12名	在维和部队司令部内负责各兵站军需物资的调配、情报分析等数据库的管理
6	联合国南苏丹共和国特派团（监督苏丹南部居民公投行动）	苏丹	2010年12月—2011年1月	选举监督观察员15名	监督南苏丹独立公投

191

续表

	维和行动名称/任务	主要派遣目的国	派遣时间	任务领域及派遣人数	主要任务
7	支援联合国在肯尼亚等国的维和行动	肯尼亚	2015年—	陆上自卫官	培训肯尼亚军人使用重型机械
8	联合国南苏丹共和国特派团	南苏丹	2011年11月—2017年5月	工程部队人员3911名,司令部人员共29名;联络人员3名	负责维和部队各兵站军需物资的调配、电子情报处理系统(用于数据库管理)的维护保养;设施维护;制定飞机日常运行计划;修建道路等基础设施;确保维和相关人员安全、驰援护卫(2016年11月以后)

注:日本在莫桑比克维和行动分为两个部分,司令部行动、物资运输等为前期维和任务;后期则以监督国内选举为主。

资料来源:作者参照日本内阁府国际和平协力本部事务局及其他相关资料制表。

第六章 "陆海联动"：印太战略视阈下日本参与联合国非洲维和行动探析

以能逐步扩大自身承担的维和任务范围，既与安倍内阁近年来不断突破和平宪法束缚的"政治努力"相关，也是小布什、奥巴马执政期间，美国为了强化日美同盟在全球的影响力，默许甚至纵容日本的结果。

其次，日本对非洲维和行动的参与情况具有明显的功利主义取向，其与日本国家利益、战略走向具有密切的关系。梳理日本参与维和的非洲国家，大致可分为以下两大类别：（1）重要的能源、资源大国。如安哥拉、刚果民主共和国、苏丹、南苏丹等。以上诸国基本都属于日本重要的能源、资源进口对象，对日本国家经济安全具有不可替代的意义。（2）与日本国家战略相关度较高的国家。其中，肯尼亚为东非地区大国，国际政治地位较高，对日本在非确立政治、军事存在感，争当全球大国具有重要战略价值。此外，肯尼亚与索马里、吉布提、苏丹、南苏丹等共同构成了印太地区的西缘，对日本印太战略的推进同样有着举足轻重的意义。因此，日本对强化与以上各国的安全关系也尤为看重，参与在当事国的维和行动、与国际社会共同打击海盗等则成为日本的具体抓手。

最后，日本在维和行动各领域投入的资源具有较大的不平衡性。一方面，日本在维和资金分摊、物资援助、人员培训等功能性领域业绩日趋突出，在维和行动中彰显了相当的存在感。第一，从联合国维和行动资金分摊比率来看，日本从2015年至今都保持在8.5%—10%，仅次于美、中，位列世界第三位，不仅明显高于俄、英、法等常任理事国，更远高于巴西、印度等积极"入常"的新兴大国（参见表6-2）。尽管表6-2中统计数据为全球维和行动总体数据，但考虑到非洲已成为全球维和行动的主战场与关键区域，以上数据在比较各国非洲维和行动资金分摊比率方面也具有较高的参考价值。第二，在物资援助方面，日本自1994年参与联合国莫桑比克行动开始就大力捐赠一些维和必需用品。由表6-3可发现，日本援助具有以下特点。其一，援助物资覆盖面较广。如有电视机、帐篷、毛毯、医药用品、车辆、发电机、移动板房、重型机械、净水器等维和各层面物资，涵盖了维和各个层面，既受到维和部队的欢迎，也切实改善了当地难民、灾民的生活质量。其二，日本不仅直接向维和行动部队援助物资，也重视与联合国难民事务高级专员办事处（UNHCR）等国际组织的合作。自20世纪90年代开始，日本政府就与该机构密切合作，提升了自身在驻非国际组织中的影响力。第三，在人员培训方面，2013年1月至2016年3月，日本通过联合国发展计划署提供了1628万美元，支持12个国家建立了维和行动培训中心，涉及埃及、埃塞俄比亚、坦桑尼亚、肯尼亚、卢旺达、南非、马里、加纳、多哥、贝宁、尼日利亚和喀麦隆等非洲国家。[①]

表6-2　2015—2020年全球主要大国维和行动资金实际分摊比率　（单位:%）

国家	2015	2016	2017	2018	2019	2020
中国	6.6368	10.2879	10.2502	10.2377	12	12
美国	28.3626	28.5738	28.4691	28.4344	22	22
法国	7.2105	6.3109	6.2878	6.2801	4.42	4.42
英国	6.6768	5.7966	5.7753	5.7683	4.56	4.56
俄罗斯	3.1431	4.0107	3.9960	3.9912	2.40	2.40
日本	10.8330	9.6800	9.6800	9.6800	8.56	8.56
德国	7.1410	6.3890	6.3890	6.3890	6.09	6.09
巴西	0.5868	0.7646	0.7646	0.7646	2.95	2.95
印度	0.1332	0.1474	0.1474	0.1474	0.83	0.83

资料来源：作者依据联合国正式文件（A/70/331/Add.1）及联合国网站公开信息制表。

另一方面，与资金、物资、技术援助相比，日本在维和人员派遣、参与在非维和项目数量等方面的数据则颇为一般，与其他主要大国存在较大差距。从累计派遣人数来看，日本在历年的非洲维和行动中派出了各类人员共计4566名（参见表6-1），派出人员数量居全球中下游水平。从现有派遣人数来看，依据联合国近期的统计数据[②]，日本参与维和的人员仅有4人，而其他主要大国中，美国为53人，俄罗斯为71人，英、法、德则分别达到705人、735人、666人，中国更是达到2519人。

---

① 张永蓬：《日本对非洲外交：从实用主义平衡到战略重视》，《西亚非洲》2018年第5期。
② UN, "Monthly Summary of Military and Police Contribution to United Nations Operations", July, 2018, https://peacekeeping.un.org/sites/default/files/msr_july_2018.pdf.

第六章 "陆海联动"：印太战略视阈下日本参与联合国非洲维和行动探析

而从参与维和行动次数来看，日本仅为8次；其他大国中，除美国不足10次（同为8次）外，中、俄、英、法均为10次以上，法国更是达到了15次。

因此，总体而言，日本参与在非维和行动起步较晚，派遣人数也比较有限，基本扮演着辅助其他西方盟友的角色。然而，值得关注的是，日本在资金分摊、物资援助、人员培训等功能性领域资源投入力度较大，不仅成为日本在非维和行动中的一大亮点，也凸显了日本在各大维和行动中的存在感。就日本在非维和行动的现状，日本国内一些代表性研究机构给出了较确切的定位，认为尽管日本长期目标是与美国等西方盟友共同承担作战等核心任务，但短期内其仍然只能扮演协助其他大国的角色；与此同时，日本应努力发挥自身特长，强化对非洲能力建设与物资方面的援助（参见表6-3），为驻非维和部队提供培训项目，密切与驻非国际组织与非政府组织的关系等。①

表6-3　　日本在联合国在非维和行动中的物资援助情况

	合作方	援助起始时间	具体援助物资及数量	目的
1	联合国莫桑比克行动	1994年7月26日	电视机（200台）、录像机（200台）及小型收音机（40 000台）	向莫桑比克国民宣传应进行自由公正的选举，增强对莫国民的教育效果
2	联合国难民事务高级专员办事处	1994年8月12日	医药品（1套）、急救用品（5套）、大型帐篷（43顶）、睡垫（2600张）、毛毯（3550张）、简易水槽（213个）、铁铲（1000个）	对在刚果民主共和国的卢旺达难民进行人道主义救助
3	联合国难民事务高级专员办事处	2004年10月5日	帐篷（160顶）、毛毯（1200张）、塑料薄膜（1600张）	对在乍得的苏丹难民进行人道主义救助
4	联合国苏丹特派团	2005年7月29日	地雷探测仪（60台）、大型帐篷（20顶）、汽车（27辆）	协助联合国苏丹特派团的工作

---

① 日本防衛省「平成25年度統合幕僚学校委託研究「主要国の対アフリカ戦略に基づく投資・支援に関する調査研究」」、第119—126頁、2013年、日本防衛省網站（http://www.mod.go.jp/j/approach/others/service/kanshi_koritsu/yosan_shikko/2013_seika_africa_toshi.pdf）。

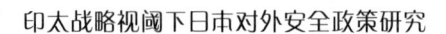

续表

	合作方	援助起始时间	具体援助物资及数量	目的
5	联合国难民事务高级专员办事处	2007年11月6日	毛毯（10000张）、睡垫（10000张）、给水容器（10000个）、塑料薄膜（4000张）	对苏丹达尔富尔地区灾民进行人道主义救助
6	联合国难民事务高级专员办事处	2008年10月28日	小型净水器（60台）	对苏丹南部地区灾民进行人道主义救助
7	联合国难民事务高级专员办事处	2013年1月22日	帐篷（1000顶）、毛毯（25000张）、给水容器（27500个）、塑料薄膜（10000张）、睡垫（35000张）	对南苏丹难民进行人道主义救助
8	联合国南苏丹共和国特派团	第一次（2013年12月23日）	5.56mm子弹（10000发）	用于联合国南苏丹共和国特派团维和工作
9	联合国南苏丹共和国特派团	第二次（2014年3月11日）	帐篷（200顶）、塑料薄膜（4000张）	同上
10	联合国南苏丹共和国特派团	第三次（2017年5月16日）	重型机械（19台）、可移动式压缩机（1台）、汽车（4辆）、移动板房（404间）、发电机（134台）、发电机用燃料库（8座）、帐篷（67顶）、储水罐（18座）、净水装置（3套）、生活排水储水处理系统（1套）以及其他生活用品若干	同上

资料来源：作者依据日本内阁府国际和平协力本部事务局公开资料制表。

第二节 日本参与联合国非洲维和行动的战略考量

日本对联合国非洲维和行动的参与，表面上看是其履行联合国会员国义务的必然举措，实则蕴藏着日本若干深层次的战略考量。除了日本传统的政治、经济考量之外，当下推进印太战略成为日本参与在非维和行动的"新动能"。

第六章 "陆海联动"：印太战略视阈下日本参与联合国非洲维和行动探析

一 政治考量

日本之所以热衷参与联合国在非维和行动，与其冷战末期转变国家发展路线、争当政治与军事大国的传统政治考量息息相关。

（一）日本将参加在非维和行动作为"入常"的重要外部助力

冷战结束后，日本"入常"诉求日趋强烈，特别是1991年在海湾战争中日本"出力不讨好"的结局成为日本加速推进"入常"进程的催化剂。在海湾战争中，日本尽管出资达130亿美元之巨，却未实质性地参与联合国决策过程，甚至从未收到科威特政府的官方感谢。日本的"资金合作"行动，被部分国家批评为"只出钱、不流汗、不流血"的"国际贡献"和"一国和平主义"，导致日本人的对外意识出现重大转折[1]，此后日本争当常任理事国的意愿日益强烈。如日本1991年版的外交蓝皮书就直截了当地指出："在海湾危机中，日本由于不是安理会理事国，因而未能得到在安理会接连通过的决议中充分反映意见的机会"，日本在"安理会占有席位成为极其重要的课题"[2]。日本意识到，仅仅凭经济实力难以提高日本的国际地位，只有"入常"才能真正参与联合国核心事务的决策，帮助日本走向国际舞台中心。

为了达到"入常"目标，日本进行了多方面努力，参与非洲维和行动即是其中之一。一方面，日本参与非洲维和行动是强化国际贡献、达到"入常"标准的一个重要途径。联合国咨询机构在2004年12月提出的报告中表示，推选安理会常任理事国成员时，应该优先考虑以下诸领域贡献度前三位的国家，即：（1）向联合国缴纳的会费；（2）自愿提供资金的力度；（3）联合国维和行动的参与程度。[3] 在前两个方面，日本均发挥着举足轻重的作用。据统计，日本在1986年即超过苏联，成为联合国第二大会费缴纳国。2021年的最新数据显示，日本共缴纳会费2.71

---

[1] 黄大慧：《冷战后日本的联合国外交》，《教学与研究》2008年第3期。
[2] 黄大慧：《冷战后日本的联合国外交》，《教学与研究》2008年第3期。
[3] 赵磊：《日本参与联合国维和行动的历史脉络及特征分析》，《教学与研究》2012年第3期。

亿美元，在联合国会费分担份额为8.56%①，仅次于美国、中国，位居所有会员国第三位。而在联合国难民、反恐、教育等事务中，日本也出资颇多。然而，唯独在维和行动的参与方面，日本受战后和平宪法等因素限制，只能承担对美国及其他国家部队后方支援的任务，难以独立发挥作用，在维和部队中存在感严重偏低。因此，提高参与联合国维和行动的密度与强度遂成为日本重点突破的方向。非洲作为联合国维和行动最为密集的地区之一，被日本视作彰显国际贡献、提升自身联合国维和行动参与度的重点区域。

另一方面，非洲是日本为实现"入常"目标拉拢的新盟友，在非维和行动则是日本强化与非洲国家关系的一大法宝。在拉拢非洲国家之前，日本以改革安理会、共同成为常任理事国为口号，与德国、巴西、印度等组成"四国集团"，数次向联大提交改革方案。然而，由于支持国家票数严重不足，"四国集团"在"入常"道路上屡屡受挫。日本为了获得更多的支持、增加自身胜算，近年来开始寻求在巴西、印度、德国之外拉拢新的盟友，非洲便进入了其战略视野。当前，非洲已有54个联合国会员国，占联合国会员国总数的28%左右。在联合国事务中，非洲各国力图用一个声音说话，对联合国决议与未来发展方向的影响日趋扩大。更为重要的是，与日、印等国类似，非洲同样对安理会现有机制不满，提出了联合国改革方案，要求增设非洲国家为安理会常任理事国。因此，"入常"、改变安理会现有格局客观上是日非的共同目标。日本若与非洲构建"统一战线"，将可望大大增加"入常"的砝码。安倍在2016年8月召开的内罗毕会议主旨演讲中直言不讳地表示联合国安理会的改革是日非的共同目标，其将全力支持非洲《2063年议程》所提出的"2023年之前争取让非洲国家成为联合国常任理事国"目标，并呼吁日非应为实现安理会的改革携手并进。② 日本政府为了达到"入常"目标，除了与非洲各国强化共同利益属性，近年来通过各种途径不断拉拢非洲各国，

---

① 相关数据参见联合国网站：《2021年会员国应缴纳的会费》，2021年，联合国网站（https://www.un.org/zh/ga/contributions/index.shtml#r）。
② 参见日本外务省「TICAD Ⅵ 開会に当たって・安倍晋三日本国総理大臣基調演説」、2016年8月27日、日本外務省网站（http://www.mofa.go.jp/mofaj/afr/af2/page4_002268.html）。

第六章 "陆海联动":印太战略视阈下日本参与联合国非洲维和行动探析

强化在非维和行动也成为其重要手段之一。通过维和行动,日本政府力图在非洲塑造更好的国际形象,其终极目标仍是获得非洲各国的信任与好感,借此与对方联合设置安理会改革、成为常任理事国的共同目标议程,形成紧密的利益共同体。

(二) 日本将参与在非维和行动作为修宪的突破口

日本战后体制的核心在于和平宪法第九条,即所谓"放弃战争,战争力量及交战权的否认"条款。和平宪法第九条规定,日本将永远放弃发动战争、武力威胁或以武力作为解决国际争端的手段;为达成以上目的,日本将不保持陆海空军及其他战争力量,不承认国家的交战权。而和平宪法第九条也决定了战后较长一段时期日本的国家发展路线与模式。进入到20世纪80年代以后,已成为全球第二大经济大国的日本逐渐不满足于现状,开始怀有经济发展以外的诉求。时任日本首相中曾根康弘提出"战后政治总决算""政治大国"两大口号。关于前者,中曾根认为日本正处于历史转折点,应消除战败遗迹,为世界的和平与繁荣作出日本贡献[①]。对于后者,中曾根提出日本不仅应在世界经济事务中拥有话语权,同样应具备作为一个政治大国的分量。

日本政府认为,通向政治、军事大国的关键在于强化外交、安全事务自主性,使自卫队摆脱战后和平宪法的束缚。然而,作为一个战败国家,日本很难自内而外地克服国内阻力,而必须借助外部压力才有可能实现这一目标。在此背景下,参与联合国维和行动、强化国际贡献遂成为日本政府修改宪法、实现海外派兵的一个堂而皇之的理由。纵观冷战以来日本参与联合国非洲维和行动的历程,其以国际贡献、确保自卫队员与别国人员安全、保护海外日侨等为借口,自1992年《合作法案》开始不断冲击战后和平宪法体制。1998、2001年对《合作法案》的两次修订固然是履行1997年新《日美防卫合作指针》、配合美国打击恐怖主义、力促日美同盟提升为全球性同盟关系的需要,但扩大维和任务范围、为自卫队海外行动"松绑"仍然是日本追逐的根本目标。而2016年11

---

① 参见日本世界和平研究所编『中曾根内閣史资料集』、世界和平研究所出版社1997年版、第146页。

月后在南苏丹维和中增加的驰援护卫任务意味着日本自卫队武器使用范围进一步扩大,并在理论上可主动"动武",这无疑更清晰地折射出日本政府借参与维和突破专守防卫、迈向军事大国的强烈意愿。

应该指出,不论是"入常"还是修宪,最终都是为日本为成为"正常国家"、构建政治、军事大国这一国家目标服务的。相较之下,二者可谓由表及里,"入常"的象征意义更强,而修宪则从根本上奠定日本作为"正常国家"、政治与军事大国的法理基础。为了完成以上两大目标,参与非洲维和成为日本加以利用的重要"外部压力"。通过参与维和,日本不仅与非洲国家在"入常"上成功结为攻守同盟,更在较大程度上打开了战后和平宪法的缺口。

(三)巩固、强化日美同盟,呼应美国对非战略也是日本参与在非维和行动的重要政治动因

自小布什时代开始,美日同盟向全球拓展。其后,日本为了配合美国反恐、履行所谓"全球性盟友"义务,不顾国民反对通过"伊拉克自卫队派遣计划",于2003年3—4月、7—8月两次参与伊拉克难民救助的维和行动。2006年以后,除了中东外,非洲也成为日美同盟向全球拓展的另一重点区域。2006年2月,美国在国防计划(QDR2006)中提出,非洲"失败国家"、无政府状态是产生恐怖主义的温床。为了解决这一问题,美国将努力支援东非国家、跨撒哈拉地区国家打击恐怖主义、维持国家安全的能力建设。[1] 同年3月,美国在发布的《国家安全保障战略》(The National Security Strategy of the United States)中表明,非洲地缘战略重要性不断上升,已成为美国战略优先度较高的区域,并指出通过与非洲国家合作,强化统治基础脆弱、"失败状态"国家的能力,确立在当地实行有效的民主政治直接关乎美国安全利益。[2]

因此,2006年是美国对非战略的重要转折点。美国除了援助相关国家的能力建设外,开始切实重视非洲维和问题。在此背景下,日本作为

---

[1] Secretary of Defense, "QUADrennial Defense Review Report 2006", p.12, February 2006, http://archive.defense.gov/pubs/pdfs/QDR20060203.pdf.

[2] The White House, "The National Security Strategy of The United States", p.37, March 2006, https://www.state.gov/documents/organization/64884.pdf.

第六章 "陆海联动":印太战略视阈下日本参与联合国非洲维和行动探析

美国最重要的盟友,为了稳固、强化日美同盟机制,呼应美国对非战略,客观上也需将更多资源投放至非洲,改善非洲国家的安全局势。在本国和平宪法存在诸多束缚的背景下,日本介入非洲安全问题的渠道较为有限,参与在非维和行动可谓是其较为现实且有效的选择。通过参与在非维和行动,日本不仅可以替美国分担战略压力,也可以拓展日美同盟的活动区域,强化同盟的战略基础。

二 经济考量

多年以来,日本一直将拓展、保障经济权益作为对非外交的重要支柱之一[①],故经济因素也是其参与维和行动的一个重要考量。

首先,日本希望借助维和行动强化与非洲能源大国的关系,保障本国能源安全。日本作为一个能源奇缺、石油几乎100%依赖进口的国家,长期以来对中东石油依赖程度畸高,面临着较高的地缘政治风险。1973年爆发的第四次中东战争曾直接导致日本石油进口中断,成为战后日本经济发展中的惨痛记忆。自21世纪初,日本政府一直力促石油进口来源国多元化,尽可能降低对中东石油的依赖。在这一背景下,南苏丹、安哥拉等非洲国家成为了日本实现石油进口来源国多元化、开辟新兴进口市场战略的重要依托。因此,日本为强化与非洲能源大国关系倾注了大量资源,而参与联合国维和行动则是密切双边关系、确立自身存在感的捷径。

日本的这一考量在冷战后其非洲维和实践中得到了充分体现。在日本参与的非洲维和行动对象国中,安哥拉、刚果民主共和国、苏丹、南苏丹等都是能源、资源大国。以南苏丹为例,可清楚地窥见日本借维和确保能源安全的战略考量。据有关专家估计,分裂前的苏丹石油储量约为1800亿桶,而南苏丹更是占据了其中75%的份额。因此,日本对南苏丹丰富的能源储备觊觎已久,并尝试通过不同渠道介入南苏丹事务,以获得能源开发利用的主动权,维和行动则给了日本一个绝佳的机会。2011年7月8日,联合国安理会通过1996号决议,日本同

---

① 参见罗建波《日本对非洲外交及其发展趋向》,《西亚非洲》2008年第11期。

年11月对南苏丹派遣约300人的首批维和部队。其后,日本从2012年1月开始向南苏丹派出陆上自卫队的工程部队,负责整修联合国部队驻扎地与难民营之间的主干道,并援助了当地其他基础设施建设,获得了南苏丹政府很高的评价。[1] 到目前为止,日本总计派遣工程部队、司令部人员、联络人员等维和人员近4000人(参见表6-1),派遣人数之多在日本既往维和行动中是罕见的。日本之所以对南苏丹维和投入甚多,可谓醉翁之意不在酒,其主要着眼点之一即在于南苏丹丰富的能源储备。

其次,通过在非维和,日本期待与国际社会共同实现非洲各国政治局势与社会秩序的稳定,降低地缘政治风险,维护本国在非日益庞大的海外利益。在漫长的冷战时期,日本主要将非洲视为原料来源地,对非直接投资规模极为有限。冷战结束以后,日本着眼于非洲地位的提升、自身经济发展需要等因素,开始重视与非洲的经济合作,加大了对非的投资力度。据日本贸易振兴机构(JETRO)统计数据,1951—1994年日本对非投资仅76.98亿美元,仅为同期对亚洲[2]投资额(762.16亿美元)的10.1%、拉丁美洲投资额(551.48亿美元)的14%。1993年,尽管彼时日本对非投资规模还较为有限,但日本政府考虑到非洲未来可观的发展前景,仍然专门设立了"东京非洲发展国际会议"[3](TICAD,以下简称"东京会议")这一机制,给日非双方产官学各界创造了对话平台。新世纪以后,伴随着全球主要大国对非投资热度不断上升、非洲地位不断提振,日本开始重新审视非洲的政治与经济价值,并借助东京会议不断强化与非洲的合作关系。2003年召开的东京会议上,日本宣布将召开"非洲贸易与投资"会议,促进日非经济合作[4];2008年第四次东京会议开幕式上,时任首相福田康夫表示日本协力银行将设立25亿美元的

---

[1] 参见吕耀东《从内罗毕宣言看日本在非洲利益的深化及其战略意图》,《西亚非洲》2016年第6期。

[2] 由于日本贸易振兴机构将中近东地区作为单独地理单元进行统计,此处亚洲数据仅包括东亚、东南亚以及南亚地区,不包括西亚地区。

[3] 也称为"非洲开发会议"。

[4] 参见日本外务省「TICAD Ⅲ の概要と評価」、2003年9月、日本外务省网站(https://www.mofa.go.jp/mofaj/area/ticad/3_gh.html)。

第六章 "陆海联动"：印太战略视阈下日本参与联合国非洲维和行动探析

"非洲投资倍增援助基金"，力促日本对非民间投资实现倍增的目标。[1] 在日本政府的推动下，日企对非投资有所提振，出现多个投资峰年，如2008、2014年均达到15.1亿美元，2017年更是达到创纪录的17.26亿美元。[2] 而2005—2019年14年间，日本对非投资额累计132.71亿美元[3]，远超1951—1994年的总和。因此，尽管日本对非投资势头并不稳定，但在客观上已达到相当规模，成为日本政府日益重视的海外利益板块之一。在当前非洲国家整体法制尚不健全、大小规模武装冲突频发、非正常政权更迭不断的情况下，日本希望通过参与非洲维和稳定相关国家的政治局势与社会秩序，减少武装冲突与社会动荡带给本国企业的风险，最大限度地保障本国在非洲的海外利益。

最后，在全球主要大国纷纷投资非洲的浪潮下，日本希望通过维和强化与非洲联系的纽带，构建与相关国家、国际组织特殊的政治互信关系，凭借排他性的政治资源使本国与中国等国竞争，以政治杠杆撬动经济利益。进入21世纪以来，以中国为代表的新兴大国对非洲贸易、投资、承包劳务和援助都有了长足的发展，不仅打破了美、英、法等传统西方大国在非洲原有的利益平衡，也已成为了日、印等"后起投资国"的强劲商业竞争对手。[4] 日中两国在非洲互动日趋频繁，经济竞争日趋激烈，形成了中、日、非特殊的三边关系。[5] 然而，近几年来由于日本经济的持续不景气，日企在非经济投资后劲乏力、产业合作停滞不前，在多个领域对华竞争处于明显下风。据统计，日本对非洲投资存量在2013年末达到顶峰，约为120.77亿美元，2017年却滑落至78.24亿美元[6]，下降了约35.2%。反观中国，尽管对非投资起步较晚，但2016年

---

[1] 日本外务省「TICAD IV 開会に寄せて 福田康夫日本国総理大臣演説」、2008年5月28日、日本外务省网站（https://www.mofa.go.jp/mofaj/press/enzetsu/20/efuk_0528.html）。
[2] 日本貿易振興機構「直接投資統計」、2020年、日本貿易振興機構网站（https://www.jetro.go.jp/world/japan/stats/fdi.html）。
[3] 依据日本贸易振兴机构数据计算得出。
[4] 张宏明：《西方同中国在非洲的利益冲突与中国的应对策略》，《西亚非洲》2010年第7期。
[5] 张宏明：《西方同中国在非洲的利益冲突与中国的应对策略》，《西亚非洲》2010年第7期。
[6] 数据源自日本贸易振兴机构数据库。参见日本貿易振興機構「直接投資統計」、2014年1月、日本貿易振興機構网站（https://www.jetro.go.jp/world/japan/stats/fdi.html）。

在非洲投资存量已超过1000亿美元。① 就在非投资存量而言，日本已不及中国十分之一。

对于近年来对华零和博弈思维严重，在全球各地与中国开展经济竞争的日本而言，当前在非洲对华竞争的被动局面令其焦虑不已。在用尽方法刺激本国对非民间投资的同时，日本也希望通过维和等政治、安全领域的合作，助力本国在经济领域获得排他性红利。

三　战略考量

除了以上两大目标，推进本国印太战略是日本参与非洲维和行动的又一重要动因，并成为当下日本政府对非决策过程中的重点考量因素。

因前文已对日本印太战略的发端、内核、路径、动因等进行了详细分析，故此处不再赘述。应当说，自安倍第二次组阁后，日本印太战略才正式与非洲相关联。2012年末安倍第二次组阁后，将原有印太构想重新包装，炮制出所谓"亚洲安全菱形"方案，提出建立一个囊括日本、印度、澳大利亚与美国夏威夷的"安全菱形"，标志着日本印太战略雏形已经确定。而此后几年，日本印太战略触角由印度进一步向西延伸至西印度洋、非洲。2016年8月27日，安倍在肯尼亚首都内罗毕召开的东京会议上，公开表示印、太两洋将亚非两大洲联系在一起，日本肩负着将联系亚非的印太建设为和平、没有强权与威慑、重视自由、法律与市场经济、遵守规则之区域的重任，并希望日本与非洲国家为实现这一目标而共同努力。② 这也是日本政府第一次在国际场合完整清晰地阐明本国印太战略理念，标志着日本印太战略的正式成型。③ 日本政府选择在非洲正式提出本国印太战略框架无疑具有深层次的战略考量。为了在印太两洋对中国进行战略围堵，日本除了努力在

---

① 新华网：《中国对非投资存量超过1000亿美元》，2016年9月7日，新华网（http://www.xinhuanet.com/fortune/2016-09/07/c_1119528044.htm）。

② 日本外務省「TICAD VI 開会に当たって・安倍晋三日本国総理大臣基調演説」、2016年8月27日、日本外務省网站（http://www.mofa.go.jp/mofaj/afr/af2/page4_002268.html）。

③ 朝日新闻「日米「インド太平洋戦略」表明へ　中国の権益拡大を牽制」、2017年11月6日、日本朝日新闻网站（https://www.asahi.com/articles/ASKC15CN3KC1UTFK00X.html）。

第六章 "陆海联动":印太战略视阈下日本参与联合国非洲维和行动探析

传统的亚太区域确立军事、政治存在,对印度洋沿岸各国也投入大量资源,力图构筑起东起南太平洋、西至西印度洋与东非的全方位印太战略格局。在这一战略格局中,除了传统的亚太国家,非洲国家也将扮演重要角色。一方面,西印度洋沿岸的东非地区,在地理上作为印太的西缘,是日本印太战略的重要组成区域。另一方面,东非国家已成为继美、印、澳以及东盟国家外,日本为推进印太战略、遏制中国而着力拉拢的主要对象之一。

作为推进印太战略的典型举措,本书前几章已有诸多论述。总体而言,日本主要依靠对外开展双多边海洋安全合作,与美印澳等协同推进印太战略,并积极强化与东盟、南太平洋国家的互动。需要注意的是,除了印度,以上国家基本集中于亚太地区。在亚太之外,日本近年来着力强化与印度洋沿岸中小国家的关系,而处于印太西缘的东非各国则是日本重点关注的对象之一。东非国家除了海洋安全能力建设"长期欠账",更重要的是久受内战、种族冲突等陆上安全问题的困扰。日本瞄准非洲国家国情,通过海上非传统安全合作、参与联合国维和行动这一"陆海统筹"的模式强化日本与非洲国家双多边关系,以促进本国印太战略的实施。在海上,自2008年起日本通过在索马里、亚丁湾与国际社会协同打击海盗、开展海上护航合作、支援相关国家海上安全能力建设等路径,积极与索马里、吉布提、肯尼亚、坦桑尼亚等西印度洋沿岸国强化海上安全合作[①];而在陆上,日本除参与索马里重建、构建吉布提军事基地外,积极参与在肯尼亚、苏丹、南苏丹等印太西缘国家的联合国维和行动,密切了与相关国家的关系,大大提升了在东非的政治、军事存在感,为印太战略的推进提供了重要动能。因此,日本参与联合国在非维和行动是其强化与东非国家关系,并借此推进印太战略的内在需要。

当然,日本印太战略形成时日尚短,属于日本新兴的国家战略。因此,较之于日本参与非洲维和行动中蕴藏的传统政治、经济考量,其借维和拉拢东非国家,以顺利推进印太战略是近年才形成的战略谋

---

① 王竞超:《日本参与索马里海盗治理的策略》,《西亚非洲》2017年第5期。

划。这一战略谋划的视角不仅着眼于当下，更放眼于未来，是日本构建"印太海洋民主国家联盟"这一宏大战略谱系的重要组成部分，对日本对非安全政策、日非关系走向的影响日益加大。

第三节　日本参与联合国非洲维和行动的主要策略

日本为了顺利参与联合国在非维和行动、达到自身战略目标，可谓煞费苦心，在国际、国内两个层面都采取了相应策略。

一　积极开展对非首脑外交、经济援助

日本通过对非首脑外交、经济援助，努力为日本参与在非维和行动创造客观环境。在冷战时期的日本外交版图中，非洲一直处于较次要的位置。21世纪以后，日本开始重视非洲的战略地位，2001年、2006年时任日本首相森喜朗、小泉纯一郎相继访问非洲，结束了日本首脑从未访问非洲国家的历史。2012年末安倍第二次组阁后开始总体推行"俯瞰地球仪外交"，并为了构建印太战略重点开展了"印度洋外交"，非洲则成为以上两大外交政策共同聚焦之地。依据日本外务省公开资料，自安倍内阁于2012年末上台以后，曾四次造访非洲国家，分别是2013年8月造访吉布提，2014年1月造访科特迪瓦、莫桑比克、埃塞俄比亚，2015年1月造访埃及以及2016年8月造访肯尼亚。[①] 而日本首脑历次访非议程中，联合国维和等安全问题基本都占据了重要地位，彰显了日本政府为本国在非维和行动创造良好国际环境的战略意图。

除了首脑外交，日本也着力强化了对非经济援助。2018年，日非贸易总额约181.6亿美元[②]，仅为日本当年全球贸易总额（约14859亿

[①] 日本外务省「総理大臣の外国訪問一覧（2006年10月から2021年9月）まで）」、2021年9月30日、日本外务省网站（http://www.mofa.go.jp/mofaj/kaidan/page24_000037.html）。

[②] 日本外务省「日本とアフリカ」、2020年3月、日本外务省网站（https://www.mofa.go.jp/mofaj/files/000087153.pdf）。

第六章 "陆海联动"：印太战略视阈下日本参与联合国非洲维和行动探析

美元①）的1.22%。尽管日非经济合作规模有限，但日本基于自身的小算盘，对日非经济关系仍颇为重视，对非进行了大量经济援助。日本除了期望借经济援助开拓非洲资源与市场，也意图通过密切日非经济关系获得外溢性收益，强化与非洲在安全领域的合作，获得非洲各国对日本在非维和行动（尤其是对日本自卫队在非武器解禁、承担任务扩大等方面）、印太战略的支持。因此，日本在本国经济长期不景气的情况下，仍保持着较强的对非援助力度。继2013年东京会议上承诺在2013—2017年向非洲提供320亿美元以后，2016年的内罗毕会议上日本修正之前的援助计划，仅2016—2018年3年就计划向非援助300亿美元。

二 利用东京会议与非洲国家协调维和事务立场

除了积极推进首脑外交、经济援助外，日本还善于利用其主导的东京会议等机制与非洲各国协调在维和事务上的立场。通过粗略梳理，自2006年东京会议"和平专场会议"以来，在日本外务省涉及东京会议的公开文件中，联合国在非维和行动及日本作出的贡献都被列为重要内容专门予以提及。2006年"和平专场会议"上，非方肯定了日本在非维和行动中的贡献，如提出日本在2003—2005年共向联合国非洲维和行动提供了9.2亿美元的资助；2005—2006年约承担了联合国非洲维和行动总经费（7.5亿美元）的20%等。② 2008年、2013年在横滨举行的第四届和第五届东京会议上，日非双方强调非洲的发展与和平应同时推进，"欢迎非盟为改善非洲安全治理现状提出的非洲安全保障架构（APSA）、非洲相互审查机制（APRM）等倡议"，高度评价了安理会、非盟、非洲相关国家为维和行动作出的贡献。③ 而在2016年内罗毕举行的东京会议

---

① 日本贸易振兴机构「第1章世界と日本の貿易」、2019年、日本贸易振兴机构网站（https：//www.jetro.go.jp/ext_images/world/gtir/2019/dai1.pdf）。
② 日本外务省「TICAD 平和の定着会議」、2006年2月、日本外务省网站（https：//www.mofa.go.jp/mofaj/area/ticad/heiwa_gai.html）。
③ 日本外务省「「横浜宣言」元気なアフリカを目指して」、2008年5月30日、日本外务省网站（https：//www.mofa.go.jp/mofaj/area/ticad/tc4_sb/pdfs/yokohama_s.pdf）；日本外务省「第5回アフリカ開発会議（結果概要）」、2013年6月3日、日本外务省网站（https：//www.mofa.go.jp/mofaj/area/page2_000016.html）。

上，日非确认了第四、第五届会议达成的共识，日本表示"将对（非洲国家）边界保护、边界协同管理以及维和行动等实现非洲和平的各类行动提供援助"，"会继续参与联合国在非维和行动，并将协助强化联合国所辖各大维和训练中心的能力建设，向从事维和行动的人员提供培训等援助项目"。① 2019 年 8 月在横滨举行的第七届东京会议上，日本表示将通过联合国在非洲 15 个维和行动训练中心、联合国维和行动基金等对在非维和行动予以持续性援助。②

日本为了巩固历届东京会议取得的外交成果、拉拢非洲各国，除了直接承担联合国维和经费，也落实了大量对非洲相关国家承诺的功能性援助项目。一方面，冷战结束以后，日本对埃及、肯尼亚、坦桑尼亚等非洲多国③联合国维和行动训练中心进行了不同形式的援助。日本派遣大批自卫官、研究机构专家等奔赴各中心，对非洲各国维和人员提供了大量相关培训课程，力图强化各国维和、防止武装冲突的能力建设。④另一方面，除了人员培训，日本重点对联合国非洲基础设施建设部队提供了资金、人员援助。据统计，截止目前，日本约向该部队提供了 38 亿日元（约合 3400 万美元）⑤的援助，并每年派遣多名自卫官帮助其加速在非工程进度，提高工程质量。

可以说，通过历届东京会议的会议外交，日非有效地弥合了分歧，协调了彼此在维和事务上的立场。日本通过多边会议外交，充分了解了非洲国家在维和事务上的利益关切，通过政策的宣示、功能性援助的实施，客观上强化了非洲各国能力建设，获得了非洲相关国家的好评，为日本深入参与在非维和行动打下了良好的政治基础。

---

① 日本外務省「TICAD VIナイロビ実施計画」、2016 年 8 月 28 日、日本外務省网站（https://www.mofa.go.jp/mofaj/af/af1/page3_001789.html）。
② 日本外務省「第 7 回アフリカ開発会議（TICAD7）」、2019 年 9 月、日本外務省网站（https://www.mofa.go.jp/mofaj/files/000512916.pdf）。
③ 分别为埃及、马里、贝宁、多哥、加纳、尼日利亚、喀麦隆、埃塞俄比亚、肯尼亚、卢旺达、坦桑尼亚 11 国。
④ 日本外務省「日本とアフリカ」、第 10 頁、时间不详、日本外務省网站（https://www.mofa.go.jp/mofaj/files/000087153.pdf）。
⑤ 此为日本外务省公布数据。

三 制定或修改国内法律，为参与维和行动扫清障碍

除了国际策略，日本也通过制定或修改法律等国内措施，为参与联合国非洲维和行动扫清障碍。1992年日本通过的《合作法案》，不仅是对日本战后和平宪法的一次重大突破，也初步奠定了日本参与联合国维和行动的法律基础。《合作法案》在将日本维和行动分为"协助联合国维持和平""人道救援行动"等类别的基础上，规定了自卫队参与维和行动的"五原则"，即：1. 冲突国家间已达成停火协议；2. 冲突各方同意日本自卫队参与维和行动并加入联合国维和部队；3. （日本参加的）维和部队对冲突各方持不偏不倚的中立态度；4. 一旦出现不符合上述条件的情况，日本可撤回参与维和的部队；5. 参与维和人员武器的使用强度力求控制在最低限度，仅用于自卫等。

尽管《合作法案》规定了日本维和行动的类别与参与原则，但总体上对自卫队的束缚依然较多。为了进一步便利本国对包括非洲在内的海外维和事务的参与、突破战后和平宪法对本国军事力量的限制，日本曾三次修订《合作法案》。1998年6月，日本国会通过了第一次《合作法案》修正案，对原有法案做出了以下修订：1. 将过去"由自卫队员判断使用武器"改为"原则上根据上司的命令使用武器"，增加了自卫队作为组织体在海外行使武力的可能性[①]；2. 日本在法案原有的"联合国维和行动""人道主义救援"两大维和任务基础上，增加了"在区域组织的要求下实施的选举监督活动"[②]，并提出"即便（相关各方）没有达成停战协议，也可以提供人道主义国际救援活动所需物资"。对《合作法案》中武器使用、维和任务两大关键条款的修订，意味着日本自卫队派遣条件更加宽松，活动领域进一步扩大。

"9·11"事件后，布什政府以在全球范围内打击恐怖主义为由，力促日美同盟由过去亚太地区的军事同盟转换为全球性同盟关系，这也成

---

① 栗硕：《论自卫队海外派遣与相关法律体系建设》，《国际论坛》2012年第1期。
② 指基于联合国大会、安理会决议或者若干国际机构的请求，确保战乱地区以民主手段设立统治机构或举行公正选举的行动（不包括联合国维和行动中的相关业务）。参见栗硕《论自卫队海外派遣与相关法律体系建设》，《国际论坛》2012年第1期。

为日本政府再次修改合作法案的绝好契机。2001年11月，日本政府以维护日美同盟、加大国际贡献为口号，在国会第二次通过《合作法案》修正案，对原法案做出以下3点调整：1.允许自卫队参与联合国维和部队（PKF）的主体业务①，自卫队不再只能参与医疗、通信、交通等后方支援活动；2.使用武器限制放宽，自卫队员可适用自卫队法第95条②；3.使用武器保护的对象不再局限于自卫队队员本人，对在场的其他队员或自己的管辖范围以内的人员也可以实施保护。③ 尤其值得一提的是，日本政府围绕自卫队员武器使用权限扩大的理由陈述。日本政府认为，一方面，从既往自卫队维和情况来看，即便适用自卫队法第95条，也不会造成当地事态的混乱；另一方面，若放任武器装备被破坏、抢劫，则会造成自卫队员行动能力的削弱、当地治安情况的恶化等消极后果。④ 总体而言，在此条款适用于维和行动后，日本自卫队员在非维和行动中武器使用约束进一步减少。此外，对于自卫队维和业务范畴的修订，进一步扩大了日本自卫队在非维和行动中的活动范围，强化了日本在非安全事务中的存在感。

2012年末安倍第二次组阁后，加速了日本修宪进程，《合作法案》也随之迎来了又一次重大修订。2015年9月，安倍内阁凭借自民党—公明党执政联盟在日本参议院中拥有的多数议席，在国会强行表决通过了新安保法案。新安保法案由《和平安全法制整备法》与《国际和平支援法》构成，后者对《合作法案》进行了第三次修订。首先，日本政府新

---

① 主体业务具体指：对停止武力纷争情况的监督以及对当事各方军队的重新部署、撤退后解除武装情况的监督；为防止缓冲地带（或其他防止武装冲突发生专门划定的区域）的驻扎与巡视；对是否有武器通过各种途径运输的检查；对废弃武器的收集、保管或处理；对冲突当事方间划定停战线的援助；对冲突当事方间交换俘虏的援助。参见《联合国维持和平活动合作法案》（《PKO法案》）第三条第五款。

② 即日本自卫队法第95条"基于防卫目的使用武器"条款。指自卫官在看护自卫队武器、弹药、火药、船舶、飞机、车辆、通信设备、无线设备及液体燃料之际，判断为了防护人员或以上武器（或设备）不受损失，在必要时可使用武器。

③ 日本世界和平研究所「国際平和協力のあり方に関する調査研究—PKO参加20年を迎えるに当たっての提言」、第3頁、2013年1月、日本世界和平研究所网站（http://www.iips.org/research/data/bp341j.pdf）。

④ 日本内阁府国際平和協力事務局「国際平和協力法の一部改正について」、2001年12月、日本内阁府网站（http://www.pko.go.jp/pko_j/data/law/law_data04.html）。

第六章 "陆海联动"：印太战略视阈下日本参与联合国非洲维和行动探析

设立了所谓"国际合作和平安全活动"，扩大了维和领域。"国际合作和平安全活动"不属于传统的联合国统一推进的维和行动，主要依据在于：1. 联合国大会、安理会或经济社会理事会通过的决议；2. 联合国、联合国大会所设机构或下属专门机构等发出的请求；3. 维和活动所在区域所属国的请求等。①

依据此修订，首先，一旦非洲国家出现内乱或武装冲突，日本自卫队可不再拘泥于联合国是否作出专门决议，仅依据联合国下属专门机构或相关国的请求即可派出自卫队参与维和，在理论上将明显提高自卫队在非洲的行动频率。其次，日本政府着眼于南苏丹局势，在自卫队原有维和任务基础上，赋予了其安全确保、驰援护卫等新任务，日本自卫队员将可使用武器奔赴别处对他国部队、联合国职员或非政府组织进行援助，并可与美国及别国部队开展维和合作。因此，自卫队在南苏丹及其他非洲维和行动的活动范围得以进一步扩大。再次，扩大了武器使用权限。新法案认可自卫队员在承担安全确保、驰援护卫等任务时，可不受"自卫、看护武器装备"等原有规定的束缚使用武器。最后，增补了其他一些维和涉及事项，如向联合国派遣自卫官；若美军遭受大规模灾害，提供物资与劳务援助；在遂行国际选举监督活动时扩展合作对象等。值得注意的是，日本政府还附加了一条国会条款，自卫队在遂行确保宿营地安全任务时，一般需事先获得国会认可，但当国会休会期或众议院被解散时可事后再申请国会批准，这无疑为自卫队绕开国会直接向南苏丹及其他非洲国家派兵打开了较大的缺口。

第四节　日本参与联合国非洲维和行动的前景展望

回顾冷战结束以来日本参与联合国非洲维和行动的历史进程，可发现在非自卫队规模不断扩大、承担任务日趋重要、国际影响力持续增强，

---

① 日本内阁官房「「平和安全法制」の概要」、时间不详、日本内阁官房网站（http://www.cas.go.jp/jp/gaiyou/jimu/pdf/gaiyou-heiwaanzenhousei.pdf）。

这不仅成为日本外交的一个亮点，也为其对外战略的推进提供了重要动能。日本通过参与联合国在非维和行动，当前及未来有望将其作为构建"正常国家"、实施印太战略的重要外部助力与抓手。然而，受国内外各种因素的影响，日本未来在非维和行动也面临着较多制约因素，其借维和希望达到的战略目标面临着重重阻力。

一　日本将继续把在非维和行动作为实现其国家战略的重要抓手

首先，在政治上，参加在非维和行动已经并将继续成为日本谋求"入常"乃至修宪的重要外部助力。第一，日本通过维和行动，既提升了自身"入常"的"硬件条件"，也与非洲国家就"入常"问题达成了一定程度的共识。第二，如果说"入常"更多的是一种大国象征，那么修宪则是日本蜕变为所谓"正常国家"，继而成为政治、军事大国的关键环节。由于战后和平宪法的存在，当前日本参与非洲维和行动面临诸多不便，因此"进一步便利自卫队在非洲及全球其他地区的维和行动，加大日本国际贡献"客观上成为日本步步突破和平宪法、行使集体自卫权，最终完成修宪的一个堂而皇之的理由。其次，除了政治考量，经济因素是日本参与维和的另一驱动力。日本通过在非维和，意图拉拢非洲主要能源大国，以实现能源供给多元化目标，最大程度地确保本国能源安全。与此同时，日本在经济上还有以下两点期待，即通过强化与非洲相关国家、国际组织的关系，以政治互动保证本国在非洲投资兴业环境，强化自身经济竞争力；保证非洲相关国家社会秩序与政局稳定，降低地缘政治风险，以维护本国在非日益庞大的海外利益。最后，在传统政经考量以外，日本也期望借维和与地处西印度洋的东非各国密切互动，强化其在印太西缘的军事存在。日本意图将在非维和行动与本国参与索马里海盗治理等海洋安全行动结合起来，以在印太西缘产生"陆海联动"的效应，进一步完善、推进自身印太战略。这也是日本近几年参与在非维和行动的重要战略考量，也是其明里暗里构建对华印太安全合作网的又一重要体现。

因此，在多重战略收益的激励下，日本未来将继续积极参与在非维和行动。值得关注的是，在印太战略成为日本的长期国策加以推进的背

第六章 "陆海联动"：印太战略视阈下日本参与联合国非洲维和行动探析

景下，日本对维和行动的资源投入方向将更具针对性。索马里、肯尼亚、苏丹、南苏丹、坦桑尼亚、莫桑比克等地处印太西缘的国家将成为日本参与维和的"优先对象"。从日本参与非洲维和的历史也能发现，自2006年以后日本印太构想开始酝酿后，日本在非洲便仅参与了联合国苏丹、南苏丹、肯尼亚的维和行动，且在南苏丹投入的人员、物资等维和资源远远超越了过往，承担的维和任务范围也大为扩展。在未来，以上印太西缘的国家仍将是日本参与维和的重点方向，其在人员派遣、资金、物资、技术培训等方面的资源也将进一步向以上国家倾斜。

二 日本参与联合国在非维和行动的制约因素

尽管日本借联合国在非维和行动收益颇丰，但也要看到，其在未来面临着多重制约。

（一）国内制约因素

首先，日本在非维和行动规模尽管呈急剧扩大的趋势，但受日本国内法律约束、在野政治势力反对的影响，未来前景并不乐观。近年来，日本参与非洲维和行动的扩大化屡屡挑战了战后和平宪法的底线，引起了日本国内执政党与在野党、民间和平团体乃至日本国民之间的长期对峙。在参与南苏丹维和行动问题上，日本社民党、共产党、民进党等在野党围绕以下两方面对安倍内阁提出了强烈质疑：其一，南苏丹维和行动是否符合维和行动"五原则"；其二，驰援护卫任务突破了日本自卫队员专守防卫的界限，在当前的日本宪法框架内是否有效。关于前者，自卫队参与维和行动的"五原则"之首即"冲突国家间已达成停火协议"，而日本政府在南苏丹重燃战火之际仍坚持派遣自卫队奔赴当地承担驰援护卫任务，这在国内政坛引起了轩然大波。[①] 关于后者，驰援护卫任务的内核被日本在野党、爱好和平的民间团体屡屡质疑。依据驰援护卫任务的定义，日本自卫队员保护对象将扩大到别国部队、联合国职

---

① 2016年7月，南苏丹总统基马与第一副总统马夏尔合作关系破裂，政府方与反对派在首都朱巴出现大规模武装冲突。同年11月，在南苏丹内战仍在持续的情况下，安倍内阁强行派遣自卫队赴朱巴等地实行驰援护卫任务。这一点明显违反了维和行动"五原则"，受到了日本国内在野党的猛烈抨击。

员以及非政府组织，这将明显违反日本宪法中不得行使集体自卫权的规定。尽管2015年9月日本通过新安保法案、对《合作法案》进行了第三次修订，使得集体自卫权在理论上成为可能，但由于日本国内反对修宪、反对行使集体自卫权的呼声不断高涨，集体自卫权付诸于实践仍然面临着较大的政治风险与阻碍。此外，在遂行驰援护卫任务时，日本自卫队员武器使用约束也大为放松，这很有可能加大日本卷入战争的风险。因此，驰援护卫任务在日本国内遭受着强烈质疑，招致了日本在野党、和平团体以及国民的持续反对，将对未来日本在非维和行动产生明显阻力。

其次，日本参与非洲维和的自卫队员出现了"人才危机"，在维和人力资源上显得有些捉襟见肘。一方面，熟悉非洲的自卫队员、自卫官数量仍然偏少。由于日本冷战时期对非洲的长期忽视，语言、文化、地理等造成的隔阂，日本对通晓非洲事务的区域问题专家、自卫队官员等的培养严重滞后，人才储备明显落后于美、英、法等老牌西方大国。近些年，日本在非洲执行完任务的自卫队员、自卫官中，很多都感到需切实加强对非洲对象国历史、文化、宗教、习俗、国民性等的理解与学习，并表示仅凭执行维和任务期间积累的经验很难完善相关知识结构。[①] 另一方面，一些与维和行动配套的专业人才供给严重不足。[②] 由于待遇一般、职业上升通道有限、工作条件艰苦等原因，日本愿意长期跟随自卫队在非洲维和的军医[③]、法语及葡萄牙语等小语种翻译存在离职率高、缺口日益扩大等情况。很多情况下，在一个维和任务结束后，日本维和部队就有一批军医、翻译离职，这也成为多年来困扰日本自卫队的一个难题。

（二）国际制约因素

日本参与联合国在非维和行动也面临着来自非洲、美国、东亚诸国

[①] 日本防衛省「平成25年度統合幕僚学校委託研究「主要国の対アフリカ戦略に基づく投資・支援に関する調査研究」」、2013年、日本防衛省网站（http://www.mod.go.jp/j/approach/others/service/kanshi_koritsu/yosan_shikko/2013_seika_africa_toshi.pdf）。

[②] 日本防衛省「平成25年度統合幕僚学校委託研究「主要国の対アフリカ戦略に基づく投資・支援に関する調査研究」」、2013年、日本防衛省网站（http://www.mod.go.jp/j/approach/others/service/kanshi_koritsu/yosan_shikko/2013_seika_africa_toshi.pdf）。

[③] 日本称其为"医官"，一般由日本防卫医科大学毕业后进入自卫队成为军医。

第六章 "陆海联动"：印太战略视阈下日本参与联合国非洲维和行动探析

等多方的制约。首先，作为当事方的非洲国家对日本日益扩张的对非战略持保留态度。尽管日本借助首脑外交与经济援助、东京会议等渠道在相当程度上提升了本国在非洲国际形象，在参与联合国维和行动方面获得了非洲国家一定的支持，但日本近年来日益明显的扩张性战略动向依然刺激了不少非洲国家、国际组织的敏感神经。如内罗毕会议上，非洲国家对日本把亚洲问题带到非洲，引导会议政治化的倾向较为反感。[①] 更重要的是，日本近年在南苏丹等地的维和行动体现出明显的扩张性战略倾向，已引起非洲国家的疑虑。未来，日本以进一步扩大在非维和行动范围、解除自卫队行动束缚为手段，不断挑战和平宪法底线的意图将很难获得非洲国家的认同。

其次，美国政策动向对日本在非维和行动有明显的消极影响。特朗普执政时期，美国坚持奉行"美国至上""单边主义"等国策，不断降低对联合国各项活动的支持力度。2017年1月，联邦众议员迈克·罗杰斯在美国国会提出"2017年美国主权重建法案"，要求美国总统特朗普终止美国的联合国会员资格，而退出联合国维和行动更是法案重点，强调"禁止授权美国为任何联合国军事或维和行动提供资金"，"禁止对有美国部队参与的联合国维和行动进行财政支出"[②]。尽管该法案未获通过，但仍在很大程度上代表了美国国内的社会思潮与政策走向。而2018年美国官方正式出台的关于削减维和行动出资额的政策也是对以上判断的佐证。美国是目前维和行动经费最大出资国，其承担的经费为20.78亿美元，约占今年维和经费预算的28.47%。[③] 对此，美国驻联合国代表妮基·黑利在2018年3月28日联合国安理会召开的会议上表示，美国将削减维和行动出资额，今后承担联合国维和经费的份额不会超

---

① 参见吕耀东《从内罗毕宣言看日本在非洲利益的深化及其战略意图》，《西亚非洲》2016年第6期。
② US Congress," H. R. 193-American Sovereignty Restoration Act of 2017", January 2017, https://www.congress.gov/bill/115th-congress/house-bill/193？q = %7B%22search%22%3A%5B%22American + Sovereignty + Restoration + Act + of + 2017%22%5D%7D&r = 1.
③ 新华网：《美国欲减少其承担的联合国维和经费份额》，2018年3月29日，新华网（http://www.xinhuanet.com/world/2018-03/29/c_1122607963.htm）。

过25%。① 目前，拜登政府关于联合国维和行动的立场尚未明确，但基于疫情背景下美国内外交困的现状，其短期内很难在维和行动上投入太多资源。当前，分析人士普遍认为，拜登政府对非政策相较以往不会有太大改变，充其量是在沿袭已有传统的基础上进行"微调"。②

美国对联合国维和行动资源投入的骤降，意味着未来美国在非维和行动规模与强度也将会明显减弱。作为美国最重要的盟友，日本一直将维护、强化日美同盟，配合美国区域与全球战略作为对外政策的轴心。美国的维和政策走向将对日本政策制定产生重要影响。为了呼应美国，未来岸田文雄内阁对在非维和行动也将采取更为谨慎的态度，将有可能调整、修改自身在非维和行动政策。

最后，东亚各国对日本修宪、行使集体自卫权等表示强烈反对，这也将在一定程度遏制未来日本在南苏丹等地的维和行动。安倍执政后期，尽管将修宪作为政治使命加以推进，但受制于国内外各种因素，最终依然未能如愿。后继的菅义伟在短短1年任期内，内政外交上沿袭了安倍路线，但对于修宪基本无所作为。而新上台的岸田文雄内阁尽管仍执着于修宪，但是否能如愿达成目标则有待进一步观察。若日本一意孤行，继续推进修宪进程，势必进一步恶化与中、韩以及东南亚各国关系。外交上的被动与孤立也将反作用于日本内政，将严重动摇日本首相在国内的执政地位，不利于"后安倍时代"日本政局的稳定。而日本修宪的前景将对其在非维和行动计划产生重要影响。即便日本政府采取迂回方式试图重新解释战后宪法对自卫队行动的限制，但这种诡辩式的说辞很难获得日本国民乃至东亚各国的认可。若修宪最终未能实现，日本自卫队员在非洲，特别是南苏丹等维和热点地区的活动范围、武器使用、承担任务等都将受到明显限制，日本也将难以借维和达成自身既定目标。

---

① 新华网：《美国欲减少其承担的联合国维和经费份额》，2018年3月29日，新华网（http：//www.xinhuanet.com/world/2018-03/29/c_1122607963.htm）。

② 上观新闻：《拜登的非洲政策，有四个方面值得注意！》，2021年2月22日，上观新闻网站（https：//export.shobserver.com/baijiahao/html/343508.html）。

第六章 "陆海联动":印太战略视阈下日本参与联合国非洲维和行动探析

本章小结

日本参与联合国非洲维和行动是其对外安全政策的重要组成部分之一。除了借维和突破战后体制、拓展在非利益外,印太战略的构建与实施给了日本参与非洲安全事务新的动力。在参与索马里、亚丁湾护航之余,日本希望参与非洲国家最为关注的维和行动,以此密切与东非各国的关系,并呼应日本在印太西缘地区的海上安全行动,以期产生"陆海联动""陆海协同"的效应,更好地推进印太战略。

当然,日本参与在非维和行动同样面临着国内外诸多挑战,前景难言乐观。除了日本国内在野党、和平团体、国民强大的反对声浪,日本在非维和行动专业人才的匮乏也是其不得不正视的现实。在国际层面,非洲与东亚国家都对日本借维和整顿军备、步步修宪的走势颇为担忧,而美国更是采取了明显的战略收缩态势,对维和行动日益冷淡。来自国际体系的压力也已经并将继续反作用于日本国内政治,使安倍及后继内阁修宪、扩大在非维和行动规模的阻力进一步增大。

结　　语

本书探讨了日本在印太战略视阈下对外安全政策的演进过程、实施路径、内外动因、国际影响及未来走向。具体而言，第一，本书从历史维度梳理了日本与印太地区近代以来的互动历程，探讨了日本印太战略的历史源流。日本国内在明治维新前后即滋生了向印太（主要目标仍是亚太）扩张的思潮，客观上对日本对外侵略路线产生了重要影响。日本以周边国家为跳板，在灭亡琉球王国、攫取中国台湾、吞并朝鲜半岛后，"一战"后将势力扩展至南太平洋地区。"二战"爆发后，在侵略中国之余，日本实行"南进"政策，对英、美、法、荷在东南亚、南太平洋殖民地及英属印度等印太其他地区进行了野蛮侵略，给印太各国（地区）人民带来了深重灾难。

冷战时期，日本实行民主改革，走上了和平国家发展路线。以"优先发展经济、轻军备、在安全上依附美国"为主要特征的"吉田主义"成为日本战后的主要发展路线。因此，经济合作、产业分工、对外投资、贸易往来成为日本与印太各国（特别是东南亚国家）关系的总体基调；在安全层面，处于美国亚太同盟体系中的日本除了美国，仅与澳大利亚等国有零星的安全合作，与印太其他国家基本没有军事合作关系。而冷战结束以后，日本不再满足于经济大国的战略定位，摆脱战后体制、构建政治与军事大国成为日本的夙愿。在此背景下，日本在坚持日美同盟为对外战略基轴之余，开始不断突破战后"专守防卫"体制，以配合美国反恐、参与国际维和行动、打击海盗与海上恐怖主义等作为口号与理由，向印太主要地区延伸军事触角，并成功为自卫队"松绑"，将军事力量投放至中东地区。

结　语

　　第二，在历史梳理的基础上，本书着重阐明了2006年安倍晋三第一次组阁以来日本印太战略的演进历程、具体内涵与实施路径，并对日本印太战略形成的内外环境与生成机制、日本推进印太战略的主要制约因素等进行了剖析。自安倍第一次组阁起，日本即开始谋划价值观外交，提出"自由与繁荣之弧"构想，力主启动美日印澳四国安全合作等，尝试构建"海洋国家联盟"，日本印太战略的雏形也由此形成。只不过，由于安倍第一次内阁草草收场，其关于印太的诸多政策难以付诸实施，还大体停留在构想阶段。2012年末安倍第二次执政以后，凭借日本国内政治改革不断强化首相官邸的权力，并得益于美国"亚太再平衡"等战略的实施，得以在对外战略领域大展拳脚，日本的印太构想也逐步上升为印太战略。安倍晋三上任伊始，即提出要打造"亚洲民主安全菱形"，并在随后的数年中展开"俯瞰地球仪外交"，重点强化了与印太国家的关系。而在国内，安倍则构建了相关配套机制，制定、修正了大量法案，意图为日本推进印太战略，构建政治、军事大国扫清障碍。就标志性事件而言，在机制构建上，安倍内阁于2013年12月设立日本"国家安全保障会议"，并于2014年1月设立了配套的事务性机构国家安全保障局。而在法案制定上，安倍内阁于2015年4月成功修订了《日美防卫合作指针》，并于同年9月凭借自民党—公明党执政联盟在日本参议院中拥有的多数议席，强行表决通过了新安保法案。其后，在2016年3月29日后，日本正式开始对集体自卫权相关法案进行解禁。以上诸多举措也为日本全面构建印太双多边安全合作体系，更广泛地介入、参与印太安全事务奠定了基础。

　　2016年以后日本印太战略逐步成型，并以安倍在2016年8月肯尼亚内罗毕召开的东京会议所发表的基调演讲为形成标志。具体而言，日本印太战略显示出以民主、自由开放、法治、市场经济等准则与价值观作为顶层设计，以安全、经济领域为两大支点，以印太双多边安全合作、高水平基础设施投资等为合作重点的总体特征。其中，安全领域在日本印太战略中占据了主导地位，而经济领域则处于相对次要的位置。此外，日本在形成自身印太战略的同时，也与美印澳及印太地区中小国家频频互动，意图协调各国政策取向，在国际社会打造"印太战略共同体"。

第三，在日本印太战略的宏大框架内，安全领域为其关键支点与战略重心，对外安全政策则是其具体表现，这也是本书另一个关键词。在安全层面，日本印太战略与其国家总体安全战略保持了较高程度的一致，即在完善、强化自身防卫体制的同时，以日美同盟为基轴，并在印太建立多层次、多维度的多边安全合作体系。在这一政策体系下，日澳、美日印、日越、日印尼等双多边安全合作加速推进之余，日本对南太平洋、东非等印太东西两侧地区的安全事务也给予了高度重视。特别需要指出的是，日本印太战略视阈下的对外安全政策海洋属性较强，少数陆上安全政策（日本参与联合国非洲维和行动等）也是为了完善、呼应日本的海洋安全政策，以期产生"陆海联动"的效应。

第四，本书在总体剖析日本印太战略的基础上，就日本在印太战略驱动下如何推进对外安全政策进行了相关典型案例的研究。一方面，本书以印太战略视阈下日本对外海洋安全合作为主体，分析了日本与美印澳等大国、中等强国的双多边海洋安全合作；另一方面，本书也关注日本与越南、印尼、南太平洋岛国等印太中小国家（地区）海洋安全合作的演进、实施路径、动因与战略指向。此外，日本印太战略锚定区域也不仅仅局限于海洋，在印太西缘的非洲大陆，日本也投入了大量资源参与了联合国在非维和行动，意图"陆海协同""陆海联动"，进一步强化本国在印太的安全存在，完善本国在印太的安全布局，构建多维度、多层次的印太安全合作体系，以此牵制中国，迟滞中国的发展。本书对此也专门进行了案例研究。

第五，本书存在的不足之处主要在于，在精准阐释日本印太战略与对外安全政策、日本国内政治与国际体系的互动过程方面还需进一步挖掘、强化。此外，在本书现有研究基础上，未来仍有需深入研究的问题。一方面，因日本印太战略有较强的动态性，为未来研究提供了较大空间。2017年以后，日本依据国内外局势，特别是中美日三边关系的变化，不断对印太战略进行调适，并对印太局势乃至地区秩序产生着深远影响，亟待开展深入探讨。另一方面，日本印太战略及对外安全政策与美日印澳四国合作机制、北约对亚太安全事务介入政策的走向等因素有着密切关系，未来需围绕以上议题开展深入研究。

结 语

综上，本书希望既注重对日本印太战略历史源流与演进历程的梳理，也注重对其现实状态与内涵框架的归纳；既重视对日本印太战略、对外安全政策进行宏观层面的理论阐述，也重视对日本相关政策法案、对外安全合作经典案例进行中微观层面的解读与剖析。通过以上努力，本书力图客观、全面地把握印太战略视阈下日本对外安全政策的演进、路径、动因及前景。

最后，笔者也由衷地期待学界对印太安全局势与地区秩序等现实问题予以更多关注。日美等国印太战略及其驱动下的对外安全政策对当前地区安全局势及秩序均造成了较明显的消极影响，如何缓解地区安全困境、维持稳定的地区秩序已成为域内国家关注的重大课题。当前，印太安全架构呈现犬牙交错的特征，大体存在以美国亚太同盟体系、东盟为中心的安全对话合作机制以及印度洋多边安全合作机制等。除了以上主要机制安排，日美等国在印太战略视阈下构建的一系列次一级安全合作机制也日趋壮大。

事实证明，日美排他性的安全合作机制只会加剧地区紧张局势，引发地区秩序的动荡。因此，地区国家应以现有印太多边安全机制为基础，继续维护东盟的中心地位，努力克服各机制相关弊端，实现机制间的交流对话与良性互动，探索构建复合型、多层次、多样化、共存型的印太安全架构。而以上印太安全架构是构建公正合理的印太地区秩序的阶段性目标与先决条件。在印太安全架构的基础上，各国还需因势利导，旗帜鲜明地倡导维护开放包容、和谐共生、公正合理、互利互惠、合作共赢的印太地区秩序。只有这样，印太国家间的安全困境才有可能破解，域内各国才能共建安定、开放、包容、繁荣、可持续发展的"印太命运共同体"。

参考文献

一 著作

（一）英文著作

Barry Buzan, *People, States & Fear: The National Security Problem in International Relations*, Brighton: Wheatsheaf Books, 1983.

Barry Buzan, Ole Waever, and Jaap Wilde, *Security: A New Framework for Analysis*, Denver: Lynne Rienner Publishers Inc, 1997.

C. Raja Mohan, *Modi's World: Expanding India's Sphere of Influence*, New Delhi: Harper Collins Publishers India, 2015.

Rachel Utley, *Major Powers and Peacekeeping Perspectives Priorities and challenges of military intervention*, Brookfield: AshgatePublishing, 2006.

Stephen D. Krasner, *International Regimes*, New York: Cornell University Press, 1983.

Robert Axelrod, *The Evolution of Cooperation*, NewYork: Basic Books, 1984.

S. Amer Latif, *U. S. -India Military Engagement: Steady as They Go*, Washington: Center for Strategic & International Studies, December 2012。

UN Department of Public Information, *The Blue Helmets: A Review of United Nations Peacekeeping*, New York: United Nations Publications, 1985.

（二）日文著作

阿曽沼広郷、曽村保信『海の生命線：シーレーン問題の焦点』，原書房1983年版。

伊藤憲一監修『海洋国家日本の構想』，日本国際フォーラム（フォレスト出版）2001 年版。

伊藤憲一監修『21 世紀日本の大戦略：島国から海洋国家へ』，日本国際フォーラム（フォレスト出版）2000 年版。

海空技術調査会編『海洋国日本の防衛』，原書房 1972 年版。

川勝平太『文明の海洋史観』，中央公論社 1997 年版。

白石隆『海洋アジアvs 大陸アジア：日本の国家戦略を考える』，ミネルヴァ書房 2016 年版。

関根政美、山本信人編『海域アジア』，慶応大学出版会 2004 年版。

高坂正堯『海洋国家日本の構想』，中央公論社 1965 年版。

高原明生、五十嵐暁郎、佐々木寛編『東アジア安全保障の新展開』，明石書店 2005 年版。

田所昌幸、阿川尚之編『海洋国家としてのアメリカ』，千倉書房 2013 年版。

田中明彦『安全保障―戦後五十年の模索』，読売新聞社 1997 年版。

土山實男『安全保障の国際政治学―焦りと傲り』，有斐閣 2014 年版。

日本海洋政策研究財団編『海洋白書 2013』，成山堂書店 2013 年版。

日本国際法学会編『日本と国際法の100 年（第 3 巻）』，三省堂 2001 年版。

日本世界和平研究所編『中曽根内閣史資料集』，世界和平研究所出版社 1997 年版。

日本総合研究開発機構（NIRA）助成研究（アジア太平洋研究会）『南太平洋の現実と国際協力』，アジア太平洋研究会 1980 年版。

平間洋一『日英同盟：同盟の選択と国家の盛衰』，PHP 研究所 2000 年版。

細谷千博等『太平洋戦争』，東京大学出版社 1993 年版。

藤村道生『日清戦争：東アジア近代史の転換点』，岩波書店 1973 年版。

山田満等編『新たな平和構築論―紛争予防から復興支援まで』，明石書店 2005 年版。

山本吉宣、河野勝編『アクセス安全保障論』，日本経済評論社 2005

年版。

吉田茂『回想十年（一）』，中央公論社 1998 年版。

（三）中文著作

邓仕超：《从敌对国到全面合作的伙伴——战后东盟—日本关系发展的轨迹》，世界知识出版社 2008 年版。

高兰：《冷战后美日海权同盟战略：内涵、特征、影响》，上海人民出版社 2018 年版。

廉德瑰、金永明：《日本海洋战略研究》，时事出版社 2016 年版。

李学保：《当代国际安全合作理论的探索与争鸣》，世界知识出版社 2006 年版。

刘世龙：《美日关系（1791—2001）》，世界知识出版社 2003 年版。

刘江永主编：《当代日本对外关系》，世界知识出版社 2009 年版。

吕耀东：《日本国际战略及政策研究》，社会科学文献出版社 2021 年版。

乔林生：《日本对外政策与东盟》，人民出版社 2006 年版。

孙承：《日本国家战略研究》，中国社会科学出版社 2020 年版。

苏长和：《全球公共问题与国际合作———种制度的分析》，上海人民出版社 2009 年版。

苏浩：《从哑铃到橄榄：亚太安全合作研究》，世界知识出版社 2003 年版。

王屏：《近代日本的亚细亚主义》，商务印书馆 2004 年版。

王绳祖主编：《国际关系史资料选编》，武汉大学出版社 1983 年版。

修斌：《日本海洋战略研究》，中国社会科学出版社 2016 年版。

徐万胜：《当代日本安全保障》，南开大学出版社 2015 年版。

张炜主编：《国家海上安全》，海潮出版社 2008 年版。

张勇：《摆脱战败：日本外交战略转型的国内政治根源》，社会科学文献出版社 2020 年版。

臧运祜：《近代日本亚太政策的演变》，北京大学出版社 2008 年版。

赵振愚：《太平洋战争海战史》，海潮出版社 1997 年版。

（四）中文译著

井上清：《日本帝国主义的形成》，宿久高等译，人民出版社 1984 年版。

罗伯特·基欧汉：《霸权之后：世界政治经济中的合作与纷争》，苏长和等译，上海人民出版社2001年版。

诺林·里普斯曼、杰弗里·托利弗、斯蒂芬·洛贝尔著，刘丰、张晨译：《新古典现实主义国际政治理论》，上海人民出版社2017年版。

潘尼迦：《印度和印度洋：略论海权对印度历史的影响》，德隆、望蜀译，世界知识出版社1965年版。

中曾根康弘：《新的保守理论》，金苏城、张和平译，世界知识出版社1984年版。

二 期刊论文

（一）英文期刊论文

David Scott, "The Indo-Pacific—New Regional Formulations and New Maritime Frameworks for US-Indo Strategic Convergence", *Asia-Pacific Review*, Vol. 19, No. 2, 2012.

Hillary Clinton, "American's Pacific Century", *Foreign Policy*, November 2011.

I Storey, "Japan's Maritime Security Interest in Southeast Asia and the South China Sea Dispute", *PoliticalScience*, Vol. 65, No. 2, 2013.

Joshy M. Paul, "India-Japan Security Cooperation: A New Era of Partnership in Asia", *Maritime Affairs: Journal of the National Maritime Foundation of India*, Vol. 38, No2, June 2012.

Lavina Lee, John Lee, "Japan-India Cooperation and Abe's Democratic Security Diamond: Possibilities, Limitations and the View from Southeast Asia", *Contemporary Southeast Asia*, Vol. 38, No2, Aug 2016.

Mark L. Haas, "Ideology and Alliance: British and French External Balancing Decisions in the 1930s", *Security Studies*, Vol. 12, No. 4, 2003.

Michael Auslin, "Security in the Indo-Pacific Commons: Toward a Regional Strategy", American Enterprise Institute, December 2010.

Raja Mohan, Samudra Manthan, "Sino-Indian Rivalry in the Indo-Pacific", Washington, D. C. Carnegie Endowment for International Peace, 2012.

Robert D. Kaplan, "Center Stage for the Twenty-first Century: Powers Play in the Indian Ocean", *Foreign Affairs*, Vol. 88, No. 2, March/April 2009.

Rory Medcalf, "A Term Whose Time Has Come: The Indo-pacific", *The Diplomat*, December 4, 2012.

Sandra Tarte, "Diplomatic Strategies: The Pacific Islands and Japan", *Pacific economic paper*, No. 269, July 1997.

Tadao Kuribayashi: "The new ocean regime and Japan", *Ocean Development & International Law*, 1982.

（二）日文期刊论文

相澤輝昭「外務省HPから読み解く「自由で開かれたインド太平洋戦略（FOIP）」の理念と実践」、『海洋安全保障情報特報』2018年4月期

相澤輝昭「その後の「自由で開かれたインド太平洋（FOIP）」の変遷と展開」、『海洋安全保障情報特報』2019年6月期。

内山融「日本政治のアクターと政策決定パターン」、『政策・経営研究』2010年第3号。

大庭三枝「「日本のインド太平洋」構想」、『国際安全保障』第46巻第3号（2018年12月）

片岡貞治「アフリカ安全保障問題の現状」、『国際問題』2016年4月期。

神谷万丈「「競争戦略」のための「協力戦略」——日本の「自由で開かれたインド太平洋」戦略（構想）の複合的構造——」、『Security Studies 安全保障研究』第1巻第2号，2019年4月。

川勝平太「講演文明の海洋史観——日本史像をめぐって——」、『経済史研究』2000年第4号。

北岡伸一「日本は海洋国家だったのか：日本政治外交史からの視点」、『日本海洋政策学会誌』2011年第10号。

神保謙「「インド太平洋」構想の射程と課題」、『国際安全保障』第46巻第3号（2018年12月）。

中西寛「吉田茂の安全保障観—帝国経営から海洋国家へ」、『防衛学研

究』2008 年第 38 号。

田中明彦「「自由で開かれたインド太平洋戦略」の射程」、『外交』第 47 号、2018 年 2 月。

星山隆「海洋国家日本の安全保障——21 世紀の日本の国家像を求めて」、『世界平和研究所研究レポート』2006 年 10 月号。

渡辺利夫「海洋勢力と大陸勢力——東アジア外交の基礎概念」、『Rim』2007 年第 24 号。

（三）中文期刊论文

巴殿君、沈和：《日本海洋安全治理的历史演变与内在逻辑》，《东北亚论坛》2017 年第 6 期。

包霞琴、崔樱子：《冷战后日美同盟的制度化建设及特点》，《日本学刊》2019 年第 1 期。

毕世鸿：《"自由开放的印度太平洋战略"视阈下的日本对印度外交》，《南亚研究》2020 年第 3 期。

蔡亮：《多维度对冲与兼容性竞争："印太构想"下日本的对华战略剖析》，《日本学刊》2021 年第 2 期。

蔡鹏鸿：《美印"2+2"对话和安全合作对印太安全的影响和挑战》，《当代世界》2018 年第 11 期。

陈建山：《印美在印度洋地区的战略合作及中国应对研究》，《印度洋经济体研究》2018 年第 1 期。

成汉平：《越南海洋安全战略构想及我对策思考》，《世界经济与政治论坛》2011 年第 3 期。

程又中、徐秀军：《与世界三十年互动中的中国对外战略转变》，《当代世界与社会主义》2008 年第 4 期。

初晓波：《身份与权力：冷战后日本的海洋战略》，《国际政治研究》2007 年第 4 期。

戴永红、周禹朋：《美印"印太"战略融合与前景》，《现代国际关系》2020 年第 7 期。

邓应文：《渐行渐近的日越关系：动因及前景》，《当代世界》2015 年第 11 期。

丁山：《越南与日本广泛战略伙伴关系下的安全合作》，《东南亚之窗》2014年第2期。

段廷志、冯梁：《日本海洋安全战略：历史演变与现实影响》，《世界经济与政治论坛》2011年第1期。

高洪：《安倍政府的政治属性与政策选择》，《日本学刊》2006年第6期。

高兰：《亚太地区海洋合作的博弈互动分析：兼论日美海权同盟及其对中国的影响》，《日本学刊》2013年第4期。

高兰：《印太战略的走向及其对美日同盟的影响》，《人民论坛·学术前沿》2018年8月期。

韩啸、杨文韬：《印度海军装备引进及其影响浅析》，《现代军事》2017年10月。

贺鉴、蔡高强：《从国际法视角看冷战后联合国维和行动》，《现代国际关系》2005年第3期。

胡波：《全球海洋多极格局与中国海军的崛起》，《亚太安全与海洋研究》2020年第6期。

胡传明、张帅：《美中日在南太平洋岛国的战略博弈》，《南昌大学学报》（人文社会科学版）2013年第1期。

胡德坤、江月：《日本〈海洋基本法〉框架下的政策进展研究》，《武汉大学学报》（人文科学版）2016年第6期。

胡杰：《英日防务安全合作——路径、动因与影响》，《国际观察》2017年第6期。

胡令远、高兰：《积极和平主义：日美同盟的福音？》，《国际问题研究》2015年第3期。

胡志勇：《积极构建中国的国家海洋治理体系》，《太平洋学报》2018年第4期。

胡宗山、余珍艳：《修昔底德陷阱"与中美关系》，《社会主义研究》2017年第6期。

黄大慧：《冷战后日本的联合国外交》，《教学与研究》2008年第3期。

黄靖皓：《论明治维新后日本的南进政策》，《云南社会主义学院学报》

2014 年第 3 期。

江月、胡德坤：《战后日本成为"海洋国家"的理论与实践》，《理论月刊》2019 年第 7 期。

李恪坤、楼春豪：《印度洋安全治理：挑战与发展路径》，《国际问题研究》2019 年第 1 期。

李巍、孙忆：《理解中国经济外交》，《外交评论》2014 年第 4 期。

李秀石：《日本海洋战略的内涵与推进体制——兼论中日钓鱼岛纷争激化的深层原因》，《日本学刊》2013 年第 3 期。

栗硕：《论自卫队海外派遣与相关法律体系建设》，《国际论坛》2012 年第 1 期。

廉德瑰：《地缘政治与安倍的价值观外交》，《日本学刊》2013 年第 2 期。

廉德瑰：《略论日本"海洋派"的对外战略思想》，《日本学刊》2012 年第 1 期。

梁甲瑞：《日本南太地区战略调整及对中国的影响》，《国际关系研究》2015 年第 5 期。

刘畅：《印度尼西亚海洋划界问题：现状、特点与展望》，《东南亚研究》2015 年第 5 期。

刘建华：《试析美国智库对美南海政策的影响》，《太平洋学报》2017 年第 4 期。

刘江永：《中日在国际秩序认知上的矛盾》，《现代国际关系》2014 年第 7 期。

刘琳：《东盟"印太展望"及其对美日等国"印太战略"的消解》，《东南亚研究》2019 年第 4 期。

刘卿：《日澳关系新发展及限制性因素》，《国际问题研究》2016 年第 5 期。

刘思伟：《印日安全合作及对亚太地区安全态势的影响》，《南亚研究季刊》2015 年第 1 期。

刘潇湘：《安倍价值观外交的海权向度解构》，《东北亚论坛》2016 年第 3 期。

刘新华：《澳大利亚海洋安全战略研究》，《国际安全研究》2015年第2期。

楼春豪：《美印防务合作新态势评估》，《国际问题研究》2017年第1期。

楼春豪：《战略认知转变与莫迪政府的海洋安全战略》，《外交评论》2018年第5期。

卢昊：《日本对"一带一路"倡议的政策：变化、特征与动因分析》，《日本学刊》2018年第3期。

吕耀东：《从内罗毕宣言看日本在非利益与战略意图》，《西亚非洲》2016年第6期。

罗豪：《新世纪俄印军事合作初探》，《国际研究参考》2017年第9期。

罗建波：《日本对非洲外交及其发展趋向》，《西亚非洲》2008年第11期。

梅秀廷：《安倍内阁〈国家安全保障战略〉介评》，《现代国际关系》2014年第2期。

孟晓旭：《"印太战略"与"全球英国"战略交汇下的日英安全合作》，《现代国际关系》2020年第3期。

潘玥：《日本对印尼的公共外交及启示》，《南亚东南亚研究》2018年第3期。

祁斌：《东南亚国家海军的现代化进程》，《船舶与配套》2014年第1期。

屈彩云：《日澳安全关系探析》，《太平洋学报》2011年第2期。

荣鹰：《从"马拉巴尔"军演看大国印太战略互动新态势》，《和平与发展》2017年第5期。

阮建平：《成本强加：美国强化对华竞争的方式探析》，《东北亚论坛》2017年第3期。

宋德星、黄钊：《日本"印太"战略的生成机理及其战略效能探析》，《世界经济与政治》2019年第11期。

宋海洋：《论印日特殊的战略全球伙伴关系及其对中国的影响》，《东北亚论坛》2017年第3期。

孙洁琬：《冷战后联合国在非洲的维和行动》，《西亚非洲》2004 年第 5 期。

孙茹：《美国亚太同盟体系的网络化及前景》，《国际问题研究》2012 年第 4 期。

唐利国：《论吉田松阴的亚洲侵略思想》，《北华大学学报》2017 年第 5 期。

王海滨：《日澳安全合作：走向战略同盟?》，《社会观察》2010 年第 7 期。

王竞超：《"印太战略"与"东向行动政策"的相遇：美日印海洋安全合作刍议》，《太平洋学报》2021 年第 7 期。

王竞超：《近年来日本海洋政策决策机制的转型：背景、制度设计与局限》，《中国海洋大学学报》（社会科学版）2018 年第 3 期。

王竞超：《美国印太战略的演进及对地区局势的影响》，《华东理工大学学报》（社会科学版）2019 年第 3 期。

王竞超：《南海海盗治理机制研究——现状评介与未来前景》，《海洋史研究》2018 年第 1 期（第 12 辑）。

王竞超：《日澳海洋安全合作探析：历史演进、动因与前景》，《太平洋学报》2018 年第 9 期。

王竞超：《日本参与联合国非洲维和行动探究》，《西亚非洲》2019 年第 5 期。

王竞超：《日本参与索马里海盗治理的策略》，《西亚非洲》2017 年第 5 期。

王竞超：《日本对马六甲海峡海盗治理事务的介入进程及模式研究》，《太平洋学报》2017 年第 6 期。

王竞超：《日本南太平洋战略初探：历史渊源、实施路径与战略动因》，《边界与海洋研究》2019 年第 4 期。

王竞超：《日本印太战略的兴起与制约因素》，《世界经济与政治论坛》2018 年第 4 期。

王竞超：《日印海洋安全合作的新发展与制约因素》，《现代国际关系》2018 年第 5 期。

王竞超：《日越海洋安全合作的演进：战略考量与挑战》，《东南亚研究》2019年第2期。

王竞超：《印太语境下的日本—印尼海洋安全合作：进展、动因与限度》，《东南亚研究》2021年第3期。

王竞超：《中日第三方市场合作：日本的考量与阻力》，《国际问题研究》2019年第3期。

王丽娟、刘杰：《新世纪日本对非政策及其战略意图》，《国际论坛》2008年第5期。

王丽娜：《印度莫迪政府"印太战略"评估》，《当代亚太》2018年第3期。

韦红、李颖：《日本构建与印尼"心心相印"伙伴关系研究：路径与策略》，《东南亚研究》2019年第1期。

韦宗友：《美国在印太地区的战略调整及其地缘战略影响》，《世界经济与政治》2013年第10期。

吴怀中：《安倍政府印太战略及中国的应对》，《现代国际关系》2018年第1期。

吴寄南：《走向政治大国的跳板——日本通过PKO法案的思考》，《国际展望》1992年第13期。

夏立平：《特朗普政府"印太战略构想"评析》，《现代国际关系》2018年第1期。

肖军：《从"主要防务伙伴"关系看新时期的美印安全合作》，《南亚研究季刊》2017年第4期。

肖洋：《"一个中等强国的战略空间拓展——'印太战略弧'视阈下的澳大利亚战略安全重构"》，《太平洋学报》2014年第1期。

谢茜：《日菲在南海问题上的互动与中国的应对》，《边界与海洋研究》2017年第3期。

信强：《"次轴心"：日本在美国亚太安全布局中的角色转换》，《世界经济与政治》2014年第4期。

修斌：《透视日本海洋战略：历史考察与现实应对》，《南开日本研究》2013年第2期。

徐万胜：《安倍内阁的"强首相"决策过程分析》，《日本学刊》2014年第5期。

徐万胜：《冷战后日本海外派兵析论》，《和平与发展》2010年第4期。

许娟：《印太语境下的美日印海洋安全合作》，《南亚研究》2017年第2期。

许少民：《澳大利亚"印太"战略观：内涵、动因和前景》，《当代亚太》2018年第3期。

闫杰花：《嬗变与趋向：革新以来越南三大社会思潮综观》，《马克思主义与现实》2017年第4期。

杨伯江：《新时代中美日关系：新态势、新课题、新机遇》，《日本学刊》2019年第1期。

杨达：《日本对东南亚的联通政策构想及战略运作》，《云南社会科学》2018年第2期。

岳平：《越南大国平衡外交呈现新特点》，《世界知识》2017年第13期。

张宏明：《西方同中国在非洲的利益冲突与中国的应对策略》，《西亚非洲》2010年第7期。

张继业、钮菊生：《日越关系新发展：动力与前景》，《国际问题研究》2017年第1期。

张洁：《从亚齐分离运动看印尼的民族分离主义问题》，《当代亚太》2000年第7期。

张骁天：《日本低潮线和离岛保全的相关法律制度研究》，《国际法研究》2015年第4期。

张永蓬：《日本对非洲外交：从实用主义平衡到战略重视》，《西亚非洲》2018年第5期。

张勇：《日本战略转型中的对外决策调整》，《外交评论》2014年第3期。

赵磊：《日本参与联合国维和行动的历史脉络及特征分析》，《教学与研究》2012年第3期。

赵青海：《"印太"概念及其对中国的含义》，《现代国际关系》2013年第7期。

周方银、王婉:《澳大利亚视角下的印太战略及中国的应对》,《现代国际关系》2018年第1期。

周建仁:《同盟理论与美国"重返亚太"同盟战略应对》,《当代亚太》2015年第4期。

周琪:《美国对日安全合作政策对中日关系的影响》,《当代亚太》2009年第2期。

周永生:《析安倍内阁国家安全保障战略转型》,《国际关系研究》2014年第6期。

朱翠萍:《"印太":概念阐释、实施的局限性与战略走势》,《印度洋经济体研究》2018年第5期。

朱锋:《中美竞争与日本的安全战略选择》,《日本学刊》2021年第3期。

朱立群:《制度化安全合作与权力的自我约束》,《世界经济与政治》2003年第11期。

朱清秀:《美日安全合作:从地区走向全球》,《国际安全研究》2017年第3期。

朱清秀:《日本的"印太"战略能否成功?》,《东北亚论坛》2016年第5期。

三 政府报告(含研究报告)

(一)英文报告

Ministry of Defense, Government of India, Annual Report 2015–2016.

Ministry of Defense, Government of India, Annual Report 2016–2017.

Summary of the 2018 National Defense Strategy of The United States of America.

(二)日文报告

ウィリアム・タウ、吉崎知典編「日本防衛省防衛研究所——オーストラリア国立大学共同研究報告「ハブ・アンド・スポークを超えて 日豪安全保障協力」(2014年3月)。

日本外務省「令和 4 年版外交青書」（2022 年 4 月 22 日）。

日本外務省「平成 30 年版外交青書」（2018 年 9 月 20 日）。

日本国際問題研究所『インド太平洋地域の海洋安全保障と法の支配の実態に向けて：国際公共財の維持強化に向けた日本外交の新たな取り組み』，平成 30 年外務省外交・安全保障調査事業報告書（2019 年 3 月）。

日本国際問題研究所編：『インド太平洋における法の支配の課題と海洋安全保障「カントリー・プロファイル」』，平成 27 年度外務省外交・安全保障調査研究事業（総合事業）報告書（2017 年 5 月）。

日本第三期『海洋基本計画』（2018 年 5 月）。

日本防衛研究所「東アジア戦略概観」（2020 年 4 月）。

日本防衛省「平成 31 年以降に係る防衛計画の大綱について」（2018 年 12 月 18 日）。

日本防衛省「中期防衛力整備計画（平成 31 年度～平成 35 年度）について」（2018 年 12 月 18 日）。

日本防衛省編『防衛白書』（各年版），日経印刷出版社。

四　中文报纸

慕小明：《"多域战"，美军联合作战新亮点》，《解放军报》2017 年 5 月 11 日第 11 版。

五　网络资源

（一）英文网络资源

Antara, Puspa Perwitasari: "Indonesia, Japan Launch Bilateral Maritime Forum", The Jakarta Post, 23 December, 2016, https://www.thejakartapost.com/news/2016/12/23/indonesia-japan-launch-bilateral-maritime-forum.html.

ASEAN, "ASEAN Outlook on Indo-Pacific", 23 June, 2019, https://asean.org/storage/2019/06/ASEAN-Outlook-on-the-Indo-Pacific_FINAL_22062019.pdf.

Australian Trade and Investment Commission, "Annual Report 2016 – 2017", 21 September, 2017, https：//www. austrade. gov. au/About/Corporate-Information/AnnualReport.

Australian Government Department of Defense, "2016 Defence White Paper", 25 February, 2016, http：//www. defence. gov. au/WhitePaper/Docs/2016-Defence-White-Paper. pdf.

Australian Government, "Australia in the Asian Century", October 2012, http://www. eastasiaforum. org/wp-content/uploads/2014/04/australia-in-the-asian-century-white-paper. pdf.

Ben Werner, "Davidson Takes Charge of Newly Renamed US Indo-Pacific Command", 30May, 2018, https：//news. usni. org/2018/05/30/adm-davidson-takes-over-newly-named-indo-pacific-command-in-ceremony-marked-by-great-power-competition-talk.

Bộ Ngoại giao Việt Nam, "Viet Nam, Japan Lift Bilateral Relations to New Height", 18 March, 2014, http：//www. mofa. gov. vn/en/nr0408071041 43/nr040807105001/ns140319172043.

C. Raja Mohan, "Modi and the Indian Ocean：Restoring India's Sphere of Influence", 18 June, 2015, https：//amti. csis. org/modi-and-the-indian-oceanvrestoring-indias-sphere-of-influence/.

Daily Defense News： "Navy Agrees to Buy Four Russian Frigates for ＄3 BN", 26 February, 2018, https：//www. dailydefencenews. com/navy-agrees-buy-four-russian-frigates-3-bn/.

Department of Defense, "Joint Operational Access Concept", 17 January, 2012, https：//dod. defense. gov/Portals/1/Documents/pubs/JOAC ＿ Jan%202012＿ Signed. pdf.

Hillary Clinton, "American's Engagement in The Asia-Pacific", 28 October, 2010, http：//www. state. gov/secretary/rm/2010/10/150141. Htm.

Jamie Seidel, "Maldives Crisis：China Sends a Naval Task Force to Muscle India, Australia out of Power Game", News Corp Australia Network, 20 February, 2018, https：//www. news. com. au/technology/innovation/maldives-crisis-china-sends-a-naval-task-force-to-muscle-india-australia-out-of-power-game/news-story/925e7d73f08659451b060ce3d154b78f.

Landlernov, Mark, "Trump Heads to Asia with an Ambitious Agenda but Little to Offer", 2 November, 2017, https://www.nytimes.com/2017/11/02/us/politics/trump-china-japan.html.

Melissa Conley Tyler and Samantha Sherman, "Australia's New Region: The Indo-Pacific", New Delhi: Indian Council of World Affairs, 21May, 2013, http://www.eastasiaforum.org/2013/05/21/australias-new-region-the-indo-pacific/.

Michael Wesley, "Irresistible Rise of the Indo-Pacific", The Australian, 4 May, 2011, http://www.theaustralian.com.au/arts/books/irresistible-rise-of-the-indo-pacific/story-e6frg8nf-1226047014015.

Ministry of Defence, Government of India, "Annual Report 2015 – 2016", 2016, https://mod.gov.in/sites/default/files/Annual2016.pdf.

Ministry of External Affairs, Government of India, "Joint Statement on Prime Minister's Visit to Japan: Strengthening The Strategic And Global Partnership between India And Japan Beyond the 60th Anniversary of Diplomatic Relations", 29 May, 2013, http://www.mea.gov.in/outoging-visit-detail.htm? 21755/Joint + Statement + on + Prime + Ministers + visit + to + Japan + Strengthening + the + Strategic + and + Global + Partnership + between + India + and + Japan + beyond + the + 60th + Anniversary + of + Diplomatic + Relations.

Ministry of External Affairs, Government of India, "Vision for The Enhancement of India-Japan Strategic And Global Partnership upon Entering The Year of The 60th Anniversary of The Establishment of Diplomatic Relations", 28 December, 2011, http://www.mea.gov.in/incoming-visit-detail.htm? 15683/Vision + for + the + Enhancement + of + IndiaJapan + Strategic + and + Global + Partnership + upon + entering + the + year + of + the + 60th + Anniversary + of + the + Establishment + of + Diplomatic + Relations.

Ministry of Foreign Affairs of the Republic of Indonesia: "ASEAN Summit Adopt ASEAN Outlook on Indo-Pacific", 23 June, 2019, shttps://kemlu.

go. id/portal/en/read/388/berita/asean-summit-adopts-asean-outlook-on-indo-pacific.

Priya Chacko, "India And The Indo-Pacific: Three Approaches", The Strategist, The Australian Strategic Policy Institute, 24 January, 2013, http://www.aspistrategist.org.au/india-and-the-indo-pacific/.

Rakesh Sood, "India And The U. S. -It's Complicated", 31 August, 2018, https://www.thehindu.com/opinion/lead/india-and-the-us-its-complicated/article24835445.ece.

Retno, Marsudi, "Indonesia: Partner for Peace, Security, Prosperity", Jakarta Post, 11 January, 2018,

https://www.thejakartapost.com/academia/2018/01/10/full-text-indonesia-partner-for-peace-securityprosperityHtml.

Rory Medcalf, "Pivoting the Map: Australia's Indo-Pacific System", November 2012, http://www.lowyinstitute.org/publications/pivoting-map-australia's-indo-pacific-system.

Secretary of Defense, "QUADrennial Defense Review Report 2006", February 2006, http://archive.defense.gov/pubs/pdfs/QDR20060203.pdf.

State Department-Bureau of East Asian and Pacific Affairs, USAID-Bureau for Asia, "Joint Regional Strategy", 20 November, 2018, https://www.state.gov/documents/organization/284594.pdf.

The Department of Defense, "Indo-Pacific Strategy Report", 1 June, 2019, https://media.defense.gov/2019/Jul/01/2002152311/-1/-1/1/DEPARTMENT-OF-DEFENSE-INDO-PACIFIC-STRATEGY-REPORT-2019.PDF.

The Maritime Executive, "Japan's Plan to Build Free And Open Indian Ocean", 29 May, 2018, https://maritime-executive.com/editorials/japan-s-plans-to-build-a-free-and-open-indianvocean.

The Times of India, "India Navy Set to Open Third Base in Strategic Islands to Counter China", 24 January, 2019, http://timesofindia.indiatimes.com/india/indian-navy-set-to-open-third-base-in-strategic-islands-to-counter-china/articleshow/67662090.cms.

The Times of India, "Eye on China, India Expands Naval Footprint in Indian Ocean", 25 October, 2017, https：//timesofindia. indiatimes. com/india/india-expands-naval-footprint-in-indian-ocean-as-a-net-security-provider-with-an-eye-on-china/articleshow/61210011. cms.

The White House："Indo-PacificStrategy", February 2022, https：//www. whitehouse. gov/wp-content/uploads/2022/02/U. S. -Indo-Pacific-Strategy. pdf.

The White House, "Remarks by President Trump at APEC CEO Summit", 10 November, 2017, https：//www. whitehouse. gov/briefings-statements/remarks-president-trump-apec-ceo-summit-da-nang-vietnam/.

The White House, "The National Security Strategy of The United States", March 2006, https：//www. state. gov/documents/organization/64884. pdf.

The White House, "U. S. -India Joint Declaration on Defense Cooperation," 27 September, 2013, https：//obamawhitehouse. archives. gov/the-press-office/2013/09/27/us-india-joint-declaration-defense-cooperation.

U. S. Congress, "S. 2736-Asia Reassurance Initiative Act of 2018", 31 December, 2018, https：//www. congress. gov/bill/115th-congress/senate-bill/2736/text#toc-H1736A89135404258AFF1BC4E7A5555D0.

U. S. Department of State, "Remarks on 'Defining Our Relationship With India for The Next Century'", 18 October, 2017, https：//www. state. gov/secretary/remarks/2017/10/274913. htm.

VeeramallaAnjaiah："IORA Summit 2017 Jakarta：Jokowi's Global Maritime Axis Doctrine Key to Indonesia's Future", The Jakarta Post, 6 March, 2017, https：//www. thejakartapost. com/news/2017/03/06/jokowi-s-global-maritime-axis-doctrinevkeyvindonesia-s-future. html.

（二）日文网络资源

朝日新聞「日米「インド太平洋戦略」表明へ　中国の権益拡大を牽制」、2017年11月6日、日本朝日新闻网站（https：//www. asahi. com/articles/ASKC15CN3KC1UTFK00X. html）。

笹川財団海洋政策研究所「海洋法の推進事業」、2005年11月、笹川財団海洋政策研究所网站（https：//www.spf.org/opri-j/profile/approach/propulsion/）。

日本外務省「日米豪印首脳会談」、2022年5月24日、日本外務省网站（https：//www.mofa.go.jp/mofaj/fp/nsp/page1_001186.html）。

日本外務省「日米首脳会談」、2022年5月23日、日本外務省网站（https：//www.mofa.go.jp/mofaj/na/na1/us/page3_003322.html）。

日本外務省「日米首脳会談」、2021年9月24日、日本外務省网站（https：//www.mofa.go.jp/mofaj/fp/nsp/page4_005424.html）。

日本外務省「日米首脳会談」、2021年4月16日、日本外務省网站（https：//www.mofa.go.jp/mofaj/na/na1/us/page1_000951.html）。

日本外務省「総理大臣の外国訪問一覧（2006年10月から2020年1月まで）」、2020年1月17日、日本外務省网站（https：//www.mofa.go.jp/mofaj/kaidan/page24_000037.html）。

日本外務省「自由で開かれたインド太平洋に向けて」、2019年6月、日本外務省网站（https：//www.mofa.go.jp/mofaj/files/000407642.pdf）。

日本外務省「インド基礎データ」、2018年2月5日、日本外務省网站（http：//www.mofa.go.jp/mofaj/area/india/data.html#section5）。

日本外務省「日・ベトナム首脳会談」、2017年1月16日、日本外務省网站（https：//www.mofa.go.jp/mofaj/s_sa/sea1/vn/page4_002682.html）。

日本外務省「クアン・ベトナム社会主義共和国国家主席の国賓訪日の際の日ベトナム共同声明」、2017年1月16日、日本外務省网站（https：//www.mofa.go.jp/mofaj/files/000368991.pdf）。

日本外務省「TICAD VIナイロビ実施計画」、2016年8月28日、日本外務省网站（https：//www.mofa.go.jp/mofaj/af/af1/page3_001789.html）。

日本外務省「TICAD VI開会に当たって・安倍晋三日本国総理大臣基調演説」、2016年8月27、日本外務省网站（http：//www.mofa.go.jp/

mofaj/afr/af2/page4_002268.html)。

日本外務省「日越関係に関する共同ビジョン声明（骨子）」、2015 年 9 月 15 日、日本外務省网站（https：//www.mofa.go.jp/mofaj/files/000099705.pdf）。

日本外務省「第 13 回アジア安全保障会議（シャングリラ・ダイアローグ）安倍内閣総理大臣の基調講演」、2014 年 5 月 30 日、日本外務省网站（http：//www.mofa.go.jp/mofaj/fp/nsp/page4_000496.html）。

日本外務省「第 5 回アフリカ開発会議（結果概要）」、2013 年 6 月 3 日、日本外務省网站（https：//www.mofa.go.jp/mofaj/area/page2_000016.html）。

日本外務省「開かれた、海の恵み—日本外交の新たな 5 原則—」、2013 年 1 月 18 日、日本外務省网站（http：//www.mofa.go.jp/mofaj/press/enzetsu/25/abe_0118j.html）。

日本外務省「日本と太平洋の島国」、2009 年 3 月、日本外務省网站（https：//www.mofa.go.jp/mofaj/files/000068954.pdf）。

日本外務省「「横浜宣言」元気なアフリカを目指して」、2008 年 5 月 30 日、日本外務省网站（https：//www.mofa.go.jp/mofaj/area/ticad/tc4_sb/pdfs/yokohama_s.pdf）。

日本外務省「二つの海の交わり」、2007 年 8 月 22 日、日本外務省网站（http：//www.mofa.go.jp/mofaj/press/enzetsu/19/eabe_0822.html）。

日本外務省「安全保障協力に関する日豪共同宣言」、2007 年 3 月 13 日、日本外務省网站（http：//www.mofa.go.jp/mofaj/area/australia/visit/0703_ks.html）。

日本外務省「TICAD 平和の定着会議」、2006 年 2 月、日本外務省网站（https：//www.mofa.go.jp/mofaj/area/ticad/heiwa_gai.html）。

日本外務省「日・PIF 首脳会談首脳宣言「沖縄イニシアティブ」骨子」、2003 年 5 月 19 日、日本外務省网站（https：//www.mofa.go.jp/mofaj/area/ps_summit/pif_3/declaration_h.html）。

日本経済新聞「トランプ氏は「米はインド太平洋地域のパートナー」」、2017 年 11 月 10 日、日本経済新聞网站（https：//www.nikkei.com/article/DGXMZO23354990Q7A111C1MM8000/）。

日本国土交通省「離島振興法」、2013年4月、日本国土交通省网站（http：//www.mlit.go.jp/common/001014054.pdf）。

日本国土交通省「離島の現状について」、2012年2月、日本国土交通省网站（http：//www.mlit.go.jp/common/000190753.pdf）。

日本財務省「報道発表（2017年度）」、2018年3月13日、日本財務省网站（http：//www.customs.go.jp/toukei/shinbun/trade-st/2017/2017_117.pdf）。

日本参議院「自衛隊の海外出動を為さざる事に関する決議」、1954年6月2日、日本参议院网站（http：//www.sangiin.go.jp/japanese/san60/s60_shiryou/ketsugi/019-57.html）。

日本首相官邸「我が国の海洋状況把握の能力強化に向けた取組の概要」、2016年、日本首相官邸网站（http：//www.kantei.go.jp/jp/singi/kaiyou/dai15/shiryou1_1.pdf）。

日本首相官邸「日本は戻ってきました」、2013年2月22日、日本首相官邸网站（http：//www.kantei.go.jp/jp/96_abe/statement/2013/0223speech.html）。

日本首相官邸「海洋管理のための離島の保全・管理のあり方に関する基本方針（案）」、2009年12月1日、日本首相官邸网站（http：//www.kantei.go.jp/jp/singi/kaiyou/dai6/siryou2.pdf）。

日本首相官邸「海洋基本法について（概要）」、2007年7月、日本首相官邸网站（http：//www.kantei.go.jp/jp/singi/kaiyou/konkyo4.pdf）。

日本首相官邸「海洋基本計画について」、2007年7月、日本首相官邸网站（http：//www.kantei.go.jp/jp/singi/kaiyou/sanyo/dai17/siryou3.pdf）。

日本首相官邸「第165回国会における安倍内閣総理大臣所信表明演説」、2006年9月29日、日本首相官邸网站（http：//www.kantei.go.jp/jp/abespeech/2006/09/29syosin.html）。

日本世界和平研究所「国際平和協力のあり方に関する調査研究——PKO参加20年を迎えるに当たっての提言」、2013年1月、日本世界

和平研究所网站（http：//www.iips.org/research/data/bp341j.pdf）。

日本世界和平研究所「国際平和協力のあり方に関する調査研究——PKO参加20年を迎えるに当たっての提言」、2013年1月、日本世界和平研究所网站（http：//www.iips.org/research/data/bp341j.pdf）。

日本内閣府国際平和協力事務局「国際平和協力法の一部改正について」、2001年12月、日本内阁府网站（http：//www.pko.go.jp/pko_j/data/law/law_data04.html）。

日本防衛研究所「東アジア戦略概観」、2020年4月、日本防卫省网站（http：//www.nids.mod.go.jp/publication/east-asian/j2020.html）。

日本防衛省「第5回日豪外務・防衛閣僚協議（「2＋2」）」、2014年6月11日、日本防卫省网站（http：//www.mod.go.jp/j/press/youjin/2014/06/11a_gaiyou.pdf）。

日本防衛省「防衛装備移転三原則」、2014年4月1日、日本防卫省网站（http：//www.mod.go.jp/j/press/news/2014/04/01a_1.pdf）。

日本防衛省「平成25年度統合幕僚学校委託研究「主要国の対アフリカ戦略に基づく投資・支援に関する調査研究」」、2013年、日本防卫省网站（http：//www.mod.go.jp/j/approach/others/service/kanshi_koritsu/yosan_shikko/2013_seika_africa_toshi.pdf）。

毎日新聞「中国に配慮？インド太平洋戦略を「構想」と表現」，2018年11月20日、日本每日新闻网站（https：//mainichi.jp/articles/20181120/k00/00m/010/123000c）。

読売新聞「インド洋沿岸国の海上警備強化、日本が支援へ」、2018年1月20日、日本读卖新闻网站（http：//www.yomiuri.co.jp/politics/20180120-OYT1T50134.html？from＝ytop_main2）。

（三）中文网络资源

参考消息网：《日本送给越南武装渔监船巡逻北部湾？或配备2挺重机枪》，2017年4月6日，参考消息网（http：//www.cankaoxiaoxi.com/mil/20170406/1849778.shtml）。

观察者网：《美国对日本放弃武器出口三原则表示欢迎方便F35战机合作》，2014年4月3日，观察者网（https：//www.guancha.cn/america/2014_04_03_219187.shtml）。

国务院新闻办公室：《逐步构建亚太安全新架构势在必行》，2017年1月11日，国务院新闻办公室网站（http：//www.scio.gov.cn/xwfbh/xwbfbh/wqfbh/35861/36008/zy36012/Document/1539500/1539500.htm）。

环球网：《访越南国家主席陈大光：推动"两廊一圈"与"一带一路"有效对接》，2017年5月12日，环球网（http：//world.huanqiu.com/hot/2017-05/10655083.html）。

环球网：《日本将向友好国家积极转让设备 摸索武器出口》，2014年5月14日，环球网（http：//mil.huanqiu.com/world/2014-05/4994971.html）。

联合国网站：《联合国刚果行动》，时间不详，联合国网站（http：//www.un.org/zh/peacekeeping/missions/past/onuc/）。

联合国网站：《纳米比亚/安哥拉联合国过渡时期援助团》，时间不详，联合国网站（http：//www.un.org/zh/peacekeeping/missions/past/untag/）。

联合早报：《日本送六巡逻船助越提高海上执法能力》，2014年8月2日，联合早报网站（http：//www.zaobao.com/special/report/politic/southchinasea/story20140802-372652）。

人民网：《习近平：中国始终是世界和平的建设者、全球发展的贡献者、国际秩序的维护者》，2016年7月1日，人民网（http：//cpc.people.com.cn/n1/2016/0701/c405440-28516035.html）。

新华网：《美国欲减少其承担的联合国维和经费份额》，2018年3月29日，新华网（http：//www.xinhuanet.com/world/2018-03/29/c_1122607963.htm）。

新华网：《中国对非投资存量超过1000亿美元》，2016年9月7日，新华网（http：//www.xinhuanet.com/fortune/2016-09/07/c_1119528044.htm）。

中国国防部：《中国的军事战略》，2015年5月26日，中国国防部网站（http：//www.mod.gov.cn/regulatory/2015-05/26/content_4617812.htm）。

中国商务部：《第一届中日第三方市场合作论坛在北京举行》，2018年10月27日，中国商务部网站（http：//www.mofcom.gov.cn/article/ae/ai/201810/20181002800324.shtml）。

中国商务部：《2017年中越双边贸易额达938亿美元》，2018年1月30日，中国商务部网站（http：//kmtb.mofcom.gov.cn/article/f/201801/20180102706005.shtml）。

中国商务部：《中国加快对越投资步伐》，2018年1月4日，中国商务部网站（http：//www.mofcom.gov.cn/article/i/jyjl/j/201801/20180102694214.shtml）。

中国商务部：《日本对华投资结构有重大变化进入"升级换代"期》，2007年4月8日，中国商务部网站（http：//tzswj.mofcom.gov.cn/article/f/200704/20070404551047.shtml）。

中国商务部：《2006年中日贸易额首次超过2000亿美元》，2007年1月16日，中国商务部网站（http：//tzswj.mofcom.gov.cn/article/f/200701/20070104277899.shtml）。

中国商务新闻网：《中印双边投资表现活跃》，2019年5月14日，中国商务新闻网（http：//www.comnews.cn/article/ibdnews/201905/20190500004135.shtml）。

中国商务新闻网：《2018年中印双边贸易额同比增13.2%》，2019年2月20日，中国商务新闻网（http：//www.comnews.cn/f-trade/5c6cc0bfcd91895791b463e6.html）。

中国外交部：《环印度洋联盟》，2009年1月，中国外交部网站（https：//www.fmprc.gov.cn/web/wjb_673085/zzjg_673183/fzs_673445/dqzzhzjz_673449/hydydq_673507/gk_673509/）。

中新网：《扩大防卫品销路日本将对美国出口战斗机零部件》，2017年12月19日，中新网（http：//www.chinanews.com/gj/2017/12-19/8404112.shtml）。

中新网：《印度海军与苏联/俄罗斯合作50年：购70多艘军舰》，2015年9月17日，中新网（http：//www.chinanews.com/mil/2015/09-17/

7529840. shtml)。

中新网:《日媒:安倍欲拉美澳印编织"菱形中国包围网"》,2015 年 4 月 3 日,中新网(http://www.chinanews.com/mil/2015/04-03/7184109. shtml)。